PR J
WOOTTON

DIE R.A.F. IM KRIEG

TIME
LIFE
BÜCHER

VÖLKER DER WILDNIS
DIE GESCHICHTE DER LUFTFAHRT
DIE SEEFAHRER
DER ZWEITE WELTKRIEG
DIE KUNST DES KOCHENS
DER WILDE WESTEN
HANDBUCH DER GARTENKUNDE
MENSCHLICHES VERHALTEN
DIE GROSSEN STÄDTE
DIE HOHE SCHULE DER HANDARBEIT
DIE WILDNISSE DER WELT
DIE FRÜHZEIT DES MENSCHEN
DIE PHOTOGRAPHIE
DIE WELT DER KUNST
INTERNATIONALE SPEISEKARTE
ZEITALTER DER MENSCHHEIT
WUNDER DER WISSENSCHAFT
WUNDER DER NATUR
JUGENDBÜCHER
DAS GROSSE BUCH DES YACHTSPORTS
DAS GROSSE BUCH DER PHOTOGRAPHIE
LIFE IM KRIEG
LIFE IM KINO
DIE BESTEN PHOTOS AUS LIFE

Dieser Band gehört zu einer Serie, die der Wissenschaft und dem Abenteuer der Luftfahrt – vom ersten bemannten Ballonflug bis zum Jetzeitalter – gewidmet ist.

DIE GESCHICHTE DER LUFTFAHRT

DIE R.A.F. IM KRIEG

von Ralph Barker

UND DER REDAKTION DER TIME-LIFE BÜCHER

TIME-LIFE BÜCHER, AMSTERDAM

DIE GESCHICHTE DER LUFTFAHRT

Redaktionsstab des Bandes
Die R.A.F. im Krieg:
Redakteur: Jim Hicks
Designer: Donald S. Komai
Leiter der Dokumentation: W. Mark Hamilton
Bildredakteur: Robin Richman
Textredakteure: Russell B. Adams jr., Lee Hassig, Gus Hedberg
Vertragsautoren: Glenn Martin McNatt, William Worsley
Dokumentation: Marguerite Johnson und Maria Zacharias (leitend), Patricia A. Cassidy, Nancy Cromwell Scott
Assistent des Designers: Van W. Carney
Redaktionsassistent: Stafford Levon Battle
Design-Assistentin: Anne K. DuVivier

Leitung der deutschen Redaktion:
Hans-Heinrich Wellmann
Textredaktion: Claus-Peter Dechau, Marianne Tölle

Fachberater für die deutsche Ausgabe:
Dr. Albrecht Lampe

Aus dem Englischen übertragen von Alžbeta Lettowsky

Korrespondenten: Elisabeth Kraemer (Bonn); Margot Hapgood, Dorothy Bacon, Lesley Coleman (London); Susan Jonas, Lucy T. Voulgaris (New York); Maria Vincenza Aloisi, Josephine du Brusle (Paris); Ann Natanson (Rom). Wertvolle Hilfe leisteten außerdem: Robert Gilmore (Auckland); Helga Kohl (Bonn); Peter Hawthorne (Johannesburg); Judy Aspinall, Karin B. Pearce (London); John Dunn (Melbourne); Marcia Gauger (Neu-Delhi); Carolyn T. Chubet, Miriam Hsia, Christina Lieberman (New York); M. T. Hirschkoff (Paris); Mimi Murphy (Rom).

ISBN 9-06-182-590-3

DER AUTOR

Ralph Barker diente im Zweiten Weltkrieg als Funker und Bordschütze in der R.A.F. Während seiner Dienstzeit schrieb er zwei Bücher über den Krieg – *Down in the Drink* und *The Ship Busters*. Seit seinem Ausscheiden aus der R.A.F. im Jahre 1961 verfaßte er 20 Sachbücher sowie rund 200 Artikel für den Londoner *Sunday Express*.

DIE BERATER für Die R.A.F. im Krieg

Robin Higham, Geschichtsprofessor an der Kansas State University, diente von 1943 bis 1947 in der R.A.F. Er ist Herausgeber von zwei wissenschaftlichen Zeitschriften, *Military Affairs* und *Aerospace Historian,* sowie Autor von mehreren Büchern über die Geschichte der britischen Militärluftfahrt.

John McIntosh Bruce, der seinen M.A. an der University of Edinburgh erwarb, schrieb zahlreiche Standardwerke und Artikel über historische Flugzeuge. Der ehemalige R.A.F.-Pilot ist Kustos der Abteilung für Flugzeug- und Forschungsstudien am R.A.F.-Museum in Hendon bei London und Mitglied der Royal Aeronautical Society.

DIE BERATER für Die Geschichte der Luftfahrt

Charles Harvard Gibbs-Smith, Mitglied des Wissenschaftsbeirats im Science Museum in London und emeritierter Kustos des Victoria and Albert Museum in London, hat rund 20 Bücher und zahllose Artikel geschrieben und herausgegeben, die sich mit der Geschichte der Luftfahrt befassen. 1978 wurde er zum ersten Lindbergh-Professor für Luft- und Raumfahrtgeschichte am National Air and Space Museum, Smithsonian Institution, in Washington ernannt.

Dr. Hidemasa Kimura, Honorarprofessor der Nippon-Universität in Tokio, ist Verfasser zahlreicher Bücher über die Geschichte der Luftfahrt und ein bekannter Fachmann für Luftfahrttechnik und Flugzeugkonstruktion. Ein von ihm entworfenes Flugzeug stellte 1938 einen Weltrekord im Streckenflug auf.

VORSATZBLATT

Spitfires der Royal Air Force stellen 1940 über London deutsche Messerschmitt zum Luftkampf. Die schnellen, manövrierfähigen Spitfires trugen während der Luftschlacht um England die Hauptlast der britischen Verteidigung. Das Ölgemälde wurde speziell für das vorliegende Buch von dem Engländer Frank Wootton angefertigt.

INHALT

Vorbereitungen für den Krieg

Im Juli 1934 kam es im britischen Unterhaus zu einer hitzigen Debatte, als Winston Churchill seine Kollegen mit der beunruhigenden Nachricht aufrüttelte, unter Adolf Hitler werde in Deutschland heimlich am Aufbau einer Luftwaffe gearbeitet, und zwar so zügig, daß sie die Royal Air Force innerhalb von zwei Jahren überflügeln würde – wenn sich die R.A.F. nicht unverzüglich ausweite. Gegen die Stimmen von Parlamentariern, die jegliche Kriegsgefahr in Abrede stellten, beschloß das Unterhaus den Ausbau der R.A.F. entsprechend dem Wachstum der deutschen Luftstreitkräfte. Das bedeutete, daß das Personal aufgestockt und der zum Teil aus alten Doppeldeckern bestehende Maschinenpark durch schnellere und modernere Eindecker ersetzt werden mußte.

Das war leichter beschlossen als getan. Die R.A.F., seit dem Ende des Ersten Weltkriegs jeweils nur mit einem Minimaletat ausgestattet, war auf einen Kern von 30 000 Mann geschrumpft und präsentierte sich als der Welt glorreichster, exklusivster und mittellosester Verein von Herrenfliegern. Um es mit den Worten von Sir Hugh Trenchard, dem ersten Stabschef der R.A.F., zu sagen, hatte sich die R.A.F. zu „einem ansehnlichen kleinen Haus auf den Grundmauern eines Schlosses“ entwickelt.

Die R.A.F.-Fliegerschule in Cranwell bildete in aller Ruhe ihre Piloten aus, in der Regel weniger als 60 Piloten im Jahr. Studenten aus Oxford und Cambridge, die Berufsoffiziere der R.A.F. werden wollten, ohne Cranwell zu durchlaufen, mußten gewöhnlich Prädikatsexamen vorweisen – und ihre praktische Ausbildung schon während der Studienzeit in R.A.F.-geförderten Fliegerschulen beginnen. Doch gegen Ende der dreißiger Jahre zwang die wachsende Kriegsgefahr die R.A.F., ihre Tore immer weiter zu öffnen und Tausenden von abenteuerlustigen Freiwilligen Zeitoffizierspatente zu verleihen. Um für den Ernstfall gerüstet zu sein, unterhielt die R.A.F. zudem mehrere Reserveeinheiten aus Zivilisten und ehemaligen R.A.F.-Offizieren, die regelmäßig an Übungen teilnahmen.

Bis zum Kriegsbeginn im Jahre 1939 wurde die reguläre Stärke der britischen Luftstreitkräfte auf 118 000 Mann vervierfacht. Dennoch hatte sich das Kräfteverhältnis zugunsten der Deutschen verschoben. Die Luftwaffe, inzwischen über 500 000 Mann stark, verfügte über weit mehr Flugzeuge und Piloten als die R.A.F. Ein Jahr später sollten deutsche Bomber den Unterhaus-Sitzungssaal zerstören, in dem Churchill seine Landsleute zu forcierten Rüstungsanstrengungen aufgerufen hatte. Die Frage, ob Großbritannien überleben könne, sollte fortan am Himmel geklärt werden, von den neuen Piloten der R.A.F., von denen einer begeistert sagte: „Wir sahen Visionen großartiger Luftschlachten vor uns.“

Junge Engländer nehmen 1939 vor einer Meldestelle in London letzte Anweisungen entgegen, bevor sie in eine Fliegerschule der R.A.F. gefahren werden.

Im Rahmen eines Vortrags über Flugzeugbau vor Cambridge-Studenten erläutert ein R.A.F.-Unteroffizier technische Einzelheiten an einem Siskin-Jagdflugzeug, von dem Teile der Beplankung abmontiert worden sind. Der Vortrag fand im Fliegerklub der Universität statt. Ihre fliegerische Erfahrung sammelten die Studenten auf einem nahe gelegenen R.A.F.-Flugplatz.

In der R.A.F.-Fliegerschule in Cranwell demonstriert ein Fluglehrer seinen Schülern an einem Modell die Ruderausschläge beim Kurvenflug. Auf der Tafel im Hintergrund sind die Flugstunden der einzelnen Schüler festgehalten.

PROGRESS BOARD
INSTRUCTORS

OUAS

Angehörige der Oxford-University-Fliegerstaffel haben sich auf einem Flugplatz versammelt, um an einem Lehrgang der R.A.F. teilzunehmen.

Beim Üben mit einem Lewis-MG, einer Standardwaffe an Bord britischer Kampfflugzeuge, zielt ein R.A.F.-Rekrut auf eine Scheibe.

Zur Übung liegt ein in der Ausbildung befindlicher Bombenschütze auf dem Bauch in der Bugkanzel eines Oxford-Airspeed-Schulflugzeugs. Für einen Einsatz im Ernstfall würde ins Sichtfenster ein Bombenzielgerät eingebaut.

Bei der Parade anläßlich der Beendigung ihrer Ausbildung, bei der sie die Offizierspatente verliehen bekamen, defilieren Schüler der R.A.F.-Fliegerschule in Cranwell am britischen Generalstabschef vorbei. Das Photo entstand fünf Wochen vor Ausbruch des Krieges.

Vor dem Start zu einer Flugvorführung im Mai 1939 helfen Bordwarte den Piloten der 19. Staffel, der ersten mit Spitfires ausgerüsteten R.A.F.-Einheit, beim Anlegen der Fallschirme und Schultergurte. Noch vor Ablauf eines Jahres sollten die Spitfires im Kampf gegen die Luftwaffe eingesetzt werden.

1

Erstes Kräftemessen: ein bitteres Erwachen

An einem frostig klaren Novembermorgen des Jahres 1939 spurteten rund 80 Kilometer südöstlich von Reims auf dem einfachen Grasflugplatz von Vassincourt drei britische Piloten zu ihren Flugzeugen. Nur wenig später rumpelten die Hawker Hurricanes über den unebenen Boden, hoben ab, zogen ihr Fahrwerk ein und stiegen steil in den Himmel. Die drei Jäger hatten den Auftrag, den gemeldeten Aufklärer der deutschen Luftwaffe zu verfolgen, der weit in den französischen Luftraum eingedrungen war.

Als die englischen Piloten eine Höhe von 6000 Metern erreichten, lag in der klaren, von wolkenbruchartigem Regen reingewaschenen Luft ganz Nordfrankreich von den Ardennen bis zum gewundenen Lauf der Marne gut sichtbar unter ihnen. In der Führermaschine der Gruppe saß Flying Officer Cyril D. Palmer, einer von 15 jungen, kampfunerfahrenen Piloten der Royal Air Force, die am 8. September 1939 mit der 1. Staffel nach Frankreich verlegt worden waren. Fünf Tage zuvor hatten England und Frankreich den Deutschen als Antwort auf ihren Einmarsch in Polen am 1. September 1939 den Krieg erklärt, weil sie ihrer Garantieerklärung für die staatliche Integrität Polens vom Sommer 1939 nachkommen mußten.

Es dauerte nicht lange, bis Palmer die feindliche Maschine ausmachte, einen Bomber des Typs Dornier Do 17, dessen unverwechselbare Silhouette – schlanker, bleistiftdünner Rumpf und knollige Bugkanzel – er sogleich erkannte, weil er sich in seiner Freizeit zwischen den Ausbildungsflügen viel mit den ausgegebenen Flugzeug-Erkennungsblättern beschäftigt hatte. Der Pilot des deutschen Flugzeugs, der die britischen Jäger offensichtlich bemerkt hatte, versuchte, in Richtung Grenze zu entkommen, aber die Hurricanes waren über 100 Kilometer pro Stunde schneller und kamen bald auf Schußentfernung heran. Von hinten anfliegend, eröffneten sie das Feuer. Gegen den massiven Beschuß der drei mit je acht Maschinengewehren ausgerüsteten Jäger hatte die Dornier keine Chance. Im Feuerhagel getroffen, begann einer ihrer beiden Motoren Flammen und Rauch zu spucken, und sie verlor Höhe.

Palmer sah, wie Bordschütze und Beobachter sich aus dem qualmenden deutschen Flugzeug fallen ließen und die Reißleinen ihrer Fallschirme zogen. In der Absicht, dem Bomber den Gnadenstoß zu versetzen, flog er noch einmal an und drückte den Waffenknopf seiner Hurricane. Nichts geschah; er hatte seine ganze Munition verschossen. Glücklicherweise schien der Deutsche ohnehin zu keiner Gegenwehr mehr fähig. Palmer schloß von hinten auf und betrachtete den Piloten, der über dem Steuerrad zusammengesunken war und sich nicht rührte. Um sich endgültig zu vergewissern, daß sein Gegner tot und die Maschine ein sicherer Abschuß

Während der ersten Tage des Krieges unterhalten sich auf einem Flugplatz in Frankreich britische Piloten (links) mit ihren französischen Kameraden. Im Hintergrund steht ein Bomber des Typs Fairey Battle.

war, nahm Palmer den Gashebel zurück und setzte sich mit seiner Hurricane direkt neben den schwer beschädigten Bomber.

In der Glaskanzel des von Treffern durchsiebten Bombers war der Pilot, Unteroffizier Arno Frankenberger, allerdings unverletzt geblieben. Er hatte zu der uralten List gegriffen, sich totzustellen. Nun riß er ruckartig den Gashebel zurück und brachte die Motoren fast zum Stillstand. Die Dornier reagierte und wurde schlagartig langsamer, so daß Palmer an ihr vorüberschoß. Frankenberger hängte sich direkt hinter die Hurricane und trat in Aktion. Er überließ sein Flugzeug sich selbst, kletterte in den freien Beobachtersitz, machte ein MG 15 feuerbereit und jagte einen langen Feuerstoß in das Heck der Hurricane.

Als die Geschosse ratternd in den Rumpf einschlugen, duckte sich Palmer, während er gleichzeitig den Knüppel hart nach vorn schob, so daß die Hurricane abrupt vornüberkippte und nach unten aus dem Feuerbereich des Deutschen verschwand. Ein Geschoß war durch das Gepäckfach hinter Palmers Sitz und an seinem Kopf vorbei in die Windschutzscheibe geschlagen. Außerdem war der Motor getroffen worden und stand still.

Palmers blitzartige Reaktion rettete ihm das Leben; aber er wäre nie in Gefahr gekommen, wenn er – wie ein erfahrener Pilot – seine Neugier bezähmt und mehr Vorsicht hätte walten lassen. Eine weiße Glykol-Fahne quoll aus dem defekten Kühlsystem, während er im Gleitflug auf einen nahen Acker zuhielt, wo er, da auch das Fahrwerk beschädigt worden war, die Maschine mit einer Bauchlandung zu Boden brachte. Frankenberger, der sich außerstande sah, den Kampf gegen die beiden anderen, pausenlos feuernden Hurricanes aufzunehmen, landete seine Dornier unweit von Palmer und wurde sofort von Franzosen gefangengenommen. Damit waren die Abenteuer des deutschen Piloten jedoch noch nicht vorüber.

Nachdem er eine Nacht unter französischer Bewachung verbracht hatte, wurde Frankenberger – gegen den vehementen Protest der Franzosen – für den folgenden Abend den britischen Piloten übergeben, die ihn zu seiner Verwunderung in das Obergeschoß eines kleinen Gasthauses in der Nähe von Vassincourt führten, wo die englischen Offiziere ihre Messe eingerichtet hatten. Dort hieß man ihn höflich willkommen, bot ihm einen Sessel am Kamin an und reichte ihm einen Krug schäumendes Bier. An diesem Abend speiste Frankenberger vom Besten, was das kleine Dorf zu bieten hatte, reichte stolz Aufnahmen von Frau und Kind herum und schrieb schließlich seinen Namen auf ein Photo, das er seinen Bezwingern schenkte. Weit nach Mitternacht, nachdem er mit Palmer und den übrigen auf die Brüderschaft aller Piloten getrunken hatte, trennten sich die Engländer von ihrem Gefangenen in alkoholisierter Hochstimmung – erstere, um taumelnd ihre Quartiere aufzusuchen und sich schlafen zu legen, letzterer, um wieder in die Gefangenschaft zu gehen.

Das Kameradschaftsgefühl, das sich hier manifestierte und das an die Ritterlichkeit der Luftkämpfe des Ersten Weltkriegs erinnerte, stand in eigenartigem Gegensatz zu der Idee des totalen Krieges. Aber die Piloten der R.A.F. ahnten noch nicht, was ihnen in diesem Krieg bevorstand – die Katastrophe von Dünkirchen, die Verteidigung Londons, das zähe Ringen um Malta und der verbissene Kampf im Luftraum über Europa. In der Erinnerung der Überlebenden waren diese ersten, sportlich fairen Begegnungen, die im September 1939 begannen, lediglich eine Art „Scheinkrieg“, den sie – in der Sprache des Landes, in dem sie größtenteils stattfanden – häufig auch „La drôle de guerre“ nannten.

Trotz der offiziellen Kriegserklärung hatte bisher noch keine Seite eine Offensive eingeleitet. Die starke, gut ausgebildete Luftwaffe schien darauf zu warten, daß einer ihrer Gegner den ersten Schritt unternahm, aber

Die Hand zum Schutz gegen das Sonnenlicht über die Augen haltend, sieht Lord Trenchard in Begleitung eines jungen Staffelchefs 1939 einer Vorführung der R.A.F. zu, deren Stabschef er bis 1929 war. Trenchard, entschiedener Fürsprecher einer starken britischen Luftmacht, gilt weithin als der Vater der Royal Air Force.

England und Frankreich verhielten sich defensiv und brachten lediglich Truppen an der nordöstlichen Grenze Frankreichs in Stellung. Mit der Entsendung von zehn mit leichten Bombern des Typs Fairey Battle ausgerüsteten Staffeln des Bomberkommandos nach Frankreich hatte Großbritannien begonnen, seine Vorgeschobenen Luftstreitkräfte, die Advanced Air Striking Force (AASF), aufzubauen. Die 1. und 73. Staffel, beide mit Jagdflugzeugen des Typs Hurricane ausgerüstet, kamen nach. Wenig später folgte eine kombinierte, Air Component genannte Einheit zur Nahaufklärung und taktischen Luftunterstützung der britischen Landstreitkräfte. Sie verfügte über den zweimotorigen Bomber Blenheim und den einmotorigen Hochdecker Lysander, der zu Aufklärungsflügen eingesetzt wurde, sowie über Jäger vom Typ Hurricane und Gladiator, letzterer ein zwar in unzähligen Einsätzen bewährter, aber völlig veralteter Doppeldekker. Abgesehen von Angriffen auf Feindaufklärer, die die Grenze überflogen, und einigen Bombenangriffen auf deutsche Kriegsschiffe enthielt sich die R.A.F. jeglicher offensiver Operationen.

Natürlich hatte der „Scheinkrieg", selbst wenn es zunächst dabei nur darum ging, in der frustierenden Stellung zu verharren, auch eine schreckliche reale Seite, die sich in dem Verlust von Hunderten von Menschenleben und zahllosen Flugzeugen dokumentierte. Aber das Bewußtsein, daß beide Seiten offensichtlich davon absahen, ihr volles militärisches Potential einzusetzen, trug zu einem gewissen Gefühl der Irrealität in jenen ersten Kriegstagen bei.

Andererseits sammelte die R.A.F. in dieser Zeit eine Reihe von wertvollen Erfahrungen, unter anderem auch die aus dem Luftkampf zwischen Palmer und dem Deutschen Frankenberger. Die Benzintanks der Hurricane waren gepanzert, und die Windschutzscheibe bestand aus Panzerglas; nichts aber schützte den Piloten gegen Beschuß von hinten – ein Mangel, der den jungen Engländer fast das Leben gekostet hätte. Palmers Staffelkapitän, Patrick J. H. „Bull" Halahan, forderte daraufhin sofort, daß in den Hurricanes seiner Staffel Panzerplatten hinter dem Sitz des Piloten angebracht wurden, stieß mit seinem Vorschlag jedoch auf Ablehnung, weil die Panzerung angeblich den Schwerpunkt der Maschine ungünstig veränderte. Halahan war nicht der Mensch, der nach abschlägigen Bescheiden einfach aufgab. Er ordnete an, eines der Jagdflugzeuge entsprechend umzurüsten, und schickte einen Piloten in die Luft, der die Theoretiker mit einem atemberaubenden Kunstflugprogramm überzeugte. Sein Vorgehen führte dazu, daß später sowohl in den Hurricanes als auch den Spitfires standardmäßig Rückenpanzerungen angebracht wurden. Aber der achtmonatige „Scheinkrieg", der dem deutschen Blitzkrieg im Westen vorausging, sollte den Briten noch andere Lektionen erteilen, die keinesfalls so schmerzlos zu verkraften waren wie diese.

Für die im Luftkampf noch unerfahrene R.A.F. gehörte der Kampf zum täglichen Leben. Seit Beginn ihrer Existenz als selbständige Teilstreitkraft, die im April 1918 durch Zusammenlegung der Heeres- und Marineflieger zustande kam, hatte sie um ihr Überleben gerungen. Sowohl im Kriegsministerium als auch in der Admiralität herrschte die Meinung vor, daß das fliegende Personal dazu da sei, Land- und Seeoperationen zu unterstützen – und daß eine Luftwaffe als eigenständige Waffengattung demzufolge vollkommen unnötig sei. Mehr als einmal hatten die Befürworter der R.A.F. im Parlament Anträge abwehren müssen, die Luftstreitkräfte auf Heer und Marine aufzuteilen.

Die bedrohliche Situation, in der sich die R.A.F. befand, verschärfte sich, als das noch amtierende englische Kriegskabinett 1919 der bekannten

„Zehnjahresregel“ zustimmte, einer Planungsstudie für die Streitkräfte, die auf der Voraussetzung basierte, daß das britische Empire in den kommenden zehn Jahren von keinem größeren Krieg bedroht sein würde. Diese Studie, Eckpfeiler der britischen Verteidigungspolitik und bis 1932 jährlich verlängert, hemmte den Ausbau der Streitkräfte, insbesondere den der jungen – und noch weitgehend unerprobten – Royal Air Force.

Die R.A.F. und, wie sich herausstellte, ganz Großbritannien konnten sich glücklich schätzen, daß an der Spitze des Kampfes gegen die Tendenz zur Vernachlässigung der Luftstreitkräfte ein Mann von ungewöhnlicher Weitsicht stand. Sir Hugh Trenchard, Stabschef der R.A.F., der wegen seiner gewaltigen Stimme den Spitznamen „Boom“ – der Donnerer – trug, war ein Visionär, der sich hartnäckig und mit allen Stärken und Schwächen eines Fanatikers für die strategisch operierenden Luftstreitkräfte einsetzte. Sein Konzept beruhte auf der unerschütterlichen Überzeugung, Angriff sei die beste Verteidigung und der Sieg nur durch den strategischen Einsatz von Bombern auf militärische und industrielle Ziele zu erringen. Trenchard behauptete – und überzeugte schließlich das Parlament –, daß die R.A.F. diese Funktion am besten als selbständige Teilstreitkraft, unabhängig von den Land- und Seestreitkräften, wahrnehmen konnte.

Obwohl die finanziellen Mittel in den Jahren nach dem Ersten Weltkrieg knapp waren, setzte sich Trenchard mit Nachdruck dafür ein, seine kleine Truppe auf ein gesundes Fundament zu stellen. Er gründete in Cranwell eine R.A.F.-Fliegerschule für die Offiziersausbildung und in Halton eine Ausbildungsstätte für das Bodenpersonal. Mit Hilfe einer sogenannten Hilfsluftwaffe, der Auxiliary Air Force – einer aus den Söhnen wohlhabender Familien, die sich die Wochenendausbildung zum Piloten leisten konnten, gebildeten Reserve –, gelang es ihm, trotz der spärlichen Haushaltsmittel die Zahl der einsatzbereiten Staffeln zu erhöhen. Das war der Stand der R.A.F., als Winston Churchill 1934 vor dem Unterhaus behauptete, in Deutschland existiere heimlich eine Luftwaffe.

Der Verdacht verdichtete sich zur Gewißheit, als Hitler 1936 Truppen und zwei Jagdstaffeln ins Rheinland schickte und Anspruch auf das Gebiet erhob, das im Versailler Vertrag zur entmilitarisierten Zone erklärt worden war. Die Engländer reagierten, indem sie die Entwicklung und Produktion moderner Flugzeuge zu forcieren begannen und ein umfangreiches Programm für den Bau von Flugplätzen in Angriff nahmen, die die Insel letztlich in eine Art stationären Flugzeugträger verwandeln sollten. 1936 wurde eine weitere freiwillige Reservetruppe gegründet, die jährlich etwa 800 Piloten für die drei großen Einsatzkommandos der R.A.F. anwarb und ausbildete: das Bomber-, das Jäger- und das Küstenkommando.

In der kurzen Zeit bis 1939 erhielt die R.A.F. eine einsatzbereite Flotte zuverlässiger Flugzeuge. Dem Bomberkommando standen an schweren Bombern Wellingtons und Whitleys, an mittleren Bombern Hampdens und Blenheims und an leichten Bombern die dreisitzigen, einmotorigen Fairey Battles zur Verfügung. Das Küstenkommando flog zweimotorige Ansons, in Amerika gebaute Hudson-Bomber und Sunderland-Flugboote zur Seeaufklärung. Als Jäger ragten vor allem die Hurricanes und die allerdings noch nicht sehr zahlreichen, neu entwickelten Spitfires hervor. Mit Hilfe des Ausbauprogramms war es gerade noch gelungen, die Zahl der R.A.F.-Flugzeuge mehr als zu verdreifachen und auf rund 1500 hochzuschrauben – wobei die deutsche Luftwaffe ein noch bemerkenswerteres Tempo hatte vorlegen können: Sie besaß bei Kriegsausbruch mehr als doppelt so viele Maschinen wie die britische Fliegertruppe.

Im September 1939, als der Krieg begann, existierte die Royal Air Force seit 21 Jahren, und die Truppe selbst betrachtete sich als reife, pro-

Der Produktionskrieg

Das Photo von 1939 aus Woolston zeigt Rümpfe von Supermarine Spitfires.

Als die R.A.F. Mitte der dreißiger Jahre daran ging, ihren Maschinenpark zu modernisieren und zu erweitern, standen die britischen Flugzeugfabrikanten, gewöhnt an das ruhige Produktionstempo in Friedenszeiten, der Aufgabe unzureichend gerüstet gegenüber.

Zur Steigerung der Produktionskapazitäten errichtete die Regierung eine Reihe staatlicher Werke, die sie zum Teil von Kraftfahrzeugherstellern betreiben ließ. Die Flugzeugindustrie vergab Verträge an die verschiedensten Zulieferanten, von Möbeltischlereien, die Holzteile anfertigten, bis zu kleinen technischen Betrieben.

Im Jahre 1938 wurden in Großbritannien 2827 Militärmaschinen gebaut, etwa halb soviel wie in Deutschland. 1940 dagegen stieg die Produktion auf insgesamt 15 049 Militärmaschinen, was wiederum etwa der Hälfte der im selben Jahr beim Gegner gebauten Flugzeuge entsprach.

Auf der Fertigungsstraße einer Flugzeugfabrik in Southampton bereiten Arbeiter den Einbau von Rolls-Royce-Motoren in Spitfire-Jäger vor.

In einer Montagehalle in Weybridge stehen Anfang 1939 unbeplankte Rümpfe von Bombern des Typs Vickers Wellington auf einer Fertigungsstraße. Aufgrund der flechtwerkartigen Rumpfkonstruktion waren die Flugzeuge einerseits leicht, andererseits aber stabil genug, um schwere Bombenlasten tragen zu können.

In einem staatlichen Flugzeugwerk in der Nähe von Liverpool geht die Arbeit an Blenheim-Bombern, die in Serie produziert werden, zügig voran.

Werksbesucher sehen zu, wie ein Laufkran einen fast fertigen Blenheim-Bomber über ein Flugzeug hebt, das sich noch in einem früheren Produktionsstadium befindet. Mit Hilfe des Krans konnten die Maschinen im Bedarfsfall jederzeit schnell auf eine andere Fertigungsstraße des Montagewerks transportiert werden.

fessionelle Streitkraft. Als eine junge, in Neuland operierende Organisation übte sie weit größere Anziehungskraft aus als die beiden anderen Waffengattungen. Und die Presse, mit erfreulichen Meldungen nicht gerade verwöhnt, half kräftig mit, das Hohelied der glorreichen Piloten zu singen, dem letztere nach Kräften gerecht zu werden versuchten.

Die Wirklichkeit, die sich am 3. September 1939, als die R.A.F. ihren ersten Einsatzbefehl im Verlauf des Krieges erhielt, abzuzeichnen begann, sah jedoch bestürzend anders aus.

Das Einsatzziel lag in einem höchst unerwarteten Gebiet. Weil man mit einem sofortigen Luftangriff der Deutschen rechnete, wurden die britischen Jagdflugzeuge in Alarmbereitschaft am Boden zurückgehalten; den Bombern waren von den Politikern Angriffe auf Landziele untersagt worden. Aus diesem Grund bereitete sich die R.A.F. – nicht ohne Bedenken – darauf vor, die Deutschen auf See anzugreifen. Um 11.01 Uhr, eine Minute nach der offiziellen Kriegserklärung durch den britischen Premierminister, lief ein ehrgeiziges Unternehmen an, an dem die beiden zu der Zeit in Wattisham, 105 Kilometer nordöstlich von London, stationierten Bomberstaffeln 107 und 110 beteiligt waren.

Die Vorarbeit für das Unternehmen leistete Flying Officer Andrew McPherson, ein mutiger, zielstrebiger Schotte, der – mit einem hohen Seeoffizier als Beobachter an Bord – in einer Blenheim vom Flugplatz Wyton, 95 Kilometer nördlich von London, startete, um die Nordseebasen der deutschen Marine zu erkunden und zu photographieren. Die beiden stießen über der Schillig-Reede bei Wilhelmshaven auf eine größere Anzahl von Kriegsschiffen. Beim zweiten Flug am nächsten Tag sichteten sie

König Georg VI. von England, der Ende 1939 Frankreich besuchte, um den Kampfgeist der britischen Truppe zu stärken, begrüßt, unter dem Propeller einer Hurricane stehend, R.A.F.-Offiziere auf dem Flugplatz Lille Seclin. Bei der Reise konnte sich der König davon überzeugen, daß der britische Pilot des Zweiten Weltkriegs „seinem Vorgänger mindestens ebenbürtig" war.

weitere deutsche Kriegsschiffe in einem größeren Flottenverband nahe der Einfahrt zum Nordostseekanal bei Brunsbüttel.

Kurz nachdem McPherson mit seinem zweiten Bericht zurückgekehrt war, stiegen am 4. September unter dem Kommando von Flight Lieutenant K. C. Doran zehn Blenheims in den wolkenverhangenen Himmel auf und nahmen Kurs auf Wilhelmshaven. Ihre Bombenlast bestand aus je zwei 225 Kilogramm schweren Sprengbomben mit Zeitzündern, die für den Tiefangriff auf elf Sekunden Zündverzögerung eingestellt waren. In Wyton starteten fünf weitere Blenheims der 139. Staffel, um sich dem Angriff anzuschließen, kehrten aber wieder um, da sich das Wetter verschlechterte und die Zielfindung unmöglich machte. Doran mit seinen zehn Maschinen hingegen folgte den Fahrrinnen zur Schillig-Reede, auf der das Panzerschiff *Admiral Scheer* und der Leichte Kreuzer *Emden* vor Anker lagen.

Fünf Bomber der von Doran geführten 110. Staffel flogen den ersten Angriff, gelangten ungehindert über die Schiffe und trafen die *Admiral Scheer* mit zwei Bomben, die jedoch von den gepanzerten Decks abprallten und ins Wasser fielen, bevor sie explodierten. Während die Flugzeuge abdrehten, eröffnete die Abwehr auf den Schiffen und an Land das Feuer. Eine der Blenheims wurde getroffen und stürzte ab. Als die fünf Maschinen der 107. Staffel das Zielgebiet erreichten, schoß die Flugabwehr bereits aus allen Rohren. Nur ein Bomber dieses Verbandes kehrte zurück.

Unterdessen flogen 14 Wellingtons der 9. und 149. Staffel Brunsbüttel an, wo sie ähnlich schlechte Wetterbedingungen vorfanden und ebenso wie die Blenheims von energischem Abwehrfeuer in Empfang genommen wurden. Zwei der Wellingtons gingen verloren. Die übrigen meldeten einen einzigen Treffer – und den auch nur als „möglichen" Treffer.

Die Bilanz der ersten Offensiveinsätze der R.A.F. im Zweiten Weltkrieg sah alarmierend aus. Von den 29 beteiligten Flugzeugen verfehlten zehn ihre Ziele, sieben wurden abgeschossen. Bei anschließenden Aufklärungsflügen zeigte sich darüber hinaus, daß sie die Schiffe nur unwesentlich beschädigt hatten, wenn man von einer der kampfunfähig geschossenen Blenheims absah, die durch Zufall oder aufgrund eines letzten heldenhaften Entschlusses des Piloten mit voller Wucht in das Vorschiff der *Emden* prallte. Der ehrgeizige Versuch, die deutsche Flotte gleich zu Beginn des Krieges wirkungsvoll zu schwächen, war schmählich mißlungen.

Das britische Bomberkommando ging erst im Juni 1940 dazu über, Einzeloperationen systematisch auszuwerten. Eine inoffizielle Analyse der Angriffe vom 4. September zeigte jedoch, wo einige der entscheidenden Mängel lagen. Viel zu wenige englische Flugzeuge waren in der Lage gewesen, das Zielgebiet zu finden. Funkverkehr und Luftaufnahmen hatten zu wünschen übriggelassen. Das fliegende Personal dem Beschuß der gefürchteten deutschen Abwehr auszusetzen und wirkungslose Bomben abwerfen zu lassen war reine Verschwendung und verschlechterte die Moral der R.A.F.-Angehörigen in gefährlicher Weise.

Das Kriegskabinett zog seine Schlüsse und ordnete an, daß die auf englischem Boden stationierten Staffeln in Zukunft jeglichen Versuch, in schwer verteidigte Häfen einzudringen, unterlassen und statt dessen nur noch Angriffe auf Seeziele fliegen sollten. Doch selbst dieser eingeschränkte Auftrag überstieg die Möglichkeiten der R.A.F. Am 29. September sichteten elf Hampden-Bomber in der Helgoländer Bucht vor Wilhelmshaven zwei deutsche Zerstörer und griffen sie an, wieder ohne ihnen Schaden zuzufügen. Der erste aus sechs Maschinen bestehende Pulk rief, bevor er wieder abdrehte und nach England zurückkehrte, lediglich die Flugabwehr auf den Plan. Der zweite aus fünf Bombern gebildete Verband wurde von deutschen Jägern abgefangen. Die Hampdens, an sich verhältnismäßig

schnelle und wendige Maschinen mit schlankem, spitz zulaufendem Rumpf, der dem Piloten gute Rundumsicht bot, hatten keine hydraulisch drehbaren Schützenstände, und ihre manuell verstellbaren Maschinengewehre des Kalibers .303 waren weit weniger wirksam als die 2-cm-Bordkanonen der deutschen Jäger vom Typ Me 109 mit ihren Explosivgeschossen. Im Getümmel des Gefechts vernichteten die herabstoßenden deutschen Jäger alle fünf Bomber des zweiten Verbandes.

Die Schwächen der einmotorigen Fairey Battles, die die Mehrzahl der bei Kriegsbeginn in Frankreich stationierten englischen Bomber bildeten, erwiesen sich als noch gravierender. Seit 1932 in unveränderter Form in Zahlen von über 2000 Stück produziert, waren die Maschinen unangenehm langsam und hatten mit ihren zwei Maschinengewehren noch weniger Feuerkraft als die Hampdens. Nach einigen katastrophalen Luftkämpfen mit den schnellen, gut bewaffneten einmotorigen Messerschmitt-Jägern Me 109E erhielten die R.A.F.-Einheiten in Frankreich die Anweisung, die Battles nur noch bei Nachtangriffen einzusetzen und von Tagangriffen abzusehen, bis ihnen genügend zweimotorige Bristol Blenheims zur Verfügung gestellt würden.

Die R.A.F. brauchte unbedingt mehr und bessere Flugzeuge, insbesondere schwere Langstreckenbomber, wenn sie überhaupt in der Lage sein sollte, strategische Angriffe auf ausgewählte militärische und industrielle

In dramatischen Farben dargestellt, werfen schwere Whitley-Bomber trotz heftigen Flakfeuers Propagandamaterial über Deutschland ab. Mit über 65 Millionen Flugblättern, die aus britischen Flugzeugen flatterten, wurde versucht, das deutsche Volk gegen seine nationalsozialistische Regierung zu beeinflussen.

Dieses britische Flugblatt, das im Frühjahr 1940 über Deutschland abgeworfen wurde, macht auf die grausame Unterdrückung der Polen aufmerksam. Obwohl eindringlich gestaltet, riefen die Blätter bei der deutschen Bevölkerung keine spürbare Reaktion hervor, so daß die Propagandaaktion sehr bald wieder eingestellt wurde.

Ziele zu fliegen und damit den Auftrag zu erfüllen, für den sie ihre Selbständigkeit beansprucht und erhalten hatte. Nicht zuletzt aus diesem Grunde kam den Engländern der von Präsident Franklin D. Roosevelt am 1. September 1939 an alle kriegführenden Nationen gerichtete Aufruf, keine Luftangriffe auf Zivilbevölkerungen zu unternehmen, sehr gelegen. Ohnehin stellten uneingeschränkte Bombardierungen eine Art der Kriegführung dar, in der die Engländer nicht die Führung übernehmen wollten. Dabei spielte auch eine Rolle, daß sie im eigenen Lande nicht ausreichend gerüstet waren, um ihre Städte vor Gegenangriffen zu schützen. Die Franzosen, deren Flugabwehr noch schlechter organisiert war als die der Briten, fürchteten deutsche Vergeltungsschläge noch mehr, und das britische Bomberkommando sah sich deshalb dazu verurteilt, den Bombern der deutschen Luftwaffe den Vortritt zu lassen.

Da die Bombardierung deutscher Städte nicht in Frage kam, wandten sich die Staffeln des britischen Bomberkommandos im Herbst des Jahres 1939 und im darauffolgenden Winter verstärkt einer neuen Aufgabe zu: Sie verteilten Propagandamaterial über Deutschland. Die ersten Flugblätter hatten die Engländer bereits in der ersten Kriegsnacht über deutschem Gebiet abgeworfen. Die Aktion war jedoch schon nach einer Woche wieder eingestellt worden, nachdem sich die britische Öffentlichkeit darüber erregt hatte, daß die Nationalsozialisten lediglich mit Papier bombardiert wurden, während sich Hitler Polen einverleibte. (Es kursierte der Witz, daß die Besatzungen ausdrücklich ermahnt wurden, die Pakete unverschnürt abzuwerfen, damit am Boden niemand verletzt würde.) Zwei weitere Wochen später nahm man in der naiven Hoffnung, die Deutschen könnten ihre Regierung absetzen oder zumindest beeinflussen, den Propagandafeldzug wieder auf. Die Ergebnisse gaben keinerlei Anlaß zum Jubel: Abgesehen davon, daß es in der deutschen Öffentlichkeit zu keiner fühlbaren Reaktion kam, ließ die Flugblattaktion wie schon die vorausgegangenen Bombenangriffe das Unvermögen der R.A.F erkennen, vorgegebene Ziele aufzufinden. Andererseits bemühte sich die deutsche Luftabwehr nicht sonderlich, die Aktion zu unterbinden, so daß kein einziges Flugzeug durch Abschuß verlorenging, wenngleich einige wenige Maschinen schlechtem Wetter zum Opfer fielen. Als deutlich wurde, daß die Propaganda ihre Wirkung bei den Deutschen verfehlte, fand sich die britische Regierung mit der Tatsache ab, daß sie in Zukunft von Flugblättern zu Bomben übergehen mußte.

In den vergangenen zwei Jahrzehnten hatte man im Stab der R.A.F. für den Fall der bewaffneten Auseinandersetzung einer strategischen Luftoffensive gegen kriegswichtige industrielle und militärische Ziele in Deutschland die größten Erfolgschancen eingeräumt. Im Herbst 1939 war die Entwicklung großer viermotoriger Bomber, mit denen sich solche Angriffe hätten durchführen lassen, im vollen Gange, aber bis zu ihrer Einführung bei der Truppe rechnete man noch mit mindestens 18 Monaten. Die vier Blenheim-Staffeln, die sich im Herbst 1939 in Frankreich befanden, konnten kaum als strategische Aufklärer eingesetzt werden, geschweige denn als Langstrekkenbomber. Bis die neuen Großflugzeuge zur Verfügung standen, mußte sich das Bomberkommando mit einer leicht veralteten, aber außerordentlich sicheren Maschine begnügen, der zweimotorigen Vickers Wellington.

In den folgenden zweieinhalb Jahren sollte jedermann im Bomberkommando die Wellington mit ihrem unverkennbaren zigarrenförmigen Rumpf und dem ungewöhnlich großen Seitenleitwerk gut kennenlernen. Dank ihrer Konstruktion – der Rumpf bestand aus einem dünnen Metallgeflecht, das nur mit Stoff überzogen war – konnte die Wellington erstaunlich viele Treffer einstecken, ohne abzustürzen. In den beiden hydraulisch drehbaren

Schützenständen befanden sich Zwillingsmaschinengewehre des Kalibers .303. Die Hoffnungen gingen dahin, daß die konzentrierte Feuerkraft massierter und zu engen Formationen aufgeschlossener Wellingtons ausreichen würde, bei Tagangriffen auch den verwegensten Angreifer in die Flucht zu schlagen.

Diese Hoffnung lag auch einer Entscheidung des Kriegskabinetts vom 3. Dezember 1939 zugrunde, eine neue Offensive gegen die starken deutschen Kriegsschiffe in der Helgoländer Bucht und im Jadebusen einzuleiten – nachdem sich der First Lord of the Admirality, Winston Churchill, im Zusammenhang mit den durch U-Boote und Magnetminen verursachten britischen Verlusten auf See bitter über die unwirksamen Maßnahmen seines Landes gegen die deutsche Marine beklagt hatte. Allerdings sollte die Zivilbevölkerung des Gegners auch weiterhin geschont bleiben, also im Dock liegende Kriegsschiffe nicht bombardiert werden. Für den Verband von 24 Wellingtons, die unter dem Kommando von Wing Commander Richard Kellett von der 149. Staffel den Angriff in enger Formation fliegen sollte, war kein Begleitschutz vorgesehen.

Die Engländer wußten nicht, daß die Deutschen zu jener Zeit bereits ein einfaches Radarsystem – mit Namen Freya – entwickelt hatten, das ihnen bei dieser Gelegenheit zu entscheidenden acht Minuten Vorwarnzeit vor Ankunft des Verbandes verhalf. Eine tiefliegende Wolkendecke, die das Vorhaben der britischen Bomber behinderte, bereitete auch den Deutschen Schwierigkeiten, die mit ihren Messerschmitt-Jägern vom Typ Me 109 und zweimotorigen Me 110 aufstiegen, um die Angreifer abzufangen. Als sie sie schließlich aufspürten, hielten sie sich respektvoll außerhalb des Wirkungsbereichs der Heckschützen in den Wellingtons, die nach endlosen Stunden, die sie auf den harten Metallsitzen im ungeheizten Heck der Maschinen verbracht hatten, steif und halb erfroren waren. Dessenungeachtet gelang es ihnen, die Deutschen fernzuhalten, obwohl ihre Zwillingsmaschinengewehre den Kanonen der Messerschmitts unterlegen waren. Alle 24 Bomber kämpften sich durch und warfen ihre Last ab, verfehlten aber die deutschen Kriegsschiffe. Statt dessen versenkten sie ein Minensuchboot und richteten leichte Schäden in einer Küstenbatterie an.

Die Wellingtons kehrten unversehrt zu ihrem Fliegerhorst zurück. Beim zweiten Versuch, der elf Tage später stattfand, sah die Bilanz weniger günstig aus. Diesmal wurde ein deutscher Jäger abgeschossen; dafür gingen fünf der zwölf gestarteten Wellingtons verloren, eine sechste stürzte in der Nähe ihres Fliegerhorstes ab. Allerdings machte der Stab der R.A.F. die leichte Flak des Gegners für die Ausfälle verantwortlich – das schlechte Wetter hatte die Piloten gezwungen, in niedriger Höhe anzufliegen – und hielt an der Strategie des engen Verbandsflugs der Bomber ohne Begleitschutz als Erfolgsrezept fest.

So kam es, daß am 18. Dezember noch einmal 24 Wellingtons – wieder unter dem Kommando von Richard Kellett – zum Angriff auf die Schillig-Reede und Wilhelmshaven starteten. Sie waren in vier Gruppen zu je sechs Maschinen gestaffelt und mit 225-kg-Bomben ausgerüstet, die sie außerhalb der Reichweite der deutschen Flugabwehr aus mindestens 3000 Meter Höhe abwerfen sollten. Kellett führte die erste Gruppe. Kurz nach dem Start kehrten aus der zweiten Gruppe zwei Bomber um, der eine wegen Motorschadens, der andere wegen Ausfalls des Funkgeräts. Ernsthafte Schwierigkeiten tauchten erstmals auf, als etwa 80 Kilometer von der englischen Küste entfernt die schützende Wolkendecke wider Erwarten aufzureißen begann. Noch einmal 80 Kilometer weiter war der Himmel klar, und die Sichtweite betrug bis zu 55 Kilometer. Ein eventueller Abbruch des Angriffs war nicht vorgesehen. Gut 100 Kilometer vom Zielgebiet entfernt kamen die Wellingtons dann in Reichweite des deutschen Radars und lösten Alarm aus. Rund um Wilhelmshaven starteten Abfangjäger. Englands verlustreichstem Einsatz des „Scheinkriegs" stand nichts mehr im Wege.

Über Wilhelmshaven photographierten die Bomberbesatzungen vier große deutsche Kriegsschiffe, die sie aber, da sie ausnahmslos in den Docks oder im Hafen lagen, befehlsgemäß nicht bombardierten. Der heftige Beschuß durch die Flugabwehr, insbesondere die Küstenbatterien, bewirkte lediglich, daß die Flugzeuge der hinteren Gruppen die Formation auflösten. Als das Flakfeuer nachließ, griffen die Jäger an.

Die deutschen Piloten, die die Anfälligkeit der Wellingtons bei Flankenangriffen kannten, machten sich diesen Nachteil zunutze und flogen aus der seitlichen Überhöhung an. Die vordere Kabine eines Bombers der ersten Gruppe explodierte, und die Maschine stürzte ins Wasser. Eine zweite Wellington brach in der Luft auseinander; eine dritte, aus deren linkem Motor eine dicke schwarze Rauchfahne quoll, trudelte ins Meer. Die Messerschmitt feuerten aus allen Rohren, als die letzte Gruppe über dem Zielgebiet ankam. Fünf ihrer sechs Bomber gingen im gnadenlosen Hagel der Bordkanonen verloren.

Die letzte Wellington dieser Sechsergruppe verdankte ihre sichere Rückkehr nach England einem Mitglied der Besatzung. Der Mann hatte, als er zum vorderen Schützenstand eilte, aus Versehen den Hebel der Landeklappen betätigt, so daß die Maschine plötzlich langsamer wurde. Das geschah so unerwartet, daß die angreifenden deutschen Jäger an ihr vorüberschossen. Der Pilot des Bombers erkannte seine Chance, drückte an und raste im Sturzflug von 4500 Metern Höhe bis knapp über die Wasseroberfläche, um dann in Richtung Heimat zu fliehen. Hinter ihm verließen Wellingtons der anderen Gruppe fluchtartig das Schlachtfeld, um mit zerschossenen Tanks in die Niederlande zu entkommen.

Von den 22 Wellingtons, die Wilhelmshaven erreicht hatten, wurden zehn über dem Zielgebiet abgeschossen und zwei so schwer getroffen, daß sie notwassern mußten. Zwei weitere gingen bei Notlandungen auf englischem Boden zu Bruch. Von den übrigen acht kehrte keine einzige unbeschädigt heim. Nach dem Luftkampf vom 18. Dezember wurde an den Wellingtons ein Mindestmaß an Verbesserungen – seitliche Schützenstände, selbstabdichtende Tanks und zusätzliche Panzerung – vorgenommen. Dennoch mußten Illusionen der Vorkriegszeit, das Bomberkommando könne am Tage wirkungsvolle Einsätze fliegen, endgültig begraben werden.

Im Frühjahr 1940 erhielt der neue Oberbefehlshaber des Bomberkommandos, Air Marshal Sir Charles Portal, einen neuen Auftrag für seine Flugzeuge. In einer Weisung des Stabes der R.A.F. vom 13. April wurde Portal aufgefordert, sich mit seinen schweren Bombern vorwiegend auf Nachteinsätze zu beschränken. Von nun an unternahm das Bomberkommando seine mit großen Erwartungen erfüllten und lang aufgeschobenen strategischen Angriffe nur noch im Schutz der Dunkelheit.

Was die Leistungen der R.A.F. betraf, gab es bis zu diesem Zeitpunkt eigentlich nur einen einzigen Lichtblick, und zwar in Frankreich, wo zwei Hurricane-Staffeln der Vorgeschobenen Luftstreitkräfte regelmäßig deutsche Aufklärer abschossen, die die Grenze überflogen. Doch auch dort begannen sich ernsthafte Probleme abzuzeichnen. Die mit acht Maschinengewehren ausgerüsteten Hawker Hurricanes wurden zwar mit den Dorniers ohne größere Schwierigkeiten fertig, waren aber keine ernsthaften Gegner für die Messerschmitt, die gelegentlich den Begleitschutz übernahmen. Die englischen Jäger bezahlten ihre Einsätze gegen die deutsche Luftwaffe mit immer größeren Verlusten.

Bei Luftkämpfen im Frühjahr 1940 hatte sich gezeigt, daß die Me 109 schneller war als die Hurricane und bessere Sturz- und Steigflugeigenschaften hatte. Die Hurricane erwies sich zwar als das robustere Flugzeug und die bessere Waffenplattform, war aber in jeder anderen Hinsicht unterlegen; lediglich das Können und der Kampfgeist der britischen Piloten sorgten für einen gewissen Ausgleich. Das Katz-und-Maus-Spiel entlang der Grenze veränderte sich schlagartig, als deutsche Armeen im Morgengrauen des 10. Mai 1940 den „Scheinkrieg" beendeten und in Belgien und Holland einmarschierten. Hitlers Blitzkrieg im Westen hatte begonnen.

Die britischen und französischen Armeen bezogen ihre vorgesehenen Verteidigungsstellungen, und die in Frankreich stationierten Angehörigen der R.A.F. bereiteten sich auf ihre Einsätze vor. Acht Battle- und zwei Blenheim-Staffeln der AASF sollten die vordringenden deutschen Marschkolonnen an Brücken und größeren Straßenkreuzungen angreifen. Die Hurricanes, verstärkt durch eine zusätzliche aus England entsandte Staffel, hatten den Auftrag, Begleitschutz zu fliegen und Flugplätze zu verteidigen. Für die taktische und photographische Aufklärung an dem Frontabschnitt, an dem das britische Expeditionskorps eingesetzt war, waren fünf Lysander-Staffeln vorgesehen, während sich vier Blenheim-Staffeln weiter hinter der Front umsehen sollten. Sechs Jagdstaffeln waren über ihre Aufgabe als Begleitschutz der anderen Staffeln hinaus zum Schutz der britischen Heerestruppen und Etappen abgestellt.

So zumindest sah es die Planung vor. Aber die Franzosen, noch immer von der Furcht vor deutschen Vergeltungsmaßnahmen und der irrationalen Hoffnung erfüllt, die Ausweitung des Krieges könne sich auf irgendeine Weise vermeiden lassen, gaben erst um 11 Uhr morgens grünes Licht für die Bombardierung der deutschen Truppenansammlungen. Unter dem Schutz eines Schirms von Hurricanes starteten schließlich 32 Battles, die Bomben mit Zeitzündern mit sich führten und Tiefangriffe auf die durch Luxemburg vorstoßenden deutschen Verbände fliegen sollten. In dem dichten Flak- und Maschinengewehrfeuer, dem sie über dem Zielgebiet ausgesetzt waren, wurden 13 abgeschossen und alle übrigen beschädigt.

Am frühen Morgen des nächsten Tages beschwor die belgische Regierung die R.A.F., die Brücken über den Albertkanal in der Nähe von Maastricht an der niederländisch-belgischen Grenze zu zerstören, um den deutschen Vormarsch in dieser Region zu stoppen. Der Oberbefehlshaber der britischen Luftstreitkräfte in Frankreich, Air Marshal Arthur S. Barratt – „Ugly" Barratt, wie er von seinen Leuten liebevoll-spöttisch genannt wurde –, ließ daraufhin umgehend eine seiner in Condé-Vraux stationierten Blenheim-Einheiten, die 114. Staffel, für den Start um 6 Uhr auftanken und mit Bomben munitionieren. Die Besatzungen wollten gerade in ihre Maschinen einsteigen, als plötzlich neun Dorniers Do 17 über einer Baumreihe auftauchten, sich fächerförmig über dem Flugplatz verteilten und direkt auf die abgestellten Bomber zuflogen. Sechs Blenheims wurden vernichtet, die übrigen stark beschädigt. Barratts mittlere Bomberflotte war mit einem Schlag um die Hälfte dezimiert worden. Die Angriffe deutscher Dorniers und Heinkel auf französische und britische Flugplätze rissen den ganzen Tag über nicht ab.

Mittlerweile war den Brücken, die bei Maastricht über den Albertkanal führten, nichts geschehen. Die belgische Luftwaffe unternahm einen Versuch, sie zu zerstören, aber sechs der neun gestarteten Maschinen wurden abgeschossen, bevor sie ihr Ziel erreichten. Die drei, die bis zu den Brücken durchkamen, warfen daneben.

Vor Anbruch der Dunkelheit versuchten zwölf vom Bomberkommando aus England herübergeschickte Blenheims der Gruppe 2 noch einmal, die

Angehörige des R.A.F.-Bodenpersonals versuchen in der eisigen Kälte des Winters 1939/40 in Frankreich, eine Abdeckplane von einer schneebedeckten Fairey Battle zu entfernen. Ein R.A.F.-Pilot schrieb: „Überall lagen Schnee und Eis, und ob drinnen oder draußen, es war unmöglich, sich warm zu halten.“

Piloten inspizieren einen der vielen R.A.F.-Bomber, die nach Einsetzen des Tauwetters im Frühjahr 1940 in Frankreich nicht starten konnten.

Brücken zu bombardieren, wurden aber schon im Anflug von deutschen Jägern angegriffen. Ein Drittel der Maschinen ging verloren, während die Brücken unversehrt blieben.

Obwohl bekannt war, daß sich die deutschen Truppen in den dichten Wäldern der von Nordostfrankreich bis ins südliche Belgien reichenden Ardennen massierten, glaubten die französischen Generale immer noch, der Durchbruch bei Maastricht stelle die Hauptstoßrichtung des Gegners dar. In der Nacht erhielt Barratt zwei dringende Funksprüche aus London, in denen er noch einmal auf die Bedeutung der Brücken hingewiesen und aufgefordert wurde, sie zu zerstören.

Barratt hatte alle Hände voll damit zu tun, das Vordringen der Deutschen aus der Luft zu stören. Bei Anbruch des folgenden Tages befahl er seinen letzten Blenheim-Bombern, der 139. Staffel, eine Panzerkolonne anzugreifen, die in Richtung auf das belgische Tongern vorstieß. Von den neun gestarteten Maschinen kehrten sieben nicht zurück; Barratts mittlere Bomberflotte war damit so gut wie vernichtet.

Der Verlust der Blenheims bedeutete für Barratt, daß er nun praktisch keine Bomber mehr für den Einsatz auf die Brücken über den Albertkanal zur Verfügung hatte. In dieser Zwangslage spielte er seine letzte Karte aus und beschloß, eine Staffel Fairey Battles – die oben erwähnten veralteten und schlechtbewaffneten leichten Bomber –, gedeckt durch einen Schirm höher fliegender Hurricanes, den Auftrag ausführen zu lassen. An dem Unternehmen sollten nur Freiwillige teilnehmen.

Am Morgen des nächsten Tages erfuhren die Männer der 12. Staffel die Einzelheiten. Ihr Auftrag lautete, zwei Brücken zu zerstören, eine Stahl-

Ein Angehöriger einer R.A.F.-Lichtbildeinheit reicht der Besatzung einer Bristol Blenheim Mark IV ihre Kamera ins Cockpit. Die schwerfälligen Bomber erwiesen sich als leichte Beute für deutsche Flakgeschütze und Jäger, so daß sie als Aufklärer durch schnelle, mit Zusatztanks ausgerüstete Spitfires ersetzt wurden.

brücke bei Veldwezelt und eine Betonbrücke bei Vroenhoven, koste es, was es wolle. Die Angriffsstärke betrug in beiden Fällen drei Maschinen.

Für jede Battle wurde wie üblich eine dreiköpfige Besatzung aufgestellt: Pilot, Beobachter und Bordschütze. Bei den Schützen handelte es sich vorwiegend um Angehörige des Bodenpersonals, die sich freiwillig zum Fliegen gemeldet hatten.

Die beiden Verbandsführer, Norman Thomas und Donald „Judy" Garland, beide Anfang Zwanzig, legten sich ihren Angriffsplan zurecht. „Ich gehe im Tiefflug ran", meinte Garland, als er und Thomas über den Flugplatz zu ihren Flugzeugen gingen, die getarnt am Rande eines angrenzenden Waldes standen. „Die schießen dich in Stücke", erwiderte Thomas. „Für mich gibt's nur eins: im Sturzflug bombardieren."

Eine der drei Maschinen, die dem Verband von Norman Thomas zugeteilt waren, mußte wegen Ausfalls der Hydraulikanlage am Boden bleiben. Die beiden anderen starteten, stiegen auf eine Flughöhe von 2100 Metern und nahmen Kurs auf die Betonbrücke von Vroenhoven. Der Himmel war leicht bewölkt. Fünf Minuten später brach Garland mit seinem Verband nach Veldwezelt auf. Die Jäger – darunter Hurricanes der auf einem anderen Flugplatz stationierten und von Bull Halahan geführten 1. Staffel – flogen direkt ins Gebiet um Maastricht.

Die Battles brauchten für die rund 200 Kilometer lange Flugstrecke eine Stunde. Thomas, der als erster im Zielgebiet ankam, geriet in heftiges Sperrfeuer. Plötzlich, für Thomas aber nicht überraschend, verstummte die Flugabwehr. Von rechts näherte sich ein Messerschmitt-Jäger den beiden britischen Bombern. Thomas überließ es seinem Kameraden in der anderen

Ein Auswertungsoffizier analysiert Photos, die britische Aufklärer von einem Einsatz mitgebracht haben, durch ein Stereoskop, das die Aufnahmen dreidimensional erscheinen läßt. Sydney Cotton, Leiter der Aufklärungseinheit, betonte, daß die Auswerter „eine Engelsgeduld und das Geschick eines Tüftlers brauchten".

Battle, an deren Steuer Pilot Officer T. D. H. Davy saß, allein mit dem Angreifer fertig zu werden, während er sich auf die unter ihm liegende Brücke konzentrierte. Er drückte den Steuerknüppel nach vorn und setzte zum Sturzflug an, vorsichtig zuerst, dann aber immer steiler, bis die Maschine fast senkrecht auf die Erde zuraste. Die alte Battle heulte und rappelte, der Zeiger im Höhenmesser drehte sich wie wild, und Bordschütze und Beobachter hatten alle Mühe, sich in ihren Sitzen festzuklammern. In 900 Meter Höhe öffnete Thomas den Bombenschacht und ließ die ersten 112-Kilo-Bomben herabrauschen. Während er mit der Propellernase als Zielhilfe auf die Brücke zuhielt, klinkte er seine Bomben aus. Der Höhenmesser zeigte nur noch 120 Meter an, als er den Steuerknüppel hart nach hinten zog. Das Flugzeug, geschüttelt vom Explosionsdruck der letzten Bombe, ächzte unter der Belastung, fing ab und begann wieder zu steigen. Sofort reagierte die Flugabwehr mit einem dichten Feuerhagel, der Thomas zwang, schnellstens wieder anzudrücken und im Tiefflug knapp über die Baumwipfel hinweg zu fliehen.

Die Maschine hatte einen Treffer in die rechte Tragfläche abbekommen, und der Beobachter versuchte, ein Loch in der Brennstoffleitung mit dem Finger zuzuhalten. Während die drei Männer Felder und Hecken unter sich vorbeirasen sahen, fing der Motor plötzlich an zu stottern und blieb stehen. Thomas setzte den Bomber mit einer sauberen Bauchlandung auf einer Wiese auf, wo er schliddernd zum Stehen kam. Kurz darauf wurden er, sein Beobachter und sein Bordschütze, alle unverletzt, gefangengenommen.

Über ihnen bemühte sich Davy, der dem deutschen Jäger entkommen war und seine Bombenlast in der Nähe der Brücke abgeworfen hatte, die eigenen Linien zu erreichen. Aus seinem linken Tank, der im Kampf mit der Messerschmitt schwer beschädigt worden war, drang eine dicke schwarze Rauchfahne. In der Nähe der Grenze befahl er seinen Kameraden auszusteigen. Einer von ihnen landete in Frankreich und war gerettet; der andere, der vor Überfliegen der Grenze abgesprungen war, verbrachte fünf Jahre in Gefangenschaft. Davy flog allein weiter und landete wenige Kilometer von seinem Einsatzort entfernt in einem Feld. Später stellte sich heraus, daß es trotz aller Anstrengungen weder ihm noch Thomas gelungen war, die Brücke zu zerstören.

Garland erreichte die Brücke von Veldwezelt mit seinem ganzen Verband. Im Anflug auf das Ziel rief er über Funk die Piloten der beiden anderen Battles, Flying Officer I. A. McIntosh, einen Australier, und Sergeant Fred Marland. „Wir gehen wie geplant im Tiefflug ran", ordnete er an und führte seinen Verband hinunter auf eine Höhe von 15 Metern. Inzwischen hatten Bull Halahan und seine Hurricanes den Kampf gegen den zahlenmäßig weit überlegenen Gegner eröffnet. Als Garlands Verband eintraf, brannten neben dem Kanal bereits sechs abgeschossene Hurricanes und drei Messerschmitt aus.

Die Maschine von McIntosh wurde getroffen und fing Feuer. Der Australier mußte abdrehen und sich seiner Bomben im Notwurf entledigen, bevor er die Battle mit einer Bauchlandung in einem Feld aufsetzen konnte. Von einem Graben aus, in dem er und seine Kameraden Schutz suchten, beobachteten sie, wie eine der beiden anderen Battles, kampfunfähig geschossen, vom Ziel wegtaumelte. Flammen schlugen aus dem Kabinendach. Die drei Männer stöhnten entsetzt auf, als sich die tödlich getroffene Battle senkrecht aufstellte, dann nach vorn abkippte und wie ein Stein auf die Erde fiel, wo sie mit einer grellen Stichflamme explodierte.

Bei der Maschine handelte es sich vermutlich um die von Marland, auch wenn sich dies nie mit Sicherheit feststellen ließ. Die einzige noch übriggebliebene Battle – an deren Steuer aller Wahrscheinlichkeit nach

Im März 1940 eilen R.A.F.-Piloten der 87. Jagdstaffel auf einem Flugplatz in Frankreich im Laufschritt zu ihren Hurricane-Jägern.

Garland saß – wurde im Endanflug auf das Ziel getroffen. Es ist durchaus denkbar, daß sich der Pilot an die Einsatzbesprechung erinnert hatte, in der es ausdrücklich hieß, daß „die Brücken zerstört werden müssen, koste es, was es wolle", und gehofft hatte, er könne den Auftrag durchführen, indem er auf den Brückenbogen zuhielt und es der Wucht des Aufpralls und der Explosion der Bomben überließ, das Werk zu vollenden. Ob gesteuert oder nicht, das Flugzeug prallte gegen die Brückenkonstruktion, und als sich der Rauch verzogen hatte, sah man, daß der Brückenbogen unterbrochen war und der Träger durchtrennt in der Luft hing. Die britische Regierung ging davon aus, daß Garland die Brücke zerstört hatte, und verlieh ihm und seinem Beobachter, Sergeant Thomas Gray, postum das Viktoriakreuz; sie waren die ersten Angehörigen des fliegenden Personals, die in diesem Krieg die höchste englische Tapferkeitsauszeichnung erhielten.

Am 14. Mai, als die alliierten Generale schließlich erkannt hatten, daß die Hauptstoßrichtung der Deutschen nicht über Maastricht, sondern weiter südlich durch die Ardennen und über Sedan führte, drängten die Franzosen die Engländer, mit ihnen gemeinsam einen konzentrierten Angriff durchzuführen. Barratt hatte noch 71 Bomber, fast ausschließlich alte Battles, die er in einem letzten, verzweifelten Versuch in den Kampf schickte; 40 gingen verloren.

Am 19. Mai wurde von der englischen Regierung in Whitehall erstmals ein eventueller Abzug des gesamten britischen Expeditionskorps vom Festland erwogen. Zwei Tage später stießen die Deutschen zur Kanalküste vor und schnitten das Gros der französischen Soldaten, die südlich von Somme und Aisne standen, von den restlichen französischen sowie von den britischen und belgischen Truppen im Norden ab. Das britische Expeditionskorps mußte sich gemeinsam mit französischen Truppenteilen in den Raum um die Hafenstadt Dünkirchen zurückziehen und versuchen, über den Ärmelkanal zu entkommen. Andernfalls drohte ihnen die Vernichtung und Großbritannien praktisch der Verlust des Gros seines Heeres.

Bestrebt, sein Ansehen durch einen spektakulären Sieg zu steigern, drängte Hermann Göring, der Oberbefehlshaber der deutschen Luftwaffe, Hitler, die endgültige Zerschlagung des britischen Expeditionskorps und seiner Alliierten in Frankreich seinen Bombern zu überlassen, die, wie er behauptete, in der Lage seien, die Operation schnell und ohne großen Aufwand durchzuführen. Der Blitzkrieg habe gezeigt, daß sich die Luftwaffe auf dem Höhepunkt ihrer Leistungsfähigkeit befände; sie habe es verdient, daß man ihr freie Hand in der Erledigung dieser Angelegenheit lasse.

Der Opportunist Göring hatte seine Karten geschickt ausgespielt: Hitler stimmte seinem Vorschlag zu. Die Deutschen waren von der Schnelligkeit ihres Vorstoßes nicht minder überrascht worden als die Alliierten. Am 24. Mai gab Generaloberst Gerd von Rundstedt im Einverständnis mit Hitler den Befehl, seine Panzer, die den zurückweichenden britischen Truppen dicht auf den Fersen waren, rund 20 Kilometer westlich von Dünkirchen anzuhalten. Als dieser Befehl wieder aufgehoben wurde, hatten die Alliierten die Zeit genutzt, starke Abwehrkräfte aufzubauen, die die deutschen Panzer von Dünkirchen fernhalten sollten.

„Die Luftwaffe wird die Engländer an der Küste vernichten!" freute sich Göring. Aber die Luftwaffe hatte während des deutschen Vormarsches erbitterte Luftkämpfe mit der R.A.F. und den französischen Luftstreitkräften bestehen müssen, bei denen die beteiligten Verbände zum Teil bis auf 30 Prozent ihrer ursprünglichen Stärke reduziert worden waren. Darüber hinaus war auf der britischen Seite der Gleichung ein neuer Faktor hinzugekommen. Die ersten Spitfire-Staffeln standen bereit, in die Kämpfe einzugreifen. „Ich wies Göring darauf hin“, schrieb der spätere Generalfeldmarschall Albert Kesselring, der die Luftflotte 2, eine von zwei an dieser Front eingesetzten deutschen Luftflotten, kommandierte, „daß kürzlich die modernen Spitfires aufgetaucht waren, die Luftoperationen schwierig und verlustreich machten.“ Göring überhörte die Warnung geflissentlich.

Die deutschen Piloten selbst unterschätzten die Spitfires keineswegs. Zu einer der ersten Begegnungen zwischen einer Spitfire und einer Messerschmitt kam es am 22. Mai, vier Tage vor Beginn der Evakuierung. Alan Deere, ein junger Neuseeländer der 54. Staffel, hing mit seiner Spitfire am Leitwerk einer Me 109, als ihm die Munition ausging. Deere beschloß, dem Deutschen, wenn irgend möglich, auf den Fersen zu bleiben, da er ihm durch Abdrehen lediglich die Art seines Problems zu erkennen geben würde. Er stellte fest, daß er Steilspiralen und hochgezogene Kehrtkurven enger fliegen konnte als der Deutsche und in der Lage war, im Geradeaus- und Steilflug mit der Me 109 mitzuhalten. Nur im steilen Sturzflug erwies sich die Messerschmitt als überlegen, weil sie einen Einspritzmotor hatte, in den weiter Brennstoff gepumpt wurde, während der Zufluß bei der Spitfire unterbrochen war und der Motor folglich stehenblieb. Deere konnte jedoch wieder aufholen, indem er eine halbe Rolle drehte, so daß der Motor seiner Spitfire wieder Brennstoff bekam, und einkurvte, wenn die Me 109 abfing. Am Ende trennten sich der Neuseeländer und der Deutsche, als beider Treibstoffvorrat zur Neige ging, und flogen zu ihren Linien zurück.

Am 26. Mai begann der Rücktransport der alliierten Truppen aus Dünkirchen. Anfangs funktionierte die Luftdeckung der Operation durch die R.A.F. ausgezeichnet. Alle 50 Minuten starteten auf verschiedenen Flugplätzen in Südostengland Spitfire- und Hurricane-Verbände in Staffelstärke und flogen über den Kanal. „Sehr starke feindliche Jägertätigkeit“, notierte ein Deutscher in seinem Kriegstagebuch, „eigener Jagdschutz fehlt völlig. Einsatz der Luftwaffe gegen Seetransporte unwirksam.“

Am 27. Mai wendete sich das Blatt. Die französischen Truppen, die einen Verteidigungsring um Dünkirchen bildeten, waren auf acht Kilometer an die Stadt herangedrängt worden, und verstärkte deutsche Luftangriffe auf Dünkirchen und den Hafen drohten die Evakuierung zu vereiteln. Die Streifenflüge des britischen Jägerkommandos stießen bald auf zahlenmäßig überlegene Gegner. Glücklicherweise hing eine schwarze Rauchwolke über der Stadt, die aus den in Brand geschossenen Öltanks aufstieg und die deutschen Piloten behinderte. Dennoch ließ sich die Luftwaffe nicht abschütteln, und die auf dem Rücktransport befindlichen Soldaten litten schwer unter den aufeinanderfolgenden Angriffswellen.

Am frühen Morgen des folgenden Tages wandte sich der Stabschef der R.A.F., Air Chief Marshal Sir Cyril Newall, an seine drei Einsatzkommandos: „Dies dürfte der kritischste Tag werden, den die britische Armee je erlebt hat. Ich vertraue darauf, daß alle Mannschaften erkennen, daß es die Pflicht der R.A.F. ist, heute die größtmöglichen Anstrengungen zu unternehmen, um den Kameraden von Heer und Marine zu helfen.“ Außer dem Jägerkommando wurden alle verfügbaren Kräfte des Bomber- und des Küstenkommandos eingesetzt. Am Tage griffen Blenheims die deutschen Truppen an, die den Ring um Dünkirchen verengten; nachts flogen Hampdens und Wellingtons, unterstützt von den wenigen in Frankreich verbliebenen Blenheims, Angriffe auf die deutschen Nachschublinien.

Air Vice Marshal Keith Park, ein 48jähriger Neuseeländer, der den Einsatz der Jäger zur Luftraumdeckung für die Evakuierung leitete, flog persönlich in einer Hurricane über Dünkirchen, um sich mit eigenen Augen ein Bild von der Situation zu machen, und gelangte zu der Überzeugung, daß die Streifenflüge mit zwei Jagdstaffeln (24 Flugzeugen) unterbesetzt waren

Das zeitgenössische Gemälde zeigt R.A.F.-Jäger, die versuchen, die Einschiffung britischer Soldaten am Strand von Dünkirchen aus der Luft zu decken.

und auf jeweils vier erhöht werden mußten. Mit den 18 Staffeln, die ihm zur Verfügung standen, war dies, wie er wußte, jedoch nur möglich, wenn er die bislang eingehaltenen 50-Minuten-Abstände zwischen den Streifenflügen erhöhte. Seine Piloten waren in gefährlicher Weise überfordert, und die ohnehin schon kurzen Ruhe- und Eßpausen, die sie am Boden einlegen konnten, durften auf keinen Fall weiter verkürzt werden. Parks einzige Hoffnung bestand darin, vom Jägerkommando zusätzliche Jagdflugzeuge aus den Staffeln der Heimatluftverteidigung zu erhalten. Völlig unerwartet für ihn wurde seine Forderung jedoch abgewiesen: Auf Betreiben von Air Chief Marshal Sir Hugh Dowding, dem Chef des Jägerkommandos, blieb der Stab der R.A.F. in bezug auf die Beschränkung der für die Evakuierung freigegebenen Jagdflugzeuge unnachgiebig.

Sowohl die Hurricane als auch die Spitfire waren als defensive Abfangjäger konzipiert und daher mit verhältnismäßig kleinen Tanks ausgerüstet. Wenn sie über Dünkirchen ankamen, blieben ihnen nur wenige Minuten Zeit zum Kampf, bevor sie wieder abdrehen und zum Auftanken nach England zurückkehren mußten. Darüber hinaus trafen sie an der französischen Küste auf einen zahlenmäßig weit überlegenen Gegner. Daran änderte sich auch nichts, als Park am 29. Mai die Stärke der Streifenflüge auf jeweils vier Staffeln erhöhte, obwohl er die angeforderten zusätzlichen Maschinen nicht bekommen hatte. Statt dessen führten die durch die Umstellung erforderlich gewordenen längeren Abstände zwischen den Einsätzen dazu, daß die Luftwaffe an diesem Tag zwei ihrer fünf größeren Angriffe vollkommen unbehelligt fliegen konnte.

In Situationen wie dieser wurde eine bittere Frage laut, die die Beziehungen zwischen den britischen Waffengattungen monatelang belasten sollte: „Wo war die R.A.F.?“ Die Angehörigen des britischen Expeditionskorps, aus der Luft und vom Boden mitleidslos unter Beschuß genommen, verfluchten das fliegende Personal, während sie zusehen mußten, wie sich die Zahl der Leichen ihrer Kameraden, die den Strand übersäten und mit dem Gesicht nach unten in der sanften Dünung vor dem Pas-de-Calais trieben, ständig erhöhte.

Eine Armada von Kriegsschiffen, Privatyachten, Barkassen, Fähren und Fischerbooten – darunter sogar ein Jangtse-Kanonenboot – kämpfte sich durch den Bombenhagel nach Dünkirchen und, vollgepackt mit Soldaten, zurück nach England. Den Stukas bot die bunte Mischung der Retter ein leichtes Ziel. Heulend kamen sie, im sicheren Gebiet hinter den deutschen Linien zum Sturzflug ansetzend, aus dem wolkenverhangenen Himmel herabgeschossen, um die überladenen Fahrzeuge, die das offene Meer zu erreichen suchten, mit Bomben und Bordwaffen anzugreifen.

Als der ruhmlose Rücktransport von 338 226 alliierten Soldaten, bei dem Tausende an der französischen Küste den Tod gefunden hatten, am 5. Juni abgeschlossen war, steigerte sich die Frage, was die R.A.F. zusätzlich hätte tun müssen, um den Luftraum über Dünkirchen von Deutschen freizuhalten, zu einer wütenden Anklage gegen die britischen Luftstreitkräfte als solche. Angehörige des fliegenden und des Bodenpersonals mußten sich in den Straßen Londons beschimpfen lassen, und Heer und Marine machten keinen Hehl aus dem Groll, den sie wegen der ihrer Meinung nach unzureichenden Schutzmaßnahmen für die R.A.F. empfanden. Wer trug die Schuld? Alle Finger richteten sich anklagend auf einen Mann: Sir Hugh Dowding. Aber der Chef des Jägerkommandos, ein strenger Mann von außerordentlicher Willensstärke, den die Sorge um Großbritanniens eigenen Bedarf an Jagdflugzeugen nach dem Debakel von Dünkirchen veranlaßt hatte, die Zahl der für die Evakuierung freigegebenen Jäger zu beschränken, gab sich vollkommen ungerührt.

Teilnehmer der Eröffnungsrunde

Die besten Jäger und Bomber, die die Royal Air Force in den ersten Kriegsjahren flog, waren das Ergebnis weitsichtiger Planung. Zwischen der Ausschreibung von Anforderungen für einen neuen Flugzeugtyp durch das Luftfahrtministerium und dessen Einführung bei der Truppe vergingen rund vier Jahre. Die meisten der hier abgebildeten Maschinen wurden so frühzeitig vor dem Krieg konzipiert, daß sie noch vor Ausbruch der Kampfhandlungen in Produktion gehen konnten.

Im Auftrag des Jägerkommandos, das die Entwicklung eines schnellen Tiefdeckers verlangte, gingen 1933 die Konstrukteure ans Werk und entwarfen die Hawker Hurricane. Ein Jahr später begann die Arbeit an der wendigeren und schnelleren Supermarine Spitfire. Die Bomber Wellington und Whitley, die an die Stelle der veralteten Doppeldecker des Bomberkommandos treten sollten, wurden 1934 in Auftrag gegeben.

Nicht alle Abbildungen zeigen die ersten Muster ihres Typs; manche stellen spätere Muster dar, wie sich an den römischen Ziffern neben der Typenbezeichnung ablesen läßt. In Klammern dahinter ist jeweils das Jahr angegeben, in dem das betreffende Muster in Dienst gestellt wurde. Die auf den jeweiligen Doppelseiten abgebildeten Flugzeuge sind im richtigen Größenverhältnis zueinander dargestellt.

SUPERMARINE SPITFIRE I (1938)
Obwohl äußerlich der Hurricane sehr ähnlich, war die Spitfire knapp 60 Kilometer pro Stunde schneller und bedeutend wendiger als diese. Der Anstrich der abgebildeten Maschine weist sie als Teilnehmer der Luftschlacht um England aus, in der sie von der in Biggin Hill in der Grafschaft Kent stationierten 610. Staffel geflogen wurde.

HAWKER HURRICANE I (1937)
Die Hurricane, bei Kriegsausbruch Standardjäger der R.A.F., war der erste mit acht in den Tragflächen eingebauten Maschinengewehren ausgerüstete Abfangjäger. Die abgebildete Maschine gehörte zur 85. Staffel, die bis zur Einnahme ihrer Flugplätze durch die Deutschen im Jahre 1940 in Frankreich stationiert war.

BRISTOL BLENHEIM IV (1939)
Als der Prototyp dieses Bombers 1935 am Himmel auftauchte, war er schneller als viele damalige Jäger. Doch schon bei Kriegsausbruch hatte die Blenheim gegen deutsche Abfangjäger keine Chance mehr. Die für Wüsteneinsätze getarnte Maschine flog im Nordafrikafeldzug.

BRISTOL BEAUFORT I (1939)

In die Entwicklung dieses robusten zweimotorigen Torpedoflugzeugs, das für das Küstenkommando der R.A.F. geschaffen wurde, gingen die Erfahrungen der Firma Bristol mit der Blenheim ein. In einem teilverkleideten Rumpfschacht war ein 722 Kilogramm schwerer Torpedo untergebracht. Die Abwehrbewaffnung der Beaufort I bestand aus vier Maschinengewehren.

VICKERS WELLINGTON III (1941)
Die flechtwerkartige Rumpfkonstruktion der Wellington, die an der seitlichen Sichtluke zu erkennen ist, trug dazu bei, daß der Bomber eine große Zahl Gewehr- und Flaktreffer einstecken konnte. In Anlehnung an eine Cartoon-Figur mit besonderer Vorliebe für Hamburger nannten die Besatzungen den Bomber liebevoll „Wimpy". Zur Tarnung bei Nachteinsätzen ist die Rumpfunterseite schwarz gestrichen.

ARMSTRONG WHITWORTH WHITLEY V (1940)
Von der Form her nicht gerade ansprechend, trug die Whitley in Pilotenkreisen den Spitznamen „das fliegende Scheunentor“. Aber der Bomber war zuverlässig und als erster in England mit hydraulisch beweglichen Schützenständen ausgerüstet. Die Buchstaben DY weisen ihn als der 102. Staffel zugehörig aus. Das R ist die individuelle Kennung der Maschine.

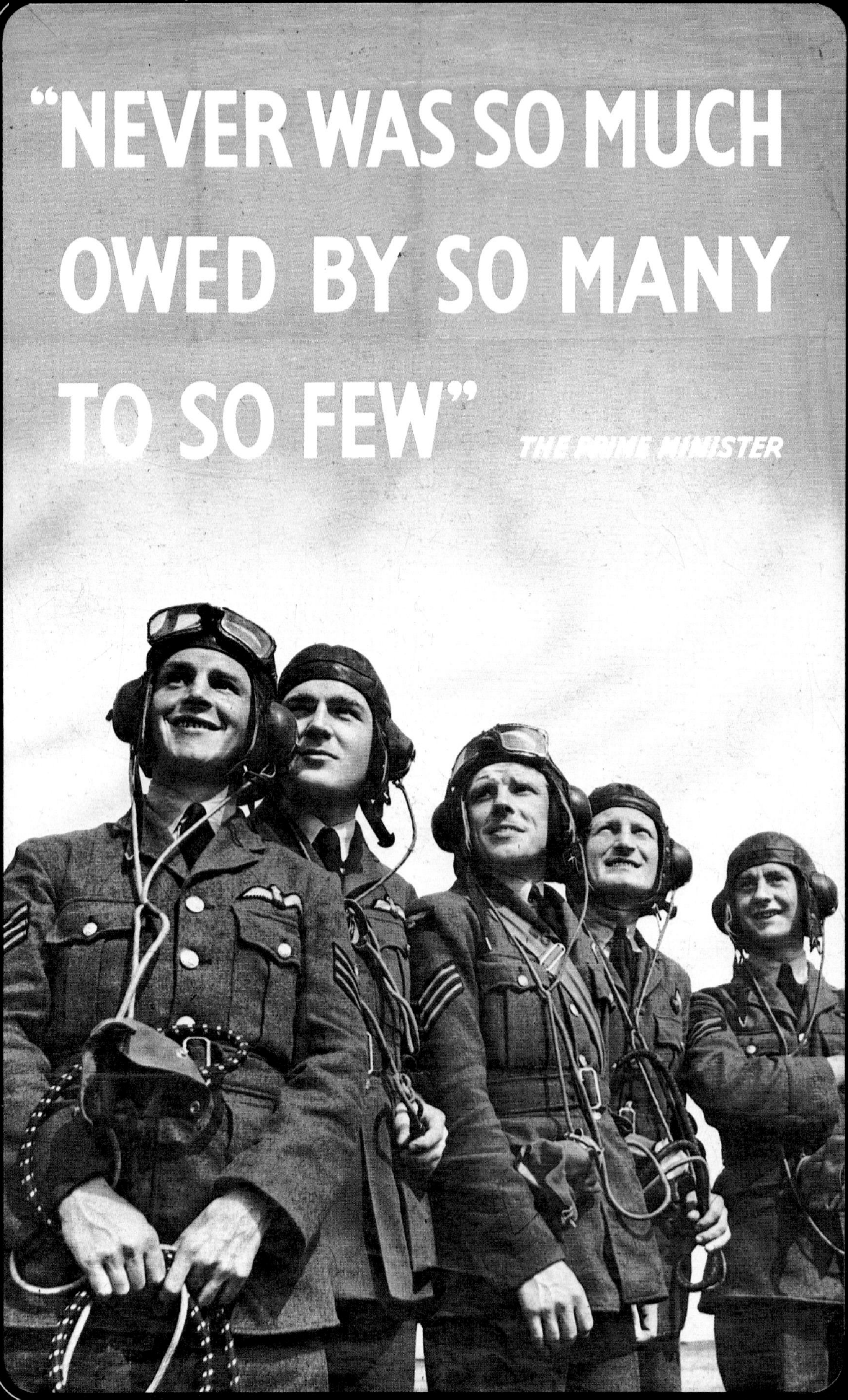
"NEVER WAS SO MUCH
OWED BY SO MANY
TO SO FEW"
THE PRIME MINISTER

2

Der Kampf ums Überleben

Am Morgen des 15. Mai 1940 – elf Tage vor Beginn der Evakuierung des britischen Expeditionskorps aus Dünkirchen – klingelte das Telephon in der Downing Street Nr. 10, dem Amtssitz des britischen Premierministers. Es war 7.30 Uhr, und Winston Churchill schlief noch, aber der Anruf, der aus Paris kam, wurde aufgrund der Dringlichkeit durchgestellt. Über seinen Apparat im Schlafzimmer hörte Churchill die Stimme des französischen Premierministers Paul Reynaud, der erregt sagte: „Wir sind besiegt worden."

Es war die bittere Wahrheit. Mit einem schnellen Vorstoß seiner Panzerverbände und motorisierten Infanterieeinheiten hatte Hitler die französischen Truppen vernichtend geschlagen und drohte nun, das Land innerhalb von wenigen Wochen völlig unter seine Kontrolle zu bringen. Churchill hatte am 10. Mai Neville Chamberlain als Premierminister abgelöst und war erst fünf Tage im Amt. Dennoch konnte er sich leicht ausrechnen, gegen wen sich Hitlers nächste Aktion richten würde. Großbritannien war die einzige Macht, die den deutschen Diktator noch von der absoluten Herrschaft in Westeuropa trennte.

Zwei Stunden später traf sich Churchill mit den Stabschefs des Heeres, der Marine und der Royal Air Force, um über die Forderung Reynauds zu beraten, zehn Jagdstaffeln der R.A.F. zur Unterstützung Frankreichs zu entsenden. Mit von der Partie war außerdem Air Chief Marshal Sir Hugh Dowding, der Chef des Jägerkommandos, der darum gebeten hatte, an der Besprechung teilnehmen zu dürfen, um dem neuen Premierminister seine Beurteilung der Lage vorzutragen. Dowding war 58 Jahre alt, groß, hager und ein zurückhaltender – oder, wie manche meinten, einsamer – Mann, der andere mit seiner Direktheit nicht selten in Verlegenheit brachte. Dazu kam, daß er dienstälter war als die meisten seiner Vorgesetzten, darunter auch der Stabschef der R.A.F., Sir Cyril Newall, was den Umgang mit ihm in gewisser Weise erschwerte. Dowding hielt Frankreich für verloren und erachtete es als unklug, weitere Staffeln seines Kommandos über den Ärmelkanal zu verlegen. Er wußte ebensogut wie Churchill, daß Hitler bald Großbritannien angreifen würde, und fürchtete, daß die Briten sich selbst jeglicher Verteidigungsmöglichkeit beraubten, wenn sie dem seiner Ansicht nach letztlich zum Scheitern verurteilten Versuch, Frankreich zu retten, noch weitere R.A.F.-Flugzeuge opferten.

Schon vier Monate zuvor hatte der Stab der R.A.F. die 51 Jagdstaffeln, über die die Royal Air Force damals noch verfügte, als unzureichend für die Verteidigung des Heimatlandes erklärt. Inzwischen war die Zahl der in England stationierten Staffeln auf 36 gesunken, und Dowding befürchtete, das Kriegskabinett, das noch im Laufe des Vormittags zusammentreten sollte, könne, wenn er nicht einschritte, beschließen, einen Teil davon auf das Festland zu entsenden. Churchill sorgte sich um Frankreich fast mehr, als sich mit Vernunftsgründen erklären ließ, und er war bereit, auf dem Festland Widerstand um jeden Preis zu leisten.

Das Plakat zeigt fünf R.A.F.-Unteroffiziere – Piloten und Bordschützen – unter dem berühmt gewordenen Zitat aus der Rede Winston Churchills vom 20. August 1940 vor dem Unterhaus: „Niemals hatten so viele so wenigen soviel zu verdanken". Die britische Regierung gab es heraus, um der Dankbarkeit des ganzen Volkes für den Einsatz der R.A.F. in der Luftschlacht um England Ausdruck zu verleihen.

Der Verlauf der Besprechung bestätigte Dowdings schlimmste Befürchtungen. Churchill war entschlossen, den Franzosen zu helfen, und trat dafür ein, Reynaud die angeforderten zehn Staffeln zu schicken. Die drei Stabschefs, die die damit verbundenen Gefahren eigentlich hätten erkennen müssen, wollten dem Plan schon zustimmen, als Dowding aufstand, um den Tisch herum auf Churchill zutrat und ihm ein Diagramm vorlegte, das zeigte, wie sich die Zahl der unter seinem Kommando stehenden Jagdflugzeuge während der Kämpfe mit den Deutschen in Frankreich verringert hatte. Die Linien zeigten einen steilen Abwärtstrend.

Wenn das Jägerkommando weiter zur Verteidigung Frankreichs herangezogen werde, erklärte Dowding ruhig, gäbe es bald keine Jäger mehr, um Großbritannien vor dem mit Sicherheit zu erwartenden Angriff der Deutschen zu schützen. Churchill mußte zugeben, daß das Diagramm eindeutig und Dowdings Analyse stichhaltig war, und erklärte, er werde entgegen seiner Hoffnung, die Franzosen mit mindestens zehn Jagdstaffeln unterstützen zu können, keine weiteren Verbände entsenden. Dowding hatte sich jedoch kaum verabschiedet, als Churchill seine Meinung änderte und vier Hurricane-Staffeln nach Frankreich beorderte. Aber schon nach drei Tagen, nachdem er eingesehen hatte, daß eine lückenhafte Verteidigung mehr Schaden anrichtete als gar keine, gab er Dowding indirekt endgültig recht, indem er die Hurricanes wieder aus Frankreich abzog. Churchill, dem geborenen Kämpfer, ging es gegen die Natur, nachzugeben, und Dowding kam danach nie mehr von dem Gedanken los, daß Churchill ihm das so erzwungene Zugeständnis nachtrage.

Am nächsten Tag schrieb Dowding einen Brief an das Luftfahrtministerium, in dem er die Argumente, die er bei der Besprechung vorgetragen hatte, noch einmal anführte und hinzusetzte:

„Wenn einmal Einigkeit über die Grenze besteht, bis zu der Luftrat und Kabinett die Existenz dieses Landes aufs Spiel zu setzen gewillt sind, sollte den alliierten Befehlshabern auf dem Festland klargemacht werden, daß über diese Grenze hinaus kein einziges Flugzeug des Jägerkommandos über den Ärmelkanal entsandt werden wird, wie verzweifelt sich die Lage dort auch immer darstellen mag."

Keine zwei Wochen später erging erneut die Forderung an das Jägerkommando, sich außerhalb Großbritanniens zu engagieren. Auf dem Rückzug vor den siegreichen Deutschen saßen Zehntausende von britischen Soldaten an der Küste bei Dünkirchen fest. Für ihren Rücktransport nach England war die Luftraumdeckung unerläßlich. Dowding befand sich in einer wenig beneidenswerten Lage. Auf der einen Seite verstand es sich von selbst, daß das Jägerkommando versuchen mußte, den Luftraum über Dünkirchen von gegnerischen Flugzeugen freizuhalten. Andererseits ging es damit ein erhebliches Risiko ein. „Derartige Gefechte stehen grundsätzlich im Widerspruch zu dem Bemühen", sagte Dowding, „eine zum Schutz unseres Landes angemessene Kampfstärke für den Fall zu bewahren, daß wir allein einen Krieg gegen eine Macht weiterführen müssen, die sich im Besitz aller Hilfsquellen Europas befindet." In einem Brief an den Stab der R.A.F. formulierte er seine Haltung noch eindeutiger. „Ich bitte dringend", schrieb er, „meine Kampfeinsätze so weit wie möglich zu beschränken, es sei denn, die Regierung habe die Absicht, dieses Land im Falle einer entscheidenden Niederlage in Frankreich aufzugeben."

Während der Evakuierung der Truppen aus Dünkirchen flog das Jägerkommando 2739 Einzeleinsätze über den Kanal. Die Piloten, obwohl vor Erschöpfung dem Umfallen nahe, gaben nicht auf. Dennoch ernteten sie bei den Soldaten wenig Dank. Die Gefechte zwischen der R.A.F. und der Luftwaffe spielten sich vorwiegend bei bedecktem Himmel beziehungs-

Dem strengen Gesichtsausdruck von Air Chief Marshal Sir Hugh Dowding kann man die eiserne Entschlossenheit ablesen, mit der er das Jägerkommando der Royal Air Force während der Luftschlacht um England führte.

Air Vice Marshal Keith Park, hier in Fliegerkombination mit aufblasbarer Schwimmweste, führte die Jagdgruppe 11, die im Jahre 1940 London und Südostengland verteidigte.

Die offene Art von Air Vice Marshal Trafford Leigh-Mallory, dem Chef der Gruppe 12, steht im Widerspruch zu dem Ruf des Intriganten, den er bei anderen Offizieren hatte.

weise über der dichten Rauchwolke ab, die über der französischen Küste hing, und waren vom Boden aus selten zu sehen. Außerdem versuchten die britischen Jäger, die Deutschen möglichst weit vor dem Kampfgebiet abzufangen, so daß das Gros der Luftkämpfe kilometerweit von Dünkirchen entfernt stattfand. Die Bilanz, 106 abgeschossene Jagdflugzeuge und 75 gefallene oder gefangengenommene Piloten der R.A.F., konnte zudem zum damaligen Zeitpunkt nicht veröffentlicht werden. Als sowohl von militärischer als auch ziviler Seite Vorwürfe gegen die R.A.F. laut wurden, zum Gelingen der Evakuierung nicht genügend beigetragen zu haben, kam Churchill dem fliegenden Personal zu Hilfe.

Am 4. Juni, dem letzten Tag der Evakuierung, sagte er vor dem Unterhaus: „Wir sollten uns unbedingt davor hüten, aus dieser Rettungsaktion einen Sieg zu machen. Kriege werden nicht durch Evakuierungen gewonnen. Aber diese Rettungsaktion brachte uns einen beachtenswerten Sieg. Zwischen der britischen und der deutschen Luftwaffe hat ein entscheidender Kräftevergleich stattgefunden. Kann man sich vorstellen, daß es für die deutschen Piloten ein größeres Ziel gegeben hätte, als den Rücktransport der Truppen von dieser Küste zu verhindern? Sie ließen nichts unversucht, und sie wurden zurückgedrängt. Ich zolle diesen jungen Fliegern Tribut.“ Prophetisch setzte er hinzu: „Ein paar tausend gepanzerten Fahrzeugen ist es gelungen, in einem Ansturm die große französische Armee, jedenfalls vorläufig, auf breiter Front zurückzuschlagen und aufzureiben. Ist es nicht auch denkbar, daß es ein paar tausend Piloten gelingen wird, die Sache der gesamten zivilisierten Welt mit ihrem Können und ihrer Treue zu verteidigen?“

Dowding reagierte auf die Niederlage Frankreichs überaus nüchtern, wie Lord Halifax berichtete, der ihn noch im selben Monat im Hauptquartier des Jägerkommandos aufsuchte. „Gott sei Dank“, meinte er, während er aus seinem Fenster in Richtung Ärmelkanal blickte, „jetzt sind wir allein.“

Hugh Dowding hatte sich schon Jahre vor Kriegsausbruch auf die Schlacht um England vorbereitet. Er war überzeugt, daß die R.A.F. und die deutsche Luftwaffe eines Tages im britischen Luftraum aufeinandertreffen würden. Daher galt seine Arbeit als Chef des Jägerkommandos vor allem dem Ziel, für diesen Tag gewappnet zu sein. Aber am Vorabend der Konfrontation, für die er so umfassende Pläne entwickelt hatte, sah es so aus, als sollte nicht er, sondern ein anderer die britische Jagdwaffe kommandieren. Während die Luftkämpfe über Dünkirchen tobten, war seine Versetzung in den Ruhestand nur noch eine Frage von wenigen Wochen.

Dowding war einst der sichere Anwärter auf den Posten des Stabschefs der R.A.F. gewesen, 1937 jedoch zugunsten von Sir Cyril Newall übergangen worden. 1939, als Dowding zur Pensionierung anstand, wurde seine Amtszeit als Befehlshaber des Jägerkommandos bis Ende März 1940 verlängert. Über seine weitere Verwendung herrschte Unklarheit; erst am allerletzten Tag des Monats forderte Newall ihn auf, bis zum 14. Juli auf seinem Posten zu bleiben.

Das Problem bestand darin, daß Dowding dem Stab der R.A.F. seit langem ein Dorn im Auge war. Als Befehlshaber des Jägerkommandos hatte er konsequent und kompromißlos den Ausbau seiner Jagdwaffe für die Verteidigung Großbritanniens durchgesetzt, sogar auf Kosten des Bomberkommandos und gegen den Widerstand des Stabes der R.A.F., der Trenchards Offensivstrategie favorisierte. Das Jägerkommando war jedoch im wesentlichen sein Werk, und in dieser kritischen Phase einen Nachfolger für ihn zu finden stieß auf Schwierigkeiten. So kam es, daß Dowding am 5. Juli, neun Tage vor dem Ende seiner Amtszeit, gebeten wurde, bis Okto-

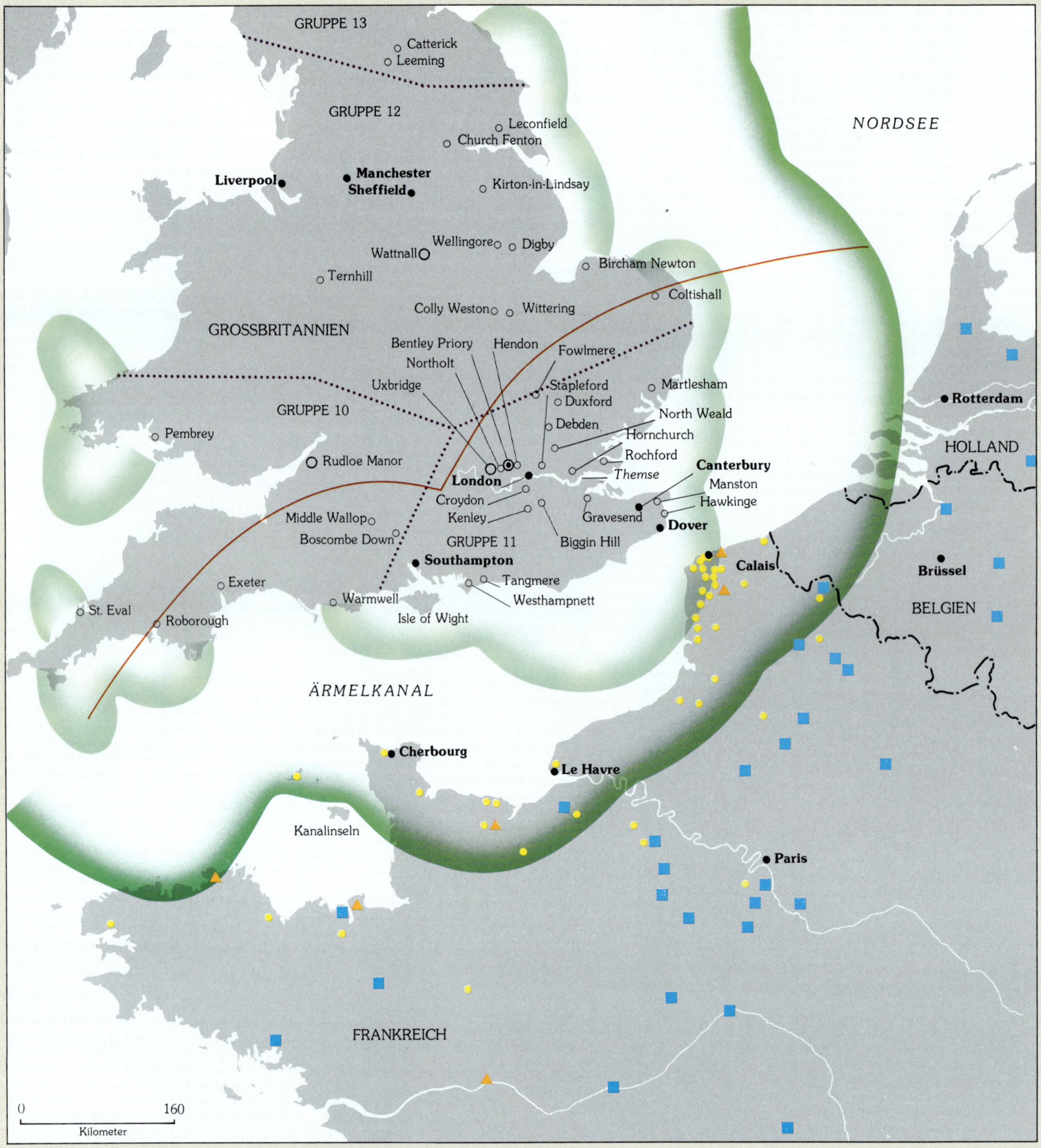
GRUPPE 13
Catterick
Leeming
GRUPPE 12
Leconfield
Church Fenton
NORDSEE
Liverpool
Manchester
Sheffield
Kirton-in-Lindsay
Wellingore
Digby
Wattnall
Bircham Newton
Ternhill
Coltishall
Colly Weston
Wittering
GROSSBRITANNIEN
Bentley Priory
Hendon
Fowlmere
Northolt
Uxbridge
Stapleford
Martlesham
Duxford
Rotterdam
GRUPPE 10
Debden
North Weald
Pembrey
Hornchurch
HOLLAND
Rudloe Manor
Rochford
Themse
Canterbury
London
Manston
Croydon
Hawkinge
Kenley
Gravesend
Middle Wallop
Dover
Boscombe Down
GRUPPE 11
Biggin Hill
Southampton
Calais
Brüssel
Exeter
Tangmere
Westhampnett
Warmwell
BELGIEN
St. Eval
Roborough
Isle of Wight
ÄRMELKANAL
Cherbourg
Le Havre
Kanalinseln
Paris
FRANKREICH
0
160
Kilometer

Formation der Kräfte

„Die englische Luftwaffe muß moralisch und tatsächlich soweit niedergekämpft sein, daß sie keine nennenswerte Angriffskraft dem deutschen Übergang gegenüber mehr zeigt“, sagt Adolf Hitler am 16. Juli 1940. Auf der Karte sind die Ausgangspositionen und Stellungen der Deutschen und Engländer am 13. August 1940 eingezeichnet, dem Tag, an dem die deutsche Luftwaffe endgültig antrat, um Hitlers Befehl auszuführen.

Die Deutschen hatten ihre drei Luftflotten – insgesamt fast 3500 Bomber, Sturzkampfbomber und Jäger – auf 79 Stützpunkte in Belgien, Holland, Frankreich, Norwegen und Dänemark aufgeteilt. An der französischen Küste waren Me-109-Jäger zusammengezogen worden, damit sie trotz ihres relativ geringen Aktionsradius möglichst weit nach England eindringen konnten *(rote Linie)*.

Der Royal Air Force standen zur Abwehr der Deutschen nur etwa 900 einsatzbereite Jäger zur Verfügung, die auf 53 Flugplätzen stationiert waren (der Kartenausschnitt zeigt 40 davon, die restlichen lagen weiter nördlich). Das Land war in vier Verteidigungszonen aufgeteilt, für die jeweils eine Gruppe des Jägerkommandos verantwortlich war. Die meisten Einsatzplätze hatte die Gruppe 11, deren Abschnitt unmittelbar gegenüber den auf der französischen Seite des Ärmelkanals errichteten deutschen Jägerplätzen lag. Im Hauptquartier des Jägerkommandos in Bentley Priory wurden sämtliche Einzelaktionen der Luftverteidigung koordiniert.

Um ihre relativ schwachen Kräfte möglichst wirksam einsetzen zu können, hatte die R.A.F. ein Radarsystem mit gestaffelten Reichweiten errichtet, das sowohl hoch als auch tief anfliegende Feindflugzeuge erfaßte *(grünschattierte Linien)*.

ROYAL AIR FORCE
- RADARREICHWEITE IM UNTEREN LUFTRAUM
- RADARREICHWEITE IM OBEREN LUFTRAUM
- EINSATZFLUGPLATZ DES JÄGERKOMMANDOS
- HAUPTQUARTIER DES JÄGERKOMMANDOS
- GRUPPENHAUPTQUARTIER DES JÄGERKOMMANDOS

LUFTWAFFE
- EINDRINGTIEFE ME 109
- JÄGERFLUGPLÄTZE
- STUKAFLUGPLÄTZE
- BOMBERFLUGPLÄTZE

ber im Dienst zu bleiben. Die Verteidigung Englands lag in seinen Händen, und sein Verteidigungsplan, aufgebaut auf einem durchdachten Netz von Fliegerhorsten, Nachrichtenverbindungen und Frühwarneinrichtungen, sollte unangetastet bleiben.

Dowding hatte seine Jagdwaffe in drei Gruppen aufgeteilt *(gegenüber)*. Gruppe 11 sollte London und den Süden des Landes verteidigen, die wegen ihrer Nähe zu den Stützpunkten der deutschen Luftwaffe in Frankreich bei weitem gefährdetste Region. Gruppe 12 hatte den Auftrag, die östlichen Grafschaften und die Industriegebiete in den Midlands zu schützen. Gruppe 13 war zur Verteidigung Schottlands und Nordostenglands vorgesehen. Die Ballung im Südosten zwang Dowding bald, zusätzlich die Gruppe 10 zu bilden, die den Südwesten abdeckte. Dennoch blieben die Gruppen 11 und 12 die größten und wichtigsten. Alle Gruppen waren in Sektionen unterteilt, und die Fliegerhorste der Sektionen stellten die kleinsten Einsatzeinheiten in Dowdings Abwehrfront dar.

Laut Dowdings Planung sollten sich die Gruppen gegenseitig unterstützen; verantwortlich dafür waren die Gruppenkommandeure. Hilfe benötigen würde aller Voraussicht nach am ehesten die von Air Vice Marshal Keith Park geführte Gruppe 11. Park war Dowdings dienstältester Stabsoffizier gewesen, und seine Berufung in das entscheidende Kommando der Gruppe 11, eine der begehrtesten Positionen des Jägerkommandos, hatte zu Kontroversen geführt.

Als die Leitung der Gruppe im Frühjahr 1940 neu besetzt werden mußte, rechnete jeder mit der Berufung von Air Vice Marshal Trafford Leigh-Mallory, der seit 1937 Kommandeur der Gruppe 12 war und als aussichtsreichster Kandidat galt. Dowding dagegen entschied sich für Park und beließ Leigh-Mallory in seinem Kommando.

In seiner barschen und sarkastischen Art war Leigh-Mallory das Urbild eines überzeugten, ehrgeizigen Berufsoffiziers. Es hieß, er sei ein befähigter Vorgesetzter, aber unbequemer Untergebener. Bei einer stürmischen Debatte in Dowdings Hauptquartier Bentley Priory schwor er Park damals, er werde dafür sorgen, daß Dowding eines Tages gefeuert würde. Als die Wahl des Kommandeurs der Gruppe 11 dann auf Park fiel, machte Leigh-Mallory keinen Hehl daraus, daß er ihm den Posten mißgönnte. So begann der Krieg für Dowding unter schlechten Vorzeichen; er hatte einen erklärten und entschiedenen Feind in den eigenen Reihen.

Der Mangel an Flugzeugen stellte ein weiteres Problem dar, zu dessen Lösung jedoch schon einiges unternommen wurde. Churchill hatte einen dynamischen Kanadier, der es in London als Zeitungsverleger zu Rang und Vermögen gebracht hatte, zum Minister für die Flugzeugherstellung ernannt: William Maxwell Aitken, inzwischen Lord Beaverbrook. Der 61jährige Lord Beaverbrook hatte zunächst Bedenken, aber Churchill blieb hartnäckig. Er erklärte Beaverbrook, die Produktion von Jagdflugzeugen müsse Vorrang vor allen anderen Rüstungsanstrengungen haben, bis die erwartete deutsche Offensive abgewehrt sei. Mit Hilfe dieser Ermächtigung räumte Beaverbrook konsequent alle Hindernisse aus dem Weg. Indem er sich ohne Rücksicht auf die Gefühle anderer das benötigte Personal und Material verschaffte, gelang es ihm, die Flugzeugindustrie so anzukurbeln, daß Dowdings einsatzbereite Jagdflotte von 331 Maschinen, die am Ende der Evakuierung der Truppen aus Dünkirchen zur Verfügung standen, innerhalb eines Monats auf über 600 erhöht wurde.

Zu den entscheidenden Vorteilen des Jägerkommandos gehörte ein damals in der Welt unübertroffenes Frühwarn- und Boden-Luft-Leitsystem *(S. 53)*. Es beruhte im wesentlichen auf Fortschritten in der Anwendung der Funkmeßtechnik, die in England verhältnismäßig kurz zuvor gemacht worden waren, ohne daß etwas davon bekannt wurde. Das Radar als solches – die Positionsbestimmung eines Objektes durch Messung starker, in seine Richtung ausgesendeter Funkwellen, die von dem Objekt als Echosignal zurückgeworfen werden – war seit dem Ende des 19. Jahrhunderts bekannt. Die Entwicklung funktionierender Geräte hatte lange auf sich warten lassen, aber 1936 waren die Engländer – damals den Deutschen und allen anderen in der Anwendung dieser Technik weit voraus – in der Lage, mit dem Bau einer Kette küstennaher Radarstationen zu beginnen, die feindliche Flugzeuge bereits über dem Festland und nicht erst über dem Ärmelkanal orten konnten.

Wenn die angreifenden Flugzeuge den Luftraum über den Britischen Inseln erreicht hatten, traten Beobachter am Boden in Aktion, die bei Sichtung der Maschinen deren Kurs weiterverfolgten. Die Radar- und Beobachtermeldungen wurden in einer Luftmelde- und Auswertungszentrale, dem sogenannten Filterraum, in Bentley Priory gesammelt, wo die Position der Feindflugzeuge auf einem großen Kartentisch dargestellt und an die Einsatzleitungen der einzelnen Gruppenhauptquartiere und Sektionsstandorte des Jägerkommandos weitergemeldet wurde. In den Wochen vor der Schlacht um England fanden mit britischen Maschinen in der Rolle der Feindflugzeuge ununterbrochen Erprobungen des Frühwarnsystems statt, bis es nahezu fehlerlos funktionierte.

Noch während der Übungen entwickelte die R.A.F. eine Strategie zum Abfangen eindringender Feindverbände, die aus einer Reihe festgelegter Verfahren bestand, aber genügend Raum für bewegliche Einsatzführung ließ. Man ging davon aus, daß sich ein bevorstehender Angriff dadurch ankündigte, daß auf den Radarschirmen deutsche Bomber geortet würden, die noch vor dem Pas-de-Calais, 25 Flugminuten vom nächsten Sektorstandort der Gruppe 11 entfernt, mit ihren Begleitjägern zusammentrafen. Für die Piloten einer gut ausgebildeten R.A.F.-Jagdstaffel reichten zwei bis drei Minuten für einen Alarmstart. Danach brauchten die britischen Flugzeuge etwa 15 Minuten – Spitfires etwas weniger, Hurricanes etwas mehr –, um auf eine Höhe von 6000 Metern zu steigen. Wenn alles planmäßig verlief, hatten die R.A.F.-Piloten in ihrem Wettlauf mit dem Feind einen möglicherweise entscheidenden Vorsprung von ein paar Minuten.

Natürlich blieb die Wahl des Zielgebiets jeweils den Angreifern überlassen – aber die Verteidiger waren dank ihres Radarsystems vor Überraschungen weitgehend sicher. Sie hatten damit einen Vorteil, dessen sich die deutsche Luftwaffenführung noch nicht bewußt war. Nachdem sich Hitler zwei Monate lang vergeblich bemüht hatte, mit den Briten zu einer sofortigen Friedensregelung zu kommen, erließ er am 16. Juli an die Oberkommandierenden seiner Streitkräfte die Weisung Nr. 16, mit der er ihnen befahl, die Invasion der Britischen Inseln vorzubereiten.

Weder Hitlers Weisung noch die folgenden, vom Oberbefehlshaber der Luftwaffe, Hermann Göring, herausgegebenen Befehle ließen an Deutlichkeit zu wünschen übrig: Die Luftwaffe sollte alles in ihren Kräften Stehende unternehmen, um das Jägerkommando zu vernichten und damit die Luftherrschaft zu erringen. Drei Luftflotten – Luftflotte 2 in Nordwestfrankreich, Luftflotte 3 in Nordostfrankreich und den Beneluxländern sowie Luftflotte 5 in Norwegen – hatten den Auftrag, abwechselnd Angriffe auf Dowdings Einsatzflugplätze und britische Flugzeugfabriken zu fliegen. Sobald zumindest die Luftüberlegenheit hergestellt war, sollte sich der Luftkrieg gegen Häfen und Hafeneinrichtungen richten. Bei alledem mußte die Luftwaffe ihre Einsatzstärke zur Sicherung der Invasion aufrechterhalten. Hitler selbst behielt sich das Recht vor, „Terrorangriffe als Vergeltungsmaßnahmen“ anzuordnen.

Ein wirksames Frühwarnsystem

Die Radarstationen und Luftraumbeobachter, die während der Schlacht um England Feindflugzeuge orteten, verfolgten und der R.A.F. meldeten, bildeten das wirksamste Frühwarnsystem – und, trotz der Mitarbeit von Tausenden von Menschen, eines der bestgehüteten Geheimnisse – der Welt.

Englands Süd- und Ostküste bewachten 21 Radarstationen mit großer Reichweite, die Feindbomber in bis zu 225 Kilometer Entfernung und 9000 Metern Höhe erfassen konnten. Tiefer anfliegende Eindringlinge wurden zumeist von Radarstationen mit geringerer Reichweite geortet, die den unteren Luftraum abdeckten. Und wenn die Angreifer die englische Küste überflogen hatten, verfolgten zivile Luftraumbeobachter ihren Flugweg mit Ferngläsern und Peilinstrumenten weiter.

Sämtliche Berichte wurden in einer Luftmelde- und Auswertungszentrale, dem sogenannten Filterraum, im Hauptquartier des Jägerkommandos in Bentley Priory unweit Londons gesammelt. Dort stellten Helferinnen die Bewegungen der englischen und deutschen Flugzeuge mit Hilfe farbiger Symbole auf einer riesigen Lagekarte dar. Auf einer Empore saßen weitere Helferinnen, die die Veränderungen auf der Karte verfolgten und neue Entwicklungen unverzüglich über Telephon den Gruppen- und Sektionszentralen meldeten, wo die Vorgänge auf einem ähnlichen Kartentisch nachvollzogen wurden und Leitoffiziere den R.A.F.-Jägern über Funk entsprechende Anweisungen erteilten.

„Es war für uns und die Führung eine ausgesprochene Überraschung, ... daß England über ein engmaschiges ... Radarsystem verfügte“, schrieb Luftwaffengeneral Adolf Galland später. „So wurden die britischen Jäger von der Erde aus bis in Angriffsposition gegen die deutschen Verbände geführt.“

Die 56 Meter hohe Radarantenne in der Nähe von Felixstowe dient der Erfassung von tieffliegenden Flugzeugen.

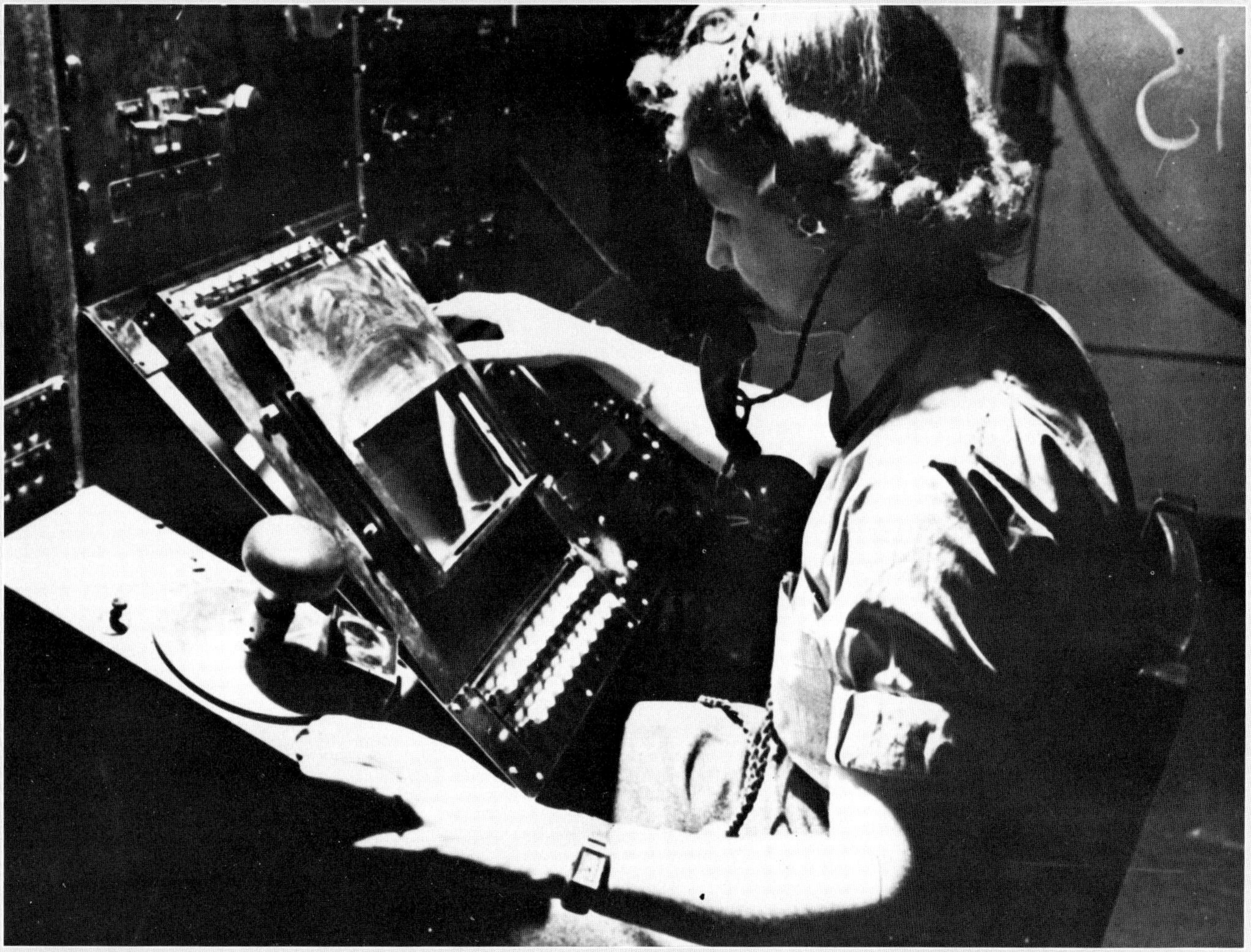

An ihrem Arbeitsplatz sucht eine Beobachterin nach den Echos auf dem Radarschirm, die vor anfliegenden Maschinen der Luftwaffe warnen.

Auf ihrem Beobachtungsposten suchen zivile Helfer den Himmel nach Feindflugzeugen ab. Das teleskopartige Instrument der Beobachterin ist ein Peilgerät, mit dem sich Höhe und Richtung eines Flugzeugs bestimmen lassen.

Im Hauptquartier der Gruppe 11 des Jägerkommandos in Uxbridge bei London sitzen Jägerleitoffiziere auf der verglasten Empore und beobachten, wie Helferinnen mit Magnetrechen die Symbole auf der Karte verschieben, die die eigenen und feindliche Flugzeuge darstellen.

In Bentley Priory in Middlesex, einem ehemaligen Herrenhaus aus dem Jahre 1788, war das Hauptquartier des Jägerkommandos untergebracht.

Viele sehen im 16. Juli, dem Tag, an dem Hitlers Weisung erging, den Beginn der Luftoffensive, die als Luftschlacht um England in die Geschichte einging, obwohl sich die deutschen Fliegerangriffe noch fast einen Monat lang vorwiegend auf britische Schiffe im Ärmelkanal beschränkten. Erst in der zweiten Augustwoche sah Göring die Zeit für ein entschiedeneres Vorgehen gekommen. Er glaubte, den Widerstand der britischen Jagdwaffe in Südostengland – bei gutem Wetter – in vier Tagen brechen und den Luftraum über dem Süden Großbritanniens in vier Wochen beherrschen zu können. Den Beginn der ehrgeizigen Operation setzte er auf den 13. August fest, den sogenannten Adlertag.

Als Auftakt zum Adlertag griffen am 12. August deutsche Bomber englische Häfen, Radarstationen und küstennahe Fliegerhorste an. Als der 13. August heraufdämmerte, lag eine dichte Wolkendecke über den Flugplätzen in Nordfrankreich, auf denen die Luftwaffenbomber stationiert waren, und es nieselte. Göring befahl, die Angriffe auf den Nachmittag zu verschieben, aber seine Anordnung kam zu spät für 74 Dorniers der Luftflotte 2, die kurz nach 5 Uhr morgens starteten und ohne Begleitschutz auf die englische Küste zuflogen. Im Schutz der Wolken bombardierten sie den Flugplatz Eastchurch auf der Isle of Sheppey, den sie für einen Standort des Jägerkommandos hielten. Doch der deutsche Nachrichtendienst hatte sich geirrt: Eastchurch gehörte zum Küstenkommando – und konnte nach zehn Stunden wieder in Betrieb genommen werden.

Britische Spitfires starten in Zweierformationen, um deutsche Bomber abzufangen, die im Sommer 1940 in den englischen Luftraum eindringen.

Aufgrund der ungünstigen Witterungsbedingungen und der Mißverständnisse, die der Befehl zur Startverschiebung ausgelöst hatte, griffen an jenem Tag weniger Flugzeuge Großbritannien an als von Göring ursprünglich geplant – aber die 1485 Einsatzflüge sorgten für einen dramatischen Beginn der Offensive, die darauf angelegt war, das Jägerkommando zu vernichten. In ganz Südengland erlebten Dowdings Jagdpiloten ihren ersten echten Alarmstart und erhielten einen Vorgeschmack der Hektik, die in den kommenden Wochen ihr Leben bestimmen sollte. Im Südwesten eilten die Angehörigen der in Warmwell stationierten 609. Staffel auf Befehl der Gruppe 10 zu ihren Flugzeugen. Kaum waren sie aufgestiegen, sahen sie in der Ferne die nur zu gut bekannten Punkte am Himmel. Es handelte sich, wie sich schnell herausstellte, um 30 Sturzkampfbomber des Typs Ju 87, die von einem starken Jagdschutzverband begleitet wurden. Da die Deutschen für ihren Sprechverkehr dieselbe Frequenz benutzten wie die Piloten der 609. Staffel, hörten letztere plötzlich deutsche Stimmen in ihren Kopfhörern, die sich zuriefen: „Achtung – Spitfeuer!"

Während ein Teil der Spitfires die deutschen Jäger angriff, blieb das Gros der 609. Staffel in rund 6000 Meter Höhe, in der blendenden Nachmittagssonne unsichtbar für den tiefer anfliegenden deutschen Verband. Erst als die feindlichen Bomber auf ihr Ziel einschwenkten, führte Squadron Leader H. S. Darley seine Jäger unbemerkt im weiten Bogen direkt an die Deutschen heran. Er wartete, bis alle dicht genug aufgeschlossen hatten, und gab dann

das Zeichen zum Angriff, indem er „Tallyho“ in sein Mikrophon rief. Pilot Officer David M. Crook entdeckte fünf Me-109-Jäger, die unter ihm einkurvten. Kurz entschlossen verließ er seine Formation und setzte sich im Sturzflug hinter den letzten. „Aus kürzester Entfernung verpaßte ich ihm einen vollen Feuerstoß. Er ging in Flammen auf und trudelte in die Wolken, die tief unter uns lagen.“

Winston Churchill, der sich zur selben Zeit in Begleitung von Major General Bernard Montgomery, damals Kommandeur des V. Armeekorps, auf einer Inspektionsreise befand, in deren Verlauf er sich über die Verteidigungsmaßnahmen an der Küste informieren wollte, unterbrach seine Besichtigung, um den Luftkampf von den Klippen oberhalb Portlands aus zu beobachten. Er sah, wie fünf der Stukas und drei der begleitenden Me 109 ins Wasser stürzten. Im Nordosten verflogen sich zwei Ju-88-Staffeln, die den Auftrag hatten, den Sektionsstandort des Jägerkommandos in Middle Wallop anzugreifen, und klinkten ihre Bomben irrtümlich über einem kleinen Flugplatz in der Nähe von Andover aus. Bei Tagesende behaupteten die Deutschen, 70 Jäger vom Typ Spitfire und Hurricane vernichtet zu haben. In Wahrheit hatte Dowding lediglich 13 Jagdflugzeuge in der Luft und eins am Boden verloren. Von den 64 Luftsiegen, die die R.A.F. bei ihren 700 Einsatzflügen meldete, wurden später 46 bestätigt. Mit dieser Bilanz endete der langerwartete Adlertag.

Göring vermutete, Dowding habe im Süden Englands nur dadurch so starken Widerstand leisten können, daß er alle Jäger aus dem Norden und den Midlands abgezogen hatte. Dieser Schachzug des Engländers, so seine Folgerung, könne nur durch einen koordinierten Angriff aller drei Luftflotten aufgedeckt werden. Bisher hatte ihn das Wetter gehindert, die Offensive gegen Großbritannien in dieser Weise zu eröffnen. Als jedoch am Nachmittag des 15. August die Bedingungen günstiger wurden, konnte das massive Unternehmen anlaufen.

Die Planung sah vor, mit einem Scheinangriff von He 111 und Ju 88 der Luftflotte 5, die von Norwegen aus über die Nordsee nach Schottland vorstieß, zunächst die dort stationierten britischen Jäger zu binden, während 72 He-111-Bomber der Luftflotte 5 weiter südlich den eigentlichen Angriff flogen, und zwar auf Einsatzflugplätze in der Nähe von Newcastle an der Nordostküste Englands. Der Täuschungsversuch der Deutschen schlug fehl, da die Haupteinsatzflotte der Bomber mit ihrem Me-110-Begleitschutz irrtümlich zu dicht auf die erste Flotte folgte und dadurch die Signale auf den britischen Radarschirmen so auffallend verstärkte, daß an dem bevorstehenden Großangriff kein Zweifel bestehen konnte. Der anfliegende Verband wurde vernichtend geschlagen, was nicht zuletzt dem entschiedenen Vorgehen von Air Vice Marshal Richard E. Saul, dem Kommandeur der Gruppe 13, zu verdanken war, der Jäger aus seinem ganzen Gebiet zusammenzog und über Funk zu den deutschen Bombern führte.

Air Vice Marshal Leigh-Mallory, Kommandeur der Gruppe 12, der in Yorkshire einen weiteren Angriff der Luftflotte 5 auf die rund 120 Kilometer südlich von Newcastle gelegenen Luftstützpunkte abzuwehren hatte, ging weniger entschieden vor. Einem Verband zweimotoriger Ju-88-Bomber, dem er zwei Jagdstaffeln entgegengeworfen hatte, gelang es, durchzubrechen und in Driffield, Yorkshire, zehn Whitley-Bomber am Boden zu zerstören. Unabhängig davon aber waren die Verluste, die Saul der Luftflotte 5 beigebracht hatte, so hoch, daß sie für den Rest der Luftschlacht um England ausfiel.

Im Süden hielten die Angriffe den ganzen Tag über an. Ein Großangriff auf eine Flugzeugfabrik im östlich von London gelegenen Rochester, in der allerdings Bomber und keine Jäger gebaut wurden, hinterließ schwere Schäden. Demgegenüber verfehlten andere Luftwaffenbomber ihre Einsatzziele, die eminent wichtigen Sektionszentralen Biggin Hill und Kenley, und griffen statt dessen lediglich weniger bedeutende Flugplätze in Croydon und West Malling an.

An diesem Tag flog die Luftwaffe nahezu 2000 Einsätze, das britische Jägerkommando 974. In Verlustziffern an britischen Flugzeugen – insgesamt 34 – ausgedrückt, konnte Göring den Erfolg für sich verbuchen. Aber die Deutschen hatten sich angesichts vorausgegangener Abschüsse ihrer Bomber gezwungen gesehen, ihren Begleitschutz zu verstärken; die Angriffsflotte dieses Tages bestand nur zu einem Drittel aus Bombern, und das Verhältnis von Bombern zu Begleitjägern blieb auch in der Folgezeit in etwa erhalten. Die Piloten der Me 109, die sich ihre Opfer unter Dowdings Jägern eigentlich in freier Jagd suchen sollten, hatten von nun an alle Hände voll damit zu tun, Angriffe auf die Bomber abzuwehren – ein nicht geringer Erfolg für Dowding und Park. Außerdem war das Jägerkommando, das eigentliche Hindernis, das einer deutschen Invasion im Wege stand, genau wie zuvor am Adlertag trotz der zum Teil sehr schweren Angriffe kaum geschwächt worden.

Görings nächster Zug war durchaus logisch. Er wetterte gegen die maßlose Kraftverschwendung, die Angriffe auf Objekte darstellten, welche „absolut nichts mit unserem strategischen Ziel" zu tun hatten. In Zukunft, so sein Befehl, „sollen sich Operationen ausschließlich gegen die gegnerische Luftwaffe richten". Eine andere Schlußfolgerung seiner Analyse dagegen zeugte von mangelnder Übersicht. „Es ist fraglich, ob es überhaupt einen Sinn hat, die Angriffe gegen Radaranlagen fortzusetzen, wenn man bedenkt, daß nicht eine einzige von ihnen bisher außer Funktion gesetzt werden konnte." Die Luftwaffe übernahm Görings Auffassung, der offenbar immer noch darauf vertraute, die R.A.F. allein durch die Zahl seiner Jäger in die Knie zwingen zu können.

Einen Tag später, am 16. August, flog die Luftwaffe 1715 Einsätze. Wieder wirkten sich viele der größer angelegten Angriffe kaum auf das Jägerkommando aus. Nur auf drei der acht bombardierten Flugplätze waren Jagdstaffeln stationiert.

Während dieser Angriffe kam es entlang der ganzen Südküste Englands zu erbitterten Luftkämpfen zwischen deutschen und britischen Jägern. Piloten beider Seiten bekamen reichlich Gelegenheit, großen persönlichen Mut zu beweisen – einer der englischen erhielt das einzige Viktoriakreuz, das in diesem Krieg an einen Jagdpiloten vergeben wurde. Es war der 23jährige Flight Commander James Nicolson aus London, der vor Southampton in einen Luftkampf verwickelt und verwundet wurde. Gerade als er aus seiner brennenden Hurricane aussteigen wollte, geriet eine Me 110 in sein Schußfeld. Ungeachtet der Tatsache, daß sein Cockpit in Flammen stand, ließ sich Nicolson in seinen Schalensitz zurücksinken und drückte auf den Waffenknopf. Der deutsche Pilot versuchte verzweifelt, dem Engländer zu entkommen, aber Nicolson ließ sich nicht abschütteln. Trotz schwerster Brandwunden an der linken Hand, mit der er den Gashebel hielt, gab er nicht auf, bis er eine letzte Salve abgefeuert hatte und die Messerschmitt abstürzen sah. Erst dann stieg er aus.

Bei den schweren Gefechten der ersten Tage lernten die Engländer ihren Gegner schnell kennen und ihre Abwehrmaßnahmen entsprechend einzurichten. Die zum Begleitschutz der Bomber eingesetzte Me 109 war ein überaus schnelles Flugzeug. Wenn irgend möglich, sorgte das Jägerkommando dafür, ihr die neue Spitfire entgegenzusetzen, um die Bomber dann mit der langsameren Hurricane zu bekämpfen. In den Augen der R.A.F. war dies die denkbar günstigste Kombination, die sich bei einem zahlenmäßigen Verhältnis von nahezu 2 zu 1 zwischen Hurricane- und Spitfire-Staffeln allerdings oftmals nicht herstellen ließ. In solchen Fällen versuchten die Hurricane-Piloten, aus dem einzig wirklichen großen Vorteil Kapital zu schlagen, den ihre Flugzeuge gegenüber denen des Feindes hatten: ihre Fähigkeit, enger zu kurven.

So war es auch am 18. August, als die Männer der in Debden stationierten 85. Staffel mit ihren Hurricanes einen Routineangriff auf einige Heinkel-Bomber flogen und von einem Schwarm Me 109 angegriffen wurden. Peter Townsend, der britische Staffelführer, hatte gelernt, wie er mit der Me 109 umgehen mußte – „Keinesfalls steigen, keinesfalls stürzen; nur kurven", lautete die Devise, und er wandte sie blitzschnell an, als er aus dem Augenwinkel eine Messerschmitt im Sturzflug auf sich zukommen sah. Er zog seine Maschine in eine enge Kurve. Ausmanövriert, sauste der Angreifer an ihm vorbei und verschwand in der Tiefe. Sekunden später tauchte er wieder vor ihm auf und legte sein Flugzeug in eine weite Linkskurve, offenbar in der Absicht, sich hinter Townsends Hurricane zu setzen und ihn anzugreifen.

„Das war ein fataler Zug", erinnerte sich Townsend später. Er setzte seinerseits zu einer Linkskurve an – viel enger, als es dem Deutschen überhaupt möglich war –, brachte sein Flugzeug in die richtige Position für einen Flankenangriff und jagte einen Feuerstoß heraus. Die Messerschmitt überschlug sich in der Luft und ging in Flammen auf. Townsends Sieg war kein glücklicher Zufall; Minuten später schoß er eine zweite Me 109 ab, deren Pilot ihn auf ähnliche Art und Weise auskurven wollte.

In Biggin Hill warfen sich am selben Tag zwei Hurricane-Staffeln neun Do-17-Bombern entgegen, die in etwa 30 Meter Höhe auf den Flugplatz zuflogen. Zwei Dorniers wurden abgeschossen, zwei stürzten ab und drei schleppten sich schwer beschädigt nach Frankreich zurück. Ein anderer Verband Dornier-Bomber, der einen Tiefangriff auf den Flugplatz Kenley flog, hatte mehr Erfolg. Er entkam den britischen Jägern und zerstörte zehn Flugzeughallen, sechs Hurricanes und zwei Blenheims. Zahlreiche weitere Flugzeuge wurden beschädigt, die Nachrichtenverbindungen zum größten Teil unterbrochen. Die Einsatzzentrale mußte in einen Fleischerladen im nächsten Dorf verlegt werden. Dennoch ergab sich für die Engländer am Abend eine insgesamt ermutigende Bilanz. Bei den Luftkämpfen in den verschiedenen Sektionen hatte die Luftwaffe 71 Maschinen verloren, die Royal Air Force 39 Jagdflugzeuge.

Nach den Kämpfen vom 18. August legten beide Seiten eine Pause ein, um die Lage zu überdenken. Vier Tage konzentrierter Angriffe, der 13., 15., 16. und 18. August, hatten Göring 236 Flugzeuge gekostet; dennoch war das britische Jägerkommando alles andere als geschlagen. Göring schob den Schwarzen Peter seiner Jagdwaffe zu und gab ihr die Schuld für sein Versagen, die versprochene Luftherrschaft zu erringen. Er befahl seinen Jagdpiloten, sich in Zukunft noch enger an den Bombern zu halten, als deren Begleitschutz sie flogen.

Görings Anweisung offenbarte genau die Art panischer Reaktion, die sich Dowding und Park erhofft hatten. Indem er seinen Piloten die freie Jagd untersagte, die ihnen lag und die sie gefährlich machte, beraubte er sich seiner wirksamsten Waffe. Aber auch Dowding hatte Grund zur Besorgnis. Die Flugzeugproduktion hielt mit dem Verlust von 213 Hurricanes und Spitfires, den er in den zehn Tagen seit dem 8. August erlitten hatte, nicht Schritt. Wenn sich daran nichts änderte, war es nur noch eine Frage von Wochen, bis das Jägerkommando am Ende war.

Das Gemälde aus dem Jahre 1940 zeigt einen Luftkampf über der englischen Küste zwischen Jägern der R.A.F. und Bombern der Luftwaffe.

Während Göring seine Kräfte für eine neue Offensive umorganisierte, hielt Dowding an seiner Kampfaufstellung, wie er sie Jahre zuvor entwickelt hatte, fest, tauschte lediglich regelmäßig die erschöpften und von schweren Verlusten betroffenen Staffeln aus und versuchte, keine seiner Gruppen über Gebühr zu schwächen. Während der fünftägigen Pause konnten die Flugzeugfabriken die Ausfälle an Jägern mehr als wettmachen, und ein Aufruf von Lord Beaverbrook bewirkte, daß die Nationale Instandsetzungsorganisation 12-Stunden-Schichten einlegte, um defekte Maschinen wieder einsatzbereit zu machen.

In dieser kritischen Phase flammte die Rivalität zwischen Keith Park und Trafford Leigh-Mallory verstärkt auf. Auf den Kommandeur der Gruppe 10, Air Vice Marshal Sir Christopher Quintin Brand, konnte sich Park jederzeit verlassen, wenn er seine eigenen Maschinen in der Luft hatte und Hilfe für die Luftraumdeckung der Flugplätze seiner Gruppe 11 im Süden und Westen Londons benötigte. Nördlich der Themse dagegen war er auf die Unterstützung Leigh-Mallorys und dessen Gruppe 12 angewiesen. Hier gab es jedoch Reibungspunkte. Obwohl die Verteidigung von Parks Einsatzflugplätzen von lebenswichtiger Bedeutung war, ging es Leigh-Mallory gegen den Strich, immer nur die zweite Geige zu spielen. Nicht anders empfanden es seine Piloten. Ihre relativ passive Rolle paßte ihnen überhaupt nicht.

Auf dem Flugplatz von Duxford munitionieren Waffenwarte 1940 die Maschinengewehre in den Tragflächen einer Spitfire. Die Arbeit verlangte höchste Sorgfalt, weil sonst sehr leicht Ladehemmungen auftreten konnten.

Zwischen Leigh-Mallory auf der einen sowie Dowding und Park auf der anderen Seite schwelte ein weiterer, schwerwiegenderer Konflikt, der sich an Fragen der Taktik entzündet hatte. In der Eröffnungsphase der Luftschlacht um England war Dowding vom Stab der R.A.F. mit Nachdruck angewiesen worden, gegnerischen Angriffen seinerseits mit „überlegenen Kräften und großen Verbänden" – „Big Wings", wie Leigh-Mallory sie nannte – zu begegnen. Dowding, der genau wie Park kleineren, flexibleren Verbänden den Vorzug gab, hatte dies jedoch abgelehnt. Der entschiedenste und extremste Vertreter der „Big-Wing"-Theorie war Douglas Bader, ein hervorragender Jagdflieger, der bei einem Flugzeugunglück vor dem Krieg beide Beine verloren hatte, aber seinen Beruf nicht aufgab und später sogar als Flieger-As hervortrat. Bader ging soweit, bis zu fünf Staffeln zu einem Einsatzverband zusammenfassen zu wollen, und konnte schließlich sowohl seinen Kommandeur, Leigh-Mallory, als auch den Stellvertretenden Stabschef der R.A.F., Air Vice Marshal Sholto Douglas, überzeugen, daß „Big Wings" die wirkungsvollste Waffe gegen die deutschen Angriffe waren.

Bader brannte darauf, an der Spitze einer solchen Formation zum Einsatz zu kommen, aber sein Konzept, das für die Gruppe 12, geographisch die Nachhut, vielleicht praktikabel gewesen wäre, schien Dowding und Park unvereinbar mit den Aufgaben der Gruppe 11, die nur Minuten vor einem bevorstehenden Angriff alarmiert wurde und keine Zeit damit vergeuden konnte, umfangreiche Verbände in der Luft zusammenzuziehen. Bader vertrat die Ansicht, man müsse in Kauf nehmen, daß die gegnerischen Bomber in der Zeit, in der sich die überlegenen „Big Wings" formierten, ihre Ziele ungehindert angriffen, weil dadurch gewährleistet sei, daß sie auf dem Heimweg von den massierten Jägern in größerer Zahl abgeschossen würden. Sholto Douglas schloß sich seiner Meinung an; Park und Dowding wollten jedoch nichts davon hören.

Der Streit um die „Big-Wing"-Theorie war alles andere als entschieden, als Göring am 24. August erneut losschlug. Der Angriff war der erste, seit er seine Jäger angewiesen hatte, den Bombern besseren Begleitschutz zu gewähren, und die Deutschen kamen in so eng aufgeschlossenen Formationen, daß nur zwei der zwölf von Park über Funk herangeführten Staffeln den Jagdschutz durchbrechen konnten. Mit seiner neuen Strategie gelang es Göring in der Tat, mehr Bomber über ihre Zielgebiete zu bringen. Gleichzeitig aber konnten die an die Bomber gebundenen Messerschmitt weniger britische Jäger abschießen. Göring hatte damit sein wichtigstes Ziel in Frage gestellt: die stufenweise Vernichtung des Jägerkommandos.

Am Nachmittag kam Park mit seinen Staffeln nicht mehr aus, und er bat Leigh-Mallory um Schutz für die Flugplätze in Hornchurch, North Weald und Debden. Die Gruppe 12 sah eine Chance, ihre „Big-Wing"-Theorie zu erproben, und versuchte, eine große Formation zusammenzuziehen. Der Versuch schlug fehl – die Koordination von so vielen Flugzeugen erwies sich als äußerst schwierig. Zur Verteidigung von North Weald erschien nur ein einziger Verband, unglücklicherweise ausgerechnet die 19. Staffel, deren Spitfires gerade mit einer noch im Versuchsstadium befindlichen Kanone ausgerüstet worden waren, bei der häufig schon nach kurzem Betrieb Ladehemmungen auftraten. Als die restlichen Jäger aus Leigh-Mallorys Gruppe schließlich über Hornchurch und North Weald auftauchten, standen die Flugplatzhallen bereits in lodernden Flammen. Die Verluste an britischen und deutschen Jagdflugzeugen hielten sich am Ende des Tages etwa die Waage: Die R.A.F. verlor 22, die Luftwaffe 26 Maschinen. Göring war mit dem Ausgang der Ereignisse zufrieden.

In der Nacht, in der die Rund-um-die-Uhr-Angriffe auf Südostengland fortgesetzt wurden, kamen einige der annähernd 100 deutschen Bomber

Männer, die viel Dank, doch wenig Ruhm ernteten

Nicht weniger Anerkennung als die Piloten der R.A.F., die die Kämpfe in der Luft ausfochten, verdient das Bodenpersonal: die Männer, die unter Einsatz ihres Lebens in Windeseile zur Stelle waren, um die Flugzeuge zu warten und zu reparieren.

Sobald eine Hurricane oder Spitfire von einem Einsatz zum Boden zurückkehrte, untersuchten Mechaniker die Maschinen auf mögliche Schäden. Während die Maschinen aufgetankt und munitioniert wurden, machten sich Waffen- und Instrumentenwarte sowie Funkmechaniker daran, kleinere Schäden zu reparieren. Die Männer entwickelten eine solche Routine, daß die Flugzeuge nicht selten schon nach kaum einer Viertelstunde wieder startklar waren.

Bei Angriffen auf Flugplätze gab es zahlreiche Tote und Verletzte unter den Angehörigen des Bodenpersonals. Ihr Mut und ihr Einsatz stieß vor allem bei den Piloten, für die sie arbeiteten, auf große Bewunderung. „Wir hatten unbedingtes Vertrauen", sollte später ein Flieger-As schreiben, „daß dank ihrer Wachsamkeit, ihres Könnens und ihrer Loyalität bei unseren Maschinen keine technischen Fehler auftraten, die uns das Leben kosten konnten."

vom Kurs ab und warfen ihre Bomben auf die Londoner City und die umliegenden Bezirke. Seit den Angriffen deutscher Gotha-Bomber – zweimotoriger Doppeldecker des Ersten Weltkriegs – auf die britische Hauptstadt im Jahre 1918 hatte London keine Bombardements mehr erlebt, und es schien, als sei die Eskalation des Luftkrieges gewollt. Churchill ordnete umgehend Vergeltungsangriffe auf Berlin an. In der folgenden Nacht bombardierten 81 Wellingtons verschiedene Teile der deutschen Hauptstadt und richteten in einigen Wohngebieten Schaden an.

Am 26. August forderte Park Leigh-Mallory auf, die Luftraumdeckung seiner Flugplätze in Debden, Hornchurch und North Weald zu übernehmen, während er selbst die dort stationierten Flugzeuge nach Süden schickte, um einen deutschen Angriffsverband abzufangen. Wieder kamen die mit Kanonen ausgerüsteten Spitfires aus Duxford zu spät, so daß Debden schwer zerstört wurde. Diesmal klagte Park Leigh-Mallory öffentlich an, nicht schnell genug reagiert zu haben, und die Bitterkeit zwischen den beiden Männern entlud sich in einer Flut gegenseitiger Anschuldigungen. Ihre Auseinandersetzungen waren das Letzte, was den Engländern zu diesem Zeitpunkt gefehlt hatte. Als Oberbefehlshaber der Jagdwaffe hätte Dowding eingreifen und Leigh-Mallory befehlen können, Park die erforderliche Hilfe zu leisten, aber er zog es vor, sich aus dem Zwist zwischen seinen beiden Untergebenen herauszuhalten. So wurde die Lage für Park und seine Gruppe immer schwieriger.

In den darauffolgenden Tagen kämpfte Park gegen einen zunehmend überlegenen Gegner. Die von Generalfeldmarschall Albert Kesselring geführte Luftflotte 2 wurde durch Jagdflugzeuge der anderen Luftflotten verstärkt, bis sie schließlich vier Fünftel der in Deutschland verfügbaren einmotorigen Jäger umfaßte: über 600 Maschinen. Diese wurden direkt gegenüber dem Einsatzbereich von Park auf der anderen Seite des Ärmelkanals im Department Pas-de-Calais zusammengezogen. Göring hatte eingesehen, daß seine Jäger zu wertvoll waren, als daß er ihre Einsatzmöglichkeiten auf den Begleitschutz der Bomber beschränken durfte. In der Hoffnung, die britischen Spitfires und Hurricanes in den Kampf locken zu können, begannen die Deutschen, umfangreiche Messerschmitt-Verbände über den Kanal zu schicken.

Am 29. August kamen sie mit mehr als 500 Jägern des Typs Me 109. Obwohl die Luftwaffe ihr Vordringen mit einigen Opfern bezahlen mußte, hatte Park gegen diese Übermacht keine Chance, und er befahl seinen Jägern, sich möglichst wenig zum Kampf zu stellen. Berichte über das ausweichende Verhalten der britischen Jäger mag zu dem unbegründeten Optimismus beigetragen haben, der sich in der Führungsspitze der Luftwaffe ausbreitete. Noch am selben Abend behauptete Generalmajor Kurt-Bertram von Doering, Kommandeur der 2. Fliegerdivision, die „uneingeschränkte Luftüberlegenheit" errungen zu haben. Am nächsten Tag erklärte Hitler, er werde am 10. September eine Entscheidung über die vorgesehene Invasion bekanntgeben; wenn alles nach Plan gehe, werde die Invasionsflotte am 20. September auslaufen. Mittlerweile zog Kesselring alle verfügbaren Kräfte für den Versuch zusammen, den vermeintlich kleinen Rest des britischen Jägerkommandos auszulöschen.

Gegen Mittag des 30. August befanden sich alle 21 Staffeln Parks in der Luft; zehn von ihnen erlebten die bisher schwersten Gefechte des Krieges. Ein Zufallstreffer der Deutschen auf das Hauptstromnetz schaltete sieben Radarstationen aus, und viele der Bomber, die im nahezu pausenlosen, rollenden Einsatz unterwegs waren, drangen unerkannt in den Luftraum über England ein. Die Jäger, die Park zur Luftraumdeckung von Leigh-Mallory angefordert und auch bekommen hatte, verfehlten eine deutsche

Bomberstaffel über Biggin Hill, die über 30 Zeitzünderbomben über dem Platz und den umliegenden Dörfern abwarf. Etwas später dröhnte eine Ju-88-Staffel im Tiefflug über Biggin Hill hinweg und zerstörte Flugzeughallen, Einsatzgebäude und Telephonverbindungen. Es gab 39 Tote und eine beträchtliche Anzahl Verletzte.

Über Maidstone erlebte Squadron Leader Tom Gleave von der in Kenley stationierten 253. Staffel, der mit seiner aus drei Hurricanes bestehenden Rotte in über 5000 Meter Höhe patrouillierte, wie es am Himmel plötzlich von deutschen Flugzeugen zu wimmeln schien. „Soweit das Auge reichte", erinnerte er sich später, „sah man nichts als reihenweise Me 109, die über dem Dunst anflogen." Gleave führte seine Flotte von der Flanke her an einen der Feindverbände heran und drang mitten in die Formation vor, wobei er auf jedes Flugzeug feuerte, das ihm ins Schußfeld geriet. Fast stieß er mit einem Deutschen zusammen. „Oben und unten sausten Leuchtspurgeschosse vorbei und sanken im großen Bogen zu Boden. Ich kam mir vor wie in einem gigantischen Käfig aus Golddraht." Einer seiner Kameraden drehte ab und entfloh dem Inferno; der andere attackierte – in Gleaves Worten „in Löwenherzmanier" – weiter und stieß tiefer in den Verband vor. Er wurde nie wieder lebend gesehen. Gleave begnügte sich damit, daß er mindestens zwei feindliche Jäger abgeschossen hatte, und kehrte nach Kenley zurück, wo er den Rest des Kampfes vom Boden aus beobachtete.

Zum erstenmal brachte es das britische Jägerkommando auf über 1000 Einsatzflüge an einem einzigen Tag. Viele der Piloten flogen praktisch ohne Pause vier Einsätze hintereinander. Die Belastung zeigte erste Folgen. Teilweise schliefen die Flieger in der Messe während des Essens ein. Andere sackten vor Erschöpfung in ihren Cockpits zusammen, sobald sie ihre Maschinen sicher aufgesetzt und zum Stehen gebracht hatten. Görings Piloten waren, da sie nicht turnusmäßig abgelöst wurden, mindestens ebenso ermüdet, aber ihnen blieb wenigstens die enervierende, ganztägige Alarmbereitschaft erspart.

Am 31. August flogen die Jäger der Luftflotte 2 insgesamt 1300 Einsätze. Vier getrennt operierende Bomberverbände, umringt von einem nahezu undurchdringlichen Jagdschutz, machten sich auf den Weg über den Ärmelkanal und nahmen Kurs auf ihre Ziele, zu denen vor allem Parks Flugplätze zählten. Flying Officer James Coward, Pilot der vom Mißgeschick verfolgten 19. Staffel, bewohnte damals mit seiner Frau ein Bauernhaus in der Nähe von Duxford. Er war ein athletischer, selbstbewußter Mann, aber die wiederholten Ladehemmungen der Bordkanone in seiner Spitfire hatten ihm stark zugesetzt. „Du kannst heute für mich beten", sagte er zu seiner Frau, als er vor Morgengrauen das Haus verließ. Drei Stunden später hatte seine Bordkanone mitten im Luftkampf erneut Ladehemmung, und die Geschosse der Deutschen durchsiebten sein Flugzeug. Verletzt ließ er sich aus dem Cockpit der abstürzenden Maschine fallen. Als sich sein Fallschirm geöffnet hatte und er auf die Erde zuschwebte, sah er plötzlich, daß sein Fuß unkontrolliert hin und her pendelte und nur noch durch eine einzige Sehne mit dem Bein verbunden war. Aus den durchtrennten Adern floß das Blut. Coward riß das Kopfhörerkabel vom Helm ab und stoppte die Blutung, indem er das Bein am Oberschenkel abband. Anderthalb Kilometer von seinem Haus entfernt kam er am Boden auf. Sein Bein konnte zwar nicht mehr gerettet werden, aber er schaffte es später mit viel Überredungskunst, wieder zu einem Einsatzverband versetzt zu werden, indem er auf das Beispiel von Douglas Bader verwies.

Ein Verband Heinkel-Bomber teilte sich nach dem Anflug über den Kanal. Während eine Gruppe auf Hornchurch einschwenkte, nahm die andere Kurs auf Biggin Hill, wo man noch nicht einmal Zeit gehabt hatte, die

Die kurze Zeit zwischen zwei Einsätzen nutzen die Piloten der R.A.F. hier auf dem Flugplatz von Hawkinge, um ein wenig zu schlafen, Tee zu trinken oder einfach in der Sonne zu liegen. Ein Flieger schrieb später, daß die Atmosphäre solcher Augenblicke häufig weniger entspannt war, als es vielleicht den Eindruck erweckte. „Die Uhr tickte unbarmherzig weiter", beschrieb er die Situation. „Die Spannung wuchs, bis man sie fast mit Händen greifen konnte."

Toten des Vortages zu begraben. Die Einsatzzentrale, Lebensader der Sektion, wurde getroffen, das eilig reparierte Telephonnetz ein zweites Mal zerstört. Zwei der drei in Biggin Hill stationierten Staffeln mußten nach dem Angriff umquartiert werden.

In Hornchurch, 40 Kilometer weiter nordöstlich, liefen die Piloten der 54. Staffel in fieberhafter Eile zu ihren elf Spitfires, um vor Ankunft der deutschen Bomber in der Luft zu sein. Die letzte Dreiergruppe hatte gerade abgehoben, als die ersten Bomben fielen. Eine von ihnen explodierte direkt unter der Maschine des mittlerweile kampferfahrenen Neuseeländers Al Deere, der sich nur Zentimeter über dem Boden befand. Von der Druckwelle auf den Rücken geworfen, rutschte seine Spitfire quer über den Platz. Deere erlitt schwere Schnittwunden im Gesicht, konnte sich aber selbst aus dem Wrack befreien. Am nächsten Tag meldete er sich wieder zum Einsatz.

Bei den Luftkämpfen des Tages verlor das Jägerkommando 39 Maschinen; am Boden waren zehn weitere Spitfires vernichtet worden. Die Verlustrate überstieg die Fähigkeit von Lord Beaverbrook und seiner Organisation, die Ausfälle zu ersetzen. Sechs von Parks sieben Sektionsstandorten hatten schweren Schaden erlitten, und eine seiner Staffeln war fast vollständig aufgerieben worden. Was wesentlich schwerer wog, war jedoch die Tatsache, daß etwa ein Viertel der Piloten des Jägerkommandos gefallen oder so schwer verletzt worden war, daß sie nicht mehr fliegen konnten. Da Dowding dringend Ersatz brauchte, hatte er sich in der letzten Augustwoche trotz der zu erwartenden Verständigungsschwierigkeiten zum Einsatz von rund 200 ausländischen Piloten entschlossen. Es handelte sich vorwiegend um Polen und Tschechen, die den Kampf gegen die verhaßten Deutschen mit mitleidloser Härte aufnahmen und sich von Anfang an hervorragend bewährten, zumal sie in Staffeln flogen, die sich in erster Linie aus ihren Landsleuten zusammensetzten. Ein Pole und ein Tscheche sollten am Ende zu den zehn erfolgreichsten Jagdfliegern der Schlacht um England zählen. Dowding war froh, daß er die ausländischen Piloten eingestellt hatte; Anfang September brauchte das Jägerkommando alle Hilfe, die es bekommen konnte.

In den ersten Septembertagen meldeten die Radarbeobachterinnen des Weiblichen Hilfskorps der R.A.F. (WAAF) Morgen für Morgen, daß sich über Calais Feindflugzeuge formierten und auf den Kanal einschwenkten. Von früh bis spät folgte eine Bomberwelle der anderen. Am 1. September flog die Luftwaffe ihren sechsten Angriff auf Biggin Hill innerhalb von drei Tagen. Zwei WAAF-Telephonistinnen, die trotz des Bombenhagels auf ihrem Posten blieben, wurden mit der Military Medal für besondere Pflichterfüllung ausgezeichnet. Die Verteidiger der R.A.F. schlugen sich tapfer und brachten den Deutschen etwa ebenso hohe Verluste bei, wie sie selbst erlitten; Göring hatte allerdings mehr Flugzeuge.

Wrackteile, Zeugen der erbitterten Gefechte, verunzierten die sanften Hügel und idyllischen Dörfer Südenglands. Täglich fielen britische und deutsche Flugzeuge vom Himmel, schlugen in Feldern auf und prallten gegen Bäume und Häuser. Die R.A.F.-Piloten machten vom Fallschirm nur Gebrauch, wenn sie absehen konnten, daß ihre Flugzeuge absolut nicht mehr zu retten waren. Wenn irgend möglich, versuchten sie, beschädigte, aber reparierbare Maschinen zu Boden zu bringen, nicht selten unter Einsatz des eigenen Lebens. Pilot Officer Tony Woods-Scawen hatte das Glück, daß er sich nur die Vorderzähne einschlug, als er nach einem Luftkampf mit seiner zerschossenen Hurricane auf der Isle of Wight notlandete. Er fuhr mit der Fähre nach Southampton, kam aber zu spät an, um noch am selben Abend zu seiner Einheit in Tangmere zurückzukehren.

Nachdem er ein Hotel gefunden und in der Nacht seinen Kummer ertränkt hatte, rief er am nächsten Morgen bei seiner Staffel an. „Wenn ihr wollt, daß ich weiterkämpfe", erklärte Woods-Scawen, „schickt besser jemanden her, der meine Rechnung bezahlt." Zahllose andere kamen nicht so glimpflich davon. So manches winzige Dorf hatte plötzlich seinen Helden, einen jungen R.A.F.-Piloten, der sein Leben im Luftkampf gelassen hatte. Auch Tony Woods-Scawens Glück erwies sich nicht als dauerhaft. Er und sein Bruder Patrick fielen noch vor dem Ende der Schlacht um England.

Zwischen dem 24. August und 6. September verringerte sich Dowdings Jagdflotte um fast 200 Maschinen, da von den 466 Jagdflugzeugen, die er verloren hatte, nur 269 ersetzt beziehungsweise repariert werden konnten. Um seine Flugplätze stand es, wie Park sich ausdrückte, „ziemlich übel", auch wenn sie nicht außer Betrieb genommen werden mußten. Wesentlich schwerer wogen seine Personalausfälle; von Dowdings Piloten waren in den 14 Tagen 103 als gefallen oder vermißt gemeldet und 128 verwundet worden. Allen Rückschlägen zum Trotz aber blieb das Jägerkommando in der Lage, den Widerstand zu organisieren.

Ungeachtet dessen schienen die Deutschen ihre Invasionspläne in die Tat umsetzen zu wollen. Jenseits des Kanals sammelten sich in belgischen, niederländischen und französischen Häfen die Landungsfahrzeuge. Bomber waren von Norwegen nach Frankreich verlegt worden. Der britische Nachrichtendienst kam zu dem Schluß, daß die Invasion unmittelbar bevorstehe, wobei Mond- und Wasserstandsberechnungen die Zeit zwischen dem 8. und 10. September als besonders wahrscheinlich erscheinen ließen. Tatsächlich hatten sich die Deutschen für den 24. September entschieden; doch auch bis dahin waren es kaum mehr als zwei Wochen.

Am 2. September hatte Hitler – unter dem Vorwand der britischen Bombenangriffe auf Berlin – eine Luftoffensive gegen die Bevölkerung und die Abwehr der englischen Großstädte befohlen, insbesondere Londons. Am 4. September versprach er in einer Rede im Berliner Sportpalast, die Luftwaffe werde Großbritanniens Städte eine nach der anderen ausradieren. Die Angriffe auf London sollten laut Weisung des Oberkommandos der Luftwaffe am 7. September beginnen.

Am Tag des Angriffs stand Göring mit Kesselring auf der Steilküste von Kap Gris-Nez in Frankreich. Während er sein Scherenfernrohr auf die direkt gegenüberliegenden Kreidefelsen von Dover richtete, beobachtete er selbstgefällig, wie über 900 Flugzeuge der Luftwaffe – darunter etwa 600 Jäger – Kurs auf London nahmen. Diesmal hatte der britische Nachrichtendienst versagt: Dowding war nicht im geringsten über die bevorstehende Offensive informiert. Park hatte seine Kräfte für die Verteidigung von Sektionsstandorten und Flugzeugfabriken eingeteilt und war zu einer Besprechung in Dowdings Hauptquartier gefahren, die für diesen Tag angesetzt worden war – was die Lage zusätzlich erschwerte.

Als über das wirkliche Ziel des deutschen Angriffs kein Zweifel mehr bestand, war es schon zu spät, um die Masse der deutschen Bomber abzufangen, die praktisch unbehelligt die Außenbezirke Londons erreichten. Den wenigen Piloten, die sich den Angreifern entgegenstellten, bot sich ein unheilvoller Anblick, als sie den Anflug der düsteren Armada sahen. „Einige Kilometer entfernt war ein schwarzer Strich am Himmel", schrieb Flying Officer George Barclay, „35 Bomber der Hunnen in enger Formation – und dann unterschied ich allmählich etwa 70 bis 100 weitere kleine Punkte, die sich bei näherem Hinsehen als Jäger entpuppten."

Barclays Staffel kurvte zum Angriff ein. „Wir flogen die Bomber an. Aber bevor man die Lage richtig erfassen konnte, fielen die Messerschmitt über

Nach dem Motto „Jede Landung, bei der der Pilot ohne fremde Hilfe weggehen kann, ist eine gute Landung" schlendert Pilot Officer Percy Prune, gefolgt von seinem treuen Hund Binder, davon, nachdem er seine Spitfire in den Sand gesetzt hat. Von dem R.A.F.-Karikaturisten Bill Hooper erfunden, füllte Percy, „der legendäre Trottel der R.A.F.", die Seiten des Ausbildungshandbuchs „Tee Emm", in dem vermeidbare Anfängerfehler aufgezeigt wurden.

mich her. Ich kurvte schnell, um zu sehen, ob mir eine am Leitwerk hing, und im selben Augenblick sausten zwei Me 109 unter meiner Nase hindurch. Ich kurvte, stürzte hinter einer hinterher und feuerte – nichts passierte. Vermutlich hatte ich vorbeigeschossen, aber das Krachen meiner acht Maschinengewehre hörte sich sehr beruhigend an. Ich feuerte auf die zweite Me 109. Ein plötzliches helles Auflodern, eine Rauchwolke, dann brach ein riesiges Teil weg, und es ging abwärts mit ihr."

Barclay verschoß den Rest seiner Munition auf einen großen zweimotorigen Bomber und drehte ab, um zu seinem Heimatflugplatz zurückzukehren. Im Abflug sah er noch, wie aus einem Motor der Dornier Rauch hervorquoll, aber er erfuhr nie, ob er den deutschen Bomber abgeschossen hatte.

London wurde schwer getroffen. In nicht einmal 90 Minuten und bei hellichtem Tag fielen 300 Tonnen Bomben auf die Stadt, insbesondere auf das East End und die Hafengegend. Die R.A.F. verlor 38, die Luftwaffe 29 Flugzeuge; 20 britische Piloten wurden verletzt oder getötet. Das Jägerkommando hatte eine eindeutige Niederlage erlitten.

Göring gewährte der brennenden Stadt keine Ruhe, sondern schickte in derselben Nacht noch einmal 318 Bomber. Am nächsten Morgen zogen die Londoner die erschütternde Bilanz: 448 Tote und über 1000 Verletzte. Görings Begeisterung kannte keine Grenzen. Er hielt eine triumphierende Rundfunkansprache und rief seine Frau an, um ihr mitzuteilen: „London steht in Flammen." Dowding sorgte sich – wie immer – vor allem um seine kostbaren Jagdflugzeuge, obwohl auch ihn das Ausmaß der in London angerichteten Zerstörung entsetzte. Er war im Grunde immer davon überzeugt gewesen, daß Hitler der Versuchung, London anzugreifen, erliegen würde, statt sich auf die wichtigeren Ziele wie Flugplätze und Produktionsstätten zu konzentrieren. Ja, er hatte dies sogar in sein Kalkül einbezogen. „Die Nähe Londons zu den deutschen Flugplätzen", hatte er kurz nach Dünkirchen prophezeit, „wird dafür sorgen, daß sie den Krieg verlieren." Park, der in seiner Dienstmaschine, einer Hurricane, über die brennende Stadt flog, dachte ähnlich. Das Jägerkommando mußte die kurze Atempause nutzen, die ihm die Deutschen mit ihrer veränderten Strategie boten, um seine Kräfte zu sammeln und mit voller Wucht zurückzuschlagen.

Die Luftangriffe dauerten eine zweite Nacht lang an; weitere 412 Londoner kamen ums Leben, und sämtliche Eisenbahnverbindungen in den Süden wurden unterbrochen. Aber Dowding arbeitete mit Nachdruck daran, seine Abwehr neu zu formieren. Als Kesselrings Maschinen am nächsten Tag erneut über England auftauchten, war Park bereit. Wie er seine kleine, aber disziplinierte Truppe einsetzte, offenbarte Parks taktische Fähigkeiten wie nie zuvor oder danach. Während die Deutschen den weiten Weg nach London zurücklegten, hatte er Zeit, seine Staffeln in Zweiergruppen aufzuteilen und den Jägern der Luftwaffe entgegenzuwerfen, die am Rande ihres Aktionsradius operierten. Die zahlenmäßige Überlegenheit der R.A.F. zwang einen Großteil der deutschen Jäger, die aus den schwerfälligen Me 110 bestanden, die Bomber zu verlassen und Abwehrkreise zu fliegen, um sich selbst zu retten. Viele Bomberbesatzungen, die Notrufe nach Frankreich absetzten, entledigten sich ihrer Bombenlast im Notwurf und flohen – um festzustellen, daß ihnen der Rückzug durch weitere Staffeln der Gruppe 11 abgeschnitten war. Bei nur 19 eigenen Verlusten vernichtete die R.A.F. 28 deutsche Flugzeuge. London und die Londoner kamen mehr oder minder ungeschoren davon. Die Luftwaffe hatte einen schweren Rückschlag erlitten; beeindruckt von dem britischen Widerstand schob Hitler seine Entscheidung über die Invasion auf.

Eine Verschlechterung der Wetterbedingungen zwang die Deutschen, ihre Tagangriffe einzuschränken, während die Nachtangriffe der Bomber unvermindert fortgesetzt wurden. Hitler, der sich weiterhin weigerte, Angriffe auf Wohngebiete ausdrücklich zu billigen, setzte nichtsdestoweniger Bahnhöfe und Versorgungsbetriebe Londons auf die Liste der Angriffsziele. Zwischen dem 8. und 14. September wurden in London rund 2000 Menschen getötet und über 10 000 verwundet; zu den Gebäuden, die Schäden davontrugen, gehörte auch der Buckingham Palace.

In der Zwischenzeit zerstörte das britische Bomberkommando, das die Invasionsgefahr noch nicht als abgewendet betrachtete, einen Großteil der deutschen Landungsfahrzeuge, die auf dem Festland in den Kanalhäfen zusammengezogen worden waren.

Göring, der sich noch immer der Illusion hingab, Dowdings Einsatzverbände bis auf einen kümmerlichen Rest vernichtet zu haben, beschloß, am 15. September, einem Sonntag, zum endgültigen Schlag gegen Großbritannien auszuholen, der ihm die Luftherrschaft sichern sollte. Geplant waren zwei gigantische Angriffe, in die jedes verfügbare Jagd- und Bombenflugzeug geworfen werden sollte. Die Angehörigen des britischen Nachrichtendienstes waren über den Angriff nicht nur informiert: Sie kannten den Zeitpunkt und wußten, daß er in zwei Wellen erfolgen sollte. Park hatte Gelegenheit, alle seine Jagdverbände rechtzeitig in Bereitschaft zu versetzen und seine Piloten darauf vorzubereiten, daß sie möglichst schnell landen und auftanken mußten, um die zweite Angriffswelle abzufangen. Die Gruppen 10 und 12 standen zur Unterstützung bereit.

Unmittelbar nachdem die ersten Radarbeobachtungen vorlagen, begab sich Winston Churchill in Begleitung seiner Frau Clementine in Parks

Ein Ortspolizist, der das Flugzeug vor Souvenirjägern zu schützen hat, schaut zu, wie ein britischer Heeresmajor im August 1940 eine notgelandete He 111 in Augenschein nimmt. Die Besatzung des deutschen Bombers hatte sich über Südostengland einem Hurricane-Piloten der 253. Staffel geschlagen geben müssen.

unterirdische Einsatzzentrale, die westlich von London in Uxbridge lag. Zusammen beobachteten sie die Bewegungen der verschiedenfarbigen Symbole, die die britischen und deutschen Maschinen darstellten und von Angehörigen des Weiblichen Hilfskorps auf der Landkarte verschoben wurden. Die Angriffsspitze, gebildet von 100 Dornier-Bombern und 400 Jagdflugzeugen, näherte sich zentimeterweise der englischen Küste.

Als die Feindverbände um 11.30 Uhr die Küste überflogen, hatte Park elf Staffeln in der Luft. Die R.A.F.-Piloten, die die gegnerische Flotte erwarteten, sahen zunächst nur so etwas wie eine riesige anrollende Treppe. Aber der Jagdschutzschild um die deutschen Bomber konnte dem britischen Ansturm nicht lange standhalten. Die Messerschmitt-Piloten mußten sich absetzen, um den Kampf aufzunehmen.

In diesem Moment schickte Park den Bombern weitere zehn Staffeln entgegen. Es entstand ein furchtbares Gemetzel, dem die großen Maschinen ohne ihren Jagdschutz mehr oder minder hilflos ausgeliefert waren. Douglas Bader, der den Auftrag hatte, die nördlichsten Fliegerhorste Parks und den nördlichen Stadtrand Londons zu verteidigen, hielt es nicht auf seinem Posten. Er machte sich mit seinen Kameraden aus Duxford auf den Weg nach Süden, um in die Kämpfe einzugreifen. Sein fünf Staffeln umfassender Verband verlieh den Verteidigern weitere Schlagkraft.

Da Park die geplante Angriffsstrategie kannte, gab er die Zurückhaltung auf, die er sich den ganzen Sommer über auferlegt hatte, und beorderte seine letzten vier Staffeln in die Luft. Churchill, der das Geschehen auf der Lagekarte in Uxbridge verfolgte, fiel auf, daß keine Staffeln mehr in Bereitschaft standen, und er fragte: „Was haben wir noch an Reserven?" Parks lakonische Anwort lautete: „Keine."

Während sich die Bomber, die Parks Netz entkommen waren, nach Frankreich zurückschleppten, gaben Göring und Kesselring der zweiten Angriffswelle Startbefehl. Dazu gehörte auch ein Verband von Jägern, der in freier Jagd den Himmel von Spitfires und Hurricanes leerfegen und den Bombern den Weg freischießen sollte.

Es war ein klarer Nachmittag. In London reckten sich die Menschen fast eine Stunde lang die Hälse aus, um den verwegenen Kampf der R.A.F.-Jäger mit den deutschen Eindringlingen zu beobachten. Die stürzenden und kurvenden Maschinen hinterließen ein immer dichter werdendes Geflecht von Kondensstreifen. Alle seit Dünkirchen möglicherweise noch vorhandenen Zweifel am Mut und der Einsatzbereitschaft des Jägerkommandos wurden ein für allemal beseitigt.

Als die zweite Bomberwelle das Londoner East End erreichte, schlugen Bader und sein Verband aus Duxford zu. Sie erhielten Verstärkung durch acht Staffeln der Gruppe 11 und 12, die sich dem Gegner frontal entgegenstellten. Die Piloten der deutschen Jagdflugzeuge, in denen die Brennstoffreserve-Warnlampen ununterbrochen aufleuchteten, mußten abdrehen, und die demoralisierten Bomberbesatzungen sahen zu, daß sie ihre Bomben loswurden, und bereiteten sich auf die Rückzugsgefechte vor. 40 Bomber gingen im Zuge der Kampfhandlungen verloren.

Bei Sonnenuntergang herrschte in Großbritannien Siegesstimmung: 185 deutsche Flugzeuge waren entsprechend den Abschußmeldungen vernichtet worden. Dies stellte sich zwar als maßlose Übertreibung heraus – die deutschen Ausfälle beliefen sich in Wirklichkeit auf ein Drittel der genannten Zahl – aber die tatsächlichen Verluste waren schwerwiegend genug, um der deutschen Luftwaffe klarzumachen, daß das britische Jägerkommando keineswegs außer Gefecht gesetzt, sondern schlagkräftiger denn je war. Die Moral der Bomberbesatzungen, die den euphemistischen Angaben über die zahlenmäßige Überlegenheit der Deutschen

Nach Bombenangriffen der Luftwaffe am 7. September 1940 bilden sich dicke Rauchwolken über dem brennenden Londoner Hafenviertel.

geglaubt hatten, hatte unter der Begegnung mit rund 300 britischen Jägern innerhalb von nur 20 Minuten schwer gelitten.

In Görings Reden war weiter viel von der in vier oder fünf Tagen bevorstehenden Vernichtung der R.A.F. zu hören. Andere deutsche Offiziere wußten es jedoch besser. Am 16. September kam die deutsche Seekriegsleitung unter Großadmiral Raeder zu dem Schluß, daß die R.A.F. keineswegs besiegt sei und man angesichts der bevorstehenden Herbststürme nicht mehr mit der ruhigen See rechnen könne, die für die Landung mit Leichtern Voraussetzung sei. Am 17. September entschloß sich Hitler, die Invasion auf unbestimmte Zeit zu verschieben.

Fast drei Monate lang setzten die Deutschen ihre Bombenangriffe auf Großbritannien fort, und den Piloten des Jägerkommandos fiel weiter die Pflicht der vordersten Verteidigung zu. Jede Nacht, wenn die Luftwarnsirenen heulten, suchten die Bewohner Londons die Schutzräume auf, und Tag für Tag kam es über dem Kanal zu Luftkämpfen. Aber Hitler und Churchill wußten, daß das britische Inselreich vor einer Invasion sicher und die Schlacht um England entschieden war.

Trotz vielfältiger Kritik hatte Dowding seine Taktik während der ganzen Zeit der Auseinandersetzung kaum geändert. Jetzt, nachdem der Kampf gewonnen war, verschärften sich die Vorwürfe, die gegen ihn laut wurden. Ähnlich wie im Falle von Dünkirchen, als er nur knapp mit heiler Haut davongekommen war, hielt man ihm vor, er hätte einen wesentlich größeren Teil seiner Kräfte in die täglichen Gefechte werfen und die R.A.F. in die Lage versetzen müssen, der Luftwaffe als ebenbürtiger Gegner entgegenzutreten. Dowdings Kritiker behaupteten, der Sieg sei knapper als nötig ausgefallen; er habe die Piloten mörderischen Gefahren ausgesetzt und die Schlacht um England fast verloren.

Dowding blieb dabei, daß der gleichzeitige Einsatz aller seiner Kräfte, die daraus resultierende Flugdichte über den südlichen Flugplätzen sowie die Überlastung der Funkfrequenzen und Bodenleitstellen zu einer vorzeitigen Niederlage geführt hätten. Darüber hinaus habe er genau wie bei Dünkirchen die Dauer der Kämpfe nicht absehen können und sich daher gezwungen gesehen, mit den Kräften des Jägerkommandos hauszuhalten. Die von Leigh-Mallory nach wie vor befürworteten „Big-Wings“ seien in der Luft weder flexibel noch kontrollierbar genug.

Die Kontroverse blieb im Grunde ungeklärt und erregte die Gemüter noch Jahre nach Kriegsende. Was Dowding betraf, fand sich allerdings sehr schnell eine Lösung. Am 16. November erhielt er einen Telephonanruf des Luftfahrtministers. „Er forderte mich auf, mein Kommando sofort niederzulegen.“ Die üblichen Höflichkeiten – zum Beispiel ein Bestätigungsschreiben mit anerkennenden Worten für seine Leistungen – blieben ihm versagt. Er könne sich nützlich machen, indem er „Verschwendungen im Dienst untersuche“, hieß es. Wenige Tage später wurde Park auf den Kommandeursposten einer Ausbildungsgruppe abgeschoben. Dowdings Nachfolger hieß Sholto Douglas, Park wurde durch Leigh-Mallory ersetzt. Eine Analyse, angeregt vor allem durch Leigh-Mallory und Bader, hatte den Stab der R.A.F. überzeugt, daß während der Schlacht um England Fehler bei der Einsatzplanung gemacht worden waren. Churchill, beeindruckt von der Art und Weise, in der Leigh-Mallory seine Staffeln im Norden geführt hatte, billigte die Veränderungen.

„Dowding und Park haben die Schlacht um England gewonnen“, schrieb der Neuseeländer und erfolgreiche Jagdflieger Al Deere, der damit entschieden Partei ergriff, im Jahre 1959, „aber das Wortgefecht, das danach folgte, das haben sie verloren.“

Bilder des Luftkriegs

Im Sommer 1940 tobte über den dichtbesiedelten Grafschaften Südostenglands die Luftschlacht um England, einer der größten Luftkämpfe der Geschichte, für die es jedoch außer den unmittelbar Beteiligten nur relativ wenige Augenzeugen gibt. Vom Boden aus waren für den Beobachter nur dünne, ineinander verwobene Kondensstreifen der Flugzeuge zu sehen.

Nicht einmal mit Hilfe von Photos konnten sich die Menschen ein Bild von den heldenhaften Kämpfen machen, die über ihren Köpfen stattfanden, denn im Gegensatz zu den meisten anderen großen Schlachten des Zweiten Weltkriegs wurde die Luftschlacht um England kaum im Bild festgehalten. Anders als den Besatzungen der Luftwaffenbomber, die manchmal Kameras auf ihren Einsätzen mitnahmen, war den R.A.F.-Piloten das Photographieren offiziell verboten. Allerdings ließ die britische Regierung, wenn keine Feindberührung zu erwarten war, manchmal Photographen mitfliegen, um einige wenige Aufnahmen – wie die hier abgebildeten – zu erhalten, die dann an die Presse weitergegeben wurden.

Einige Flugzeuge waren mit Zielkameras ausgerüstet, die automatisch mit den Waffen ausgelöst wurden und Serienaufnahmen machten. So entstanden Einzelbilder, die, wenn auch unscharf und grobkörnig, als Zeugen eines bilddokumentarisch kaum belegten Konflikts heute einmaligen Wert besitzen. Trotz ihrer im allgemeinen schlechten photographischen Qualität vermitteln die Aufnahmen einen lebendigen Eindruck von dem erregenden Geschehen in 6000 Meter Höhe, der wohl größten Bewährungsprobe der Royal Air Force.

Eine Formation Spitfires löst sich aus dem Verband und schwingt ab, um sich durch die Wolkendecke auf den nichtsahnenden Feind zu stürzen.

Bomber vom Typ Do 17 fliegen in Angriffsformation. Das kleine Photo oben links zeigt Leuchtspurgeschosse, die in eine Heinkel He 111 einschlagen.

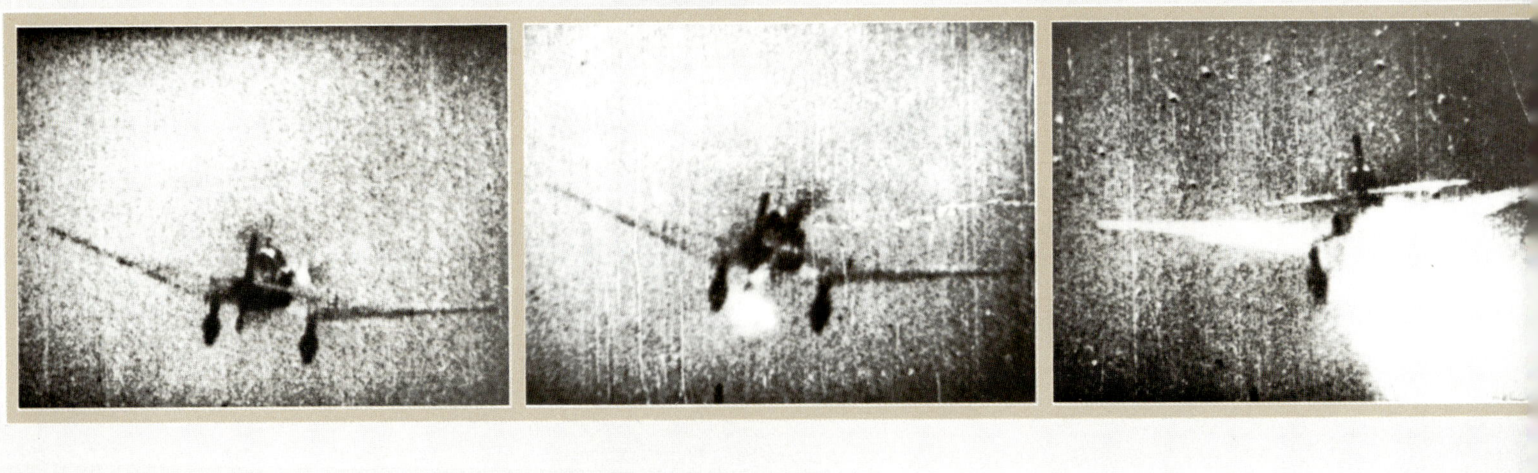

Eine abstürzende Do 17 zieht eine Rauchfahne hinter sich her. Das Photo wurde retuschiert, um die deutschen Hoheitszeichen unter den Tragflächen

deutlich hervortreten zu lassen. Die kleinen Photos links stammen aus der Zielkamera eines R.A.F.-Jägers und zeigen den Abschuß eines Stukas.

Verzweifelt versucht der Pilot einer getroffenen Spitfire, genügend Abstand zwischen sich und einen Heinkel-Bomber zu bringen, um aussteigen zu können.

3

Massive Vergeltungsschläge

In einem Brief an Lord Beaverbrook, den Minister für die Flugzeugherstellung, erklärte Churchill im Juli 1940, daß es für Großbritannien in Ermangelung von Truppen, die imstande wären, sich der deutschen Kriegsmacht auf dem Festland entgegenzustellen, nur eine Möglichkeit gäbe, Hitler zu besiegen. „Und die", schrieb er, „besteht in einem absolut verheerenden, vernichtenden Angriff auf das Heimatland der Nazis, der von diesem Lande aus mit sehr schweren Bombern geflogen werden muß. Es muß uns gelingen, Hitler auf diese Weise zu überwältigen. Sonst weiß ich nicht, wie es weitergehen soll."

Mit diesen Sätzen entschied sich Churchill für genau die Aufgabe, die Sir Hugh Trenchard beim Aufbau der Royal Air Force im Sinn gehabt und um deretwillen er sich zwischen den beiden Weltkriegen so energisch allen Versuchen widersetzt hatte, die Organisation wieder aufzulösen. Das britische Bomberkommando war allein zum Zweck der strategischen Luftkriegführung aufgestellt worden, und die Mehrheit der kommandierenden R.A.F.-Offiziere, allesamt Trenchard-Anhänger, glaubte fest, daß nur eine Bomberoffensive zum Sieg führen könne. Sie warteten nur auf die Gelegenheit, diesen Auftrag zu erfüllen.

Es war ein schwieriger und langwieriger Prozeß. Zum einen wartete die R.A.F. im Sommer 1940 noch auf die schweren Bomber, mit denen sie entsprechend der Vorstellung des Premierministers zum Schlag gegen das nationalsozialistische Deutschland ausholen sollte. Zum anderen wurden die Besatzungen und Flugzeuge, die dem Bomberkommando bereits zur Verfügung standen, zunächst für andere, dringendere Einsätze gebraucht, von denen das Überleben des Landes abhing, bevor eine strategische Offensive überhaupt in Frage kam. Darüber hinaus herrschte Unsicherheit über die Art der Ziele, die die Bomber angreifen sollten, und es ging viel Zeit mit Debatten verloren. Als das Bomberkommando schließlich den Auftrag erhielt, den Krieg nach Deutschland hineinzutragen, zeigte sich, daß es eine grundlegende Voraussetzung nicht erfüllte: Treffsicherheit.

Das Bomberkommando war in der Lage, sein anfängliches Versagen durch spätere Leistungen wettzumachen. Es verdankte dies zum Teil dem technischen Fortschritt, zum Teil dem Mut und der Einsatzbereitschaft seines Personals und zum Teil einem seiner Oberbefehlshaber, Arthur Harris, einem Mann, der bereit war, alles aufs Spiel zu setzen und strategisch unbedeutende, aber effektvolle Operationen anzuordnen, um eine Wende des Kriegsgeschehens herbeizuführen. Unter seinem Kommando sollte die britische Bomberwaffe beweisen, daß Trenchard mit seiner Vision recht gehabt hatte und daß das Bomberkommando in der Lage war, eine Offensive von durchschlagender Wirksamkeit auszuführen. Doch bevor es diesen Erfolg aufweisen konnte, sollte der Fortbestand des Bomberkommandos so ernsthaft in Frage gestellt werden, daß sogar Churchill Zweifel hegte, ob es zu etwas anderem imstande war, als den Feind zu irritieren – und das auch nur auf Kosten zahlreicher eigener Verluste.

Vor dem Start zu einem Nachteinsatz über Deutschland geht die Besatzung eines Stirling-Bombers die Kontrollen durch. Während der Pilot vorn im Cockpit die Motoren anläßt, fährt der Bombenschütze, der beim Start die Aufgaben des Copiloten übernahm, die Klappen aus. Der Beobachter (links) sieht sich noch einmal die Flugstrecke an, und der Bordingenieur (Vordergrund) überprüft die elektrischen Anlagen.

Kurz nachdem Churchill den oben erwähnten Brief an Lord Beaverbrook geschrieben hatte, versuchte die deutsche Luftwaffe, die Luftherrschaft über England zu erringen, um der Invasionstruppe, die in Frankreich zusammengezogen wurde, den Weg zu bahnen. Während das britische Jägerkommando sich bemühte, die Deutschen in der Luft zu besiegen, mußte das Bomberkommando von strategischen Operationen absehen und statt dessen die jenseits des Ärmelkanals aufmarschierten Heeresverbände bombardieren sowie Ziele innerhalb Deutschlands angreifen, die geeignet waren, den Fortgang der Invasionsvorbereitungen zu stören. Für einen derartigen Einsatz erhielt Flight Lieutenant Roderick Learoyd das Viktoriakreuz – eines der ersten von 22, die während des Krieges an Piloten des Bomberkommandos vergeben wurden –, als es ihm gelang, aus der selbstmörderischen Höhe von knapp 50 Metern eine Kanalbrücke am Dortmund-Ems-Kanal zu zerstören. Die Räumung der Wasserstraße dauerte zehn Tage und warf die Deutschen, die dabei waren, Boote und Leichter in die Invasionshäfen zu verlegen, erheblich zurück.

Dennoch schien ein deutscher Angriff auf dem Seewege unabwendbar. Am 7. September wurde die Alarmstufe 1 ausgelöst: „Invasion unmittelbar bevorstehend, wahrscheinlich innerhalb der nächsten 12 Stunden." Die Befürchtungen waren berechtigt: Noch ließ sich nicht absehen, ob das Jägerkommando die Luftwaffe zurückdrängen konnte, und in den Häfen an

Alle 56 Angehörigen einer R.A.F.-Staffel, die den schweren Stirling-Bomber im Hintergrund flogen oder warteten, haben, nach Aufgabengebieten getrennt, auf dem Flugfeld Aufstellung genommen. Hinter der achtköpfigen Besatzung des Bombers stehen die 48 Angehörigen des Bodenpersonals, einschließlich einer WAAF-Fallschirmpackerin (dritte Reihe, Mitte). Hinter dem Bombentransportkarren befinden sich der Waffenwart und seine zehn Helfer.

der französischen Kanalküste lagen bereits über tausend Schiffe bereit, um die deutschen Truppen an das englische Ufer zu bringen.

Um die Gefahr abzuwenden, wurden alle Maschinen des Bomberkommandos für Angriffe auf die Invasionsflotte eingesetzt. Nacht für Nacht tauchten die britischen Bomber über den Aufmarschgebieten der Landungstruppen an der französischen Küste westlich von Dünkirchen auf. Ein Pilot berichtete später von dem Eindruck, daß „die Nächte nicht ausreichten, um so viele Einsätze zu fliegen, wie wir wollten – die Zeit drängte, das fühlten wir". Ein anderer Pilot, Flying Officer R. S. Gilmour, beschrieb die Szenerie, die sich ihm beim Blick aus dem Fenster seines Cockpits bot: „Die Hafenanlagen von Calais standen in Flammen. Dasselbe galt für die Uferlinie von Boulogne, und das grelle Licht strahlte kilometerweit. Die ganze französische Küste wirkte wie ein Feuerball, unterbrochen nur hier und da durch das gleißende Aufblitzen explodierender Bomben."

Den konzentrierten Bombenangriffen fielen innerhalb von zwei Wochen etwa zwölf Prozent der Invasionsflotte zum Opfer. „Die äußerst schweren Bombenangriffe", hieß es in einem Bericht des deutschen Marinestabes vom 18. September, „machen es notwendig, die bereits zusammengezogenen Marine- und Transportfahrzeuge aufzulockern und die Verlegung weiterer Schiffe in die Invasionshäfen zunächst einzustellen."

Mit der Zeit schwand die Gefahr der Invasion über den Kanal, einer Operation, die ungeheure Kraftanstrengungen verlangte, vor allem nach der Zerstörung eines Teils der Wasserfahrzeuge. Und als die Bedrohung nachließ, erhielt der Stab der R.A.F. endlich die Möglichkeit, das Bomberkommando offensiv einzusetzen.

Aber nun kam es zu Meinungsverschiedenheiten. Es gab so viele Einsatzmöglichkeiten für strategische Bomber gegen die Deutschen und so wenig Mittel zu ihrer Durchführung, daß die Ansichten über die Art der Offensive weit auseinandergingen. Die Mehrzahl der kommandierenden R.A.F.-Offiziere befürwortete Angriffe auf bestimmte industrielle Ziele, vornehmlich im Ruhrgebiet. Andererseits gingen schon seit Wochen Bomben der Luftwaffe auf London nieder; Churchills Regierung stand unter starkem Druck, als Vergeltungsmaßnahme für die Not, die die Londoner litten, Flächenangriffe auf deutsche Städte anzuordnen. „Von allen Seiten", erklärte Churchill vor dem Unterhaus, „ertönt der Ruf: Wir halten durch. Aber gleichzeitig ertönt auch der Ruf: Zahlt es ihnen zurück!" Am Ende einigte man sich auf einen Kompromiß: Das Bomberkommando sollte bestimmte Industrieziele bombardieren, die in dichtbevölkerten Gebieten lagen, so daß die Angriffe, selbst wenn die Besatzungen ihre Ziele verfehlten, „den Feind Wirkung und Schwere von Luftangriffen spüren ließen" und die Moral der deutschen Bevölkerung schwächten.

Kurz nachdem dieser Beschluß gefaßt war, wurde Newall von Air Chief Marshal Sir Charles Portal als Stabschef der R.A.F. abgelöst. Auf Portals Posten im Bomberkommando rückte Air Marshal Sir Richard Peirse nach, dem die Aufgabe zufiel, den gerade gefundenen Kompromiß durch Angriffe auf Berlin, Essen, München und Köln in die Tat umzusetzen. Den Besatzungen wurde ein Industrieziel genannt, das sie anfliegen sollten. Wenn sie ihr Primärziel nicht finden konnten, sollten sie sich „offensichtliche militärische Objekte" suchen und ihre Bomben über ihnen ausklinken.

In Deutschland herrschte höchst unfreundliches Winterwetter. Die Angriffe blieben sporadisch und, soweit Wolken die Ziele verdeckten, unwirksam. Bei besserem Wetter glaubten Portal und Peirse jedoch, Luftoffensiven von demoralisierender Wirkung auf die Bevölkerung durchführen zu können. In der Nacht vom 16. auf den 17. Dezember 1940 bekam das Bomberkommando seine erste Chance. Ziel des Angriffes war

Mannheim, weil dort Dieseltriebwerke für U-Boote hergestellt wurden. Ein Wellington-Verband markierte das Ziel mit Brandbomben. Ihm folgten über 100 Bomber, die die Innenstadt als brennendes Inferno zurückließen.

Die Genugtuung war groß – die Bestürzung, die ihr folgte, ebenfalls. Luftbilder, die von Aufklärern gemacht worden waren, zeigten, daß ein Großteil der Bomben das Ziel weit verfehlt hatte; einige waren sogar auf der anderen Seite des Rheins in Ludwigshafen niedergegangen. Peirse sah die Ursache des Versagens in den Einsatzbefehlen; man hatte sich seiner Ansicht nach zu sehr auf die Präzision der Zielmarkierung verlassen. Die Vorwürfe waren kaum abgeklungen, als Spitfires des Bildaufklärungsverbandes mit Aufnahmen von den Raffinerien in Gelsenkirchen zurückkehrten, die dem Stolz des Bomberkommandos einen zweiten Schlag versetzten. Im Zielgebiet, auf das in den vorausgegangenen Monaten rund 300 Einsätze geflogen worden waren, war nur eine Handvoll Bombenkrater zu sehen.

In der Hoffnung, die niederschmetternden Beweise, die die Photos aus Mannheim und Gelsenkirchen lieferten, widerlegen zu können, bestand Peirse darauf, daß alle Bomber mit Kameras und Leuchtbomben ausgerüstet wurden. Wenn die Kameras in dem Moment, in dem die Bomben explodierten, ausgelöst wurden, erhielt man Nachtaufnahmen, anhand derer sich ein für allemal klären ließ, ob die Bomben ihr Ziel gefunden hatten. Unglücklicherweise gab es mehr Bombenflugzeuge als Kameras, so daß die Frage der Treffsicherheit unbeantwortet blieb.

Am 18. Dezember neigte sich die Waagschale leicht zugunsten des Bomberkommandos. Aus einem Bericht des Nachrichtendienstes ging hervor, daß sich die Produktivität der Hydrieranlagen zur Herstellung von Treibstoff in Deutschland infolge von Bombentreffern um 15 Prozent verringert hatte. Mit dieser Zahl konnte Portal die Stabschefs zu einer vorübergehenden Abkehr von dem noch nicht einmal drei Monate zuvor erzielten Kompromiß bewegen. Am 7. Januar 1941 schlugen sie dem Kriegskabinett vor, daß „das Primärziel unserer Bomberverbände in den kommenden sechs Wochen die Zerstörung der deutschen Hydrieranlagen sein sollte", von denen die meisten in dünnbesiedelten Gebieten lagen.

Bevor die Offensive voll anlaufen konnte, wurde das Bomberkommando aufgefordert, bei der Abwehr einer weiteren ernsten Bedrohung Englands durch die Deutschen Hilfe zu leisten.

Als Gegenmaßnahme gegen die steigenden britischen Verluste auf See verlangte die Admiralität immer nachdrücklicher Luftangriffe auf U-Boot-Basen in Frankreich und Schiffswerften in Deutschland. So kam es, daß sich das Bomberkommando in den ersten Wochen des Jahres 1941 zunehmend auf Seeziele konzentrierte und seine Blenheim-Bomber, zu bewaffneten Aufklärern umfunktioniert, über der Nordsee einsetzte. Am 6. März 1941, nachdem Churchill erklärt hatte, „der Krieg im Atlantik hat begonnen", mußte das Bomberkommando über die Hälfte seiner Maschinen für den entscheidenden Seekrieg abstellen. Die übrigen sollten von Angriffen auf die Treibstoffproduktionsanlagen in Deutschland vorerst absehen und sich statt dessen verstärkt Häfen und Schiffswerften zuwenden.

Die U-Boot-Gefahr – „das einzige", wie Churchill später erklärte, „was mir in den Jahren des Krieges wirklich Angst gemacht hat" – hatte sich bis zum Frühjahr 1940 in Grenzen gehalten. Man ging davon aus, daß das Küstenkommando der R.A.F. in Anbetracht seines weitgehend veralteten Geräts mit den U-Booten recht gut fertig geworden war. Bei Kriegsausbruch standen dem Küstenkommando 265 Flugzeuge zur Verfügung, darunter allerdings vorwiegend langsame Avro Ansons oder „Faithful Annies" (treue Annies), wie sie wegen ihrer Zuverlässigkeit genannt wurden. Dazu kamen

Der mit einem zwei Tonnen schweren, ringförmigen Elektromagneten ausgerüstete Wellington-Bomber, der zur Räumung der Schiffahrtsstraßen eingesetzt wurde, bringt eine deutsche Mine mit Magnetzünder zur Explosion. Bei ihren Einsätzen mußten die „fliegenden Magneten" dicht über der Wasseroberfläche bleiben, durften andererseits aber eine bestimmte Mindestflughöhe nicht unterschreiten, weil sie sonst Gefahr liefen, bei der Explosion der von ihnen selbst gezündeten Minen beschädigt zu werden.

noch einige wenige Lockheed Hudsons und Flugboote vom Typ Short Sunderland. Unbewaffnete Schulmaschinen vom Typ Tiger Moth flogen die sogenannten „Scarecrow"-Patrouillen – mit denen U-Boote am Auftauchen und Aufladen der Batterien gehindert werden sollten. An Torpedobombern besaß das Küstenkommando die vollkommen veralteten Vildebeests, die allerdings nach und nach durch schnellere Beauforts ersetzt wurden.

Zu all dem kam erschwerend hinzu, daß das Küstenkommando bei Ausbruch des Krieges keine Bomben von ausreichender Wirksamkeit besaß, um ein Unterseeboot zu versenken. Die 45-kg-Bomben der Ansons – euphemistisch als A/S-, Anti-Submarine-Waffen, bezeichnet – konnten ein U-Boot unmöglich außer Gefecht setzen, nicht einmal bei Volltreffern, wie sich zweifelsfrei erwies, als eine Anson irrtümlich das britische Unterseeboot *Snapper* bombardierte. Die Bombe schlug direkt am Turm ein – und zerstörte vier Glühbirnen in der Operationszentrale. Etwas besser sah es mit den 110-kg-Bomben der Sunderlands aus, aber auch nur, wenn sie nicht weiter als zwei Meter vom Rumpf eines U-Bootes entfernt explodierten.

Dessen ungeachtet gelang es dem Küstenkommando in Zusammenarbeit mit der britischen Marine, die U-Boote und Überwasserschiffe der deutschen Flotte bis zum Frühjahr 1940 in Schach zu halten. Auch die Räumung von Magnetminen, die die Deutschen Ende 1939 entlang der Küstenschiffahrtswege zu legen begonnen hatten, fiel mit in den Aufgabenbereich des Küstenkommandos, das dafür eine Spezialeinheit aufgestellt hatte. Die Einheit flog Wellingtons, unter deren Rumpf ein riesiger Magnetring befestigt war, der die Zünder der Minen beim Überfliegen auslöste.

Die Lage änderte sich, als die Deutschen im Frühjahr 1940 in Norwegen einmarschierten und Frankreich, Belgien und die Niederlande überrannten. Sie beherrschten damit die gesamte Nordsee- und Atlantikküste von

Norwegen bis zur spanischen Grenze. Die britischen See- und Luftstreitkräfte, die zum Schutz der Versorgungswege abgestellt werden konnten, waren gefährlich überfordert, denn von ihren französischen Stützpunkten am Atlantik konnten die Deutschen sämtliche Schiffahrtswege nach Großbritannien kontrollieren. Sie setzten dazu nicht nur Untersee- und Schnellboote (mit Torpedos ausgerüstete, kleine Kriegsschiffe von 39 Knoten Geschwindigkeit) ein, sondern auch das Focke-Wulf-Langstreckenflugzeug Condor. Die Fw 200 hatte eine Reichweite von knapp 3000 Kilometern und konnte dadurch Schiffe angreifen, die sich noch außerhalb der Zone befanden, die von den an der britischen Küste stationierten Flugzeugen überwacht wurde; außerdem konnte sie Geleitzüge aufspüren, deren Positionen sie an U-Boote weitermeldete.

Es sollte jedoch noch schlimmer kommen. Im November 1940 verließ das Panzerschiff *Admiral Scheer* die Nordsee und lief in den Atlantik ein. Ihm folgten im Dezember der Schwere Kreuzer *Admiral Hipper* und im Januar die Schlachtschiffe *Scharnhorst* und *Gneisenau*. Alle vier brachen bei schlechtem Wetter und im Schutz der Nacht zwischen Norwegen und den Shetland-Inseln durch. In den folgenden sieben Wochen versenkten die beiden Schlachtschiffe 27 Schiffe, die *Admiral Hipper* vernichtete sieben von 19 Schiffen eines Geleitzuges, der sich auf dem Heimweg von Westafrika befand. Zwischen Juni 1940 und März 1941 verlor Großbritannien rund vier Millionen Bruttoregistertonnen Schiffsraum, was Churchills Besorgnis mehr als bestätigte. Die größte Gefahr aber lag darin, daß die neue *Bismarck*, eines der größten und stärksten Schlachtschiffe der Welt, ihre Erprobungsfahrten in der Ostsee beendet hatte. Hitler erwartete, England aushungern und innerhalb von 60 Tagen zur Aufgabe zwingen zu können, wenn dieses neue Schiff zu den beiden anderen im Nordatlantik stieß. Die Briten hatten keine andere Wahl, als diese Schiffe auszuschalten.

Die erste Gelegenheit bot sich, als die *Scharnhorst* in Begleitung der *Gneisenau* in den französischen Hafen Brest einlief, um Reparaturarbeiten ausführen zu lassen. Britische Aufklärer entdeckten die beiden Schlachtschiffe dort am 28. März 1941. In der ersten Aprilwoche griff das Bomberkommando die Schiffe mit insgesamt 200 Flugzeugen an; ihnen gelang aufgrund der Luftabwehr nicht ein einziger Treffer. Allerdings war eine 110-kg-Bombe neben der *Gneisenau* niedergegangen, ohne zu explodieren. Die Deutschen verlegten das Schlachtschiff aus dem Trockendock in den Hafen, um es bei der Entschärfung des Blindgängers nicht zu gefährden. In dieser Position wurde die *Gneisenau* von einer Spitfire gesichtet, die sich auf einem Aufklärungsflug befand. Am Morgen des 6. April konnte sich ein junger Pilot des Küstenkommandos mit seiner Beaufort im wütenden Abwehrfeuer von 1000 Küsten- und Schiffskanonen gerade so lange halten, bis er einen Torpedotreffer am Heck der *Gneisenau* unterhalb der Wasserlinie erzielte und die Schraubenwelle auf der Steuerbordseite beschädigte. Danach stürzte die Beaufort in das Hafenbecken; der 24jährige Kenneth Campbell erhielt postum das Viktoriakreuz.

In den darauffolgenden Nächten gelang es britischen Bombern endlich, die *Gneisenau* mit vier Bomben zu belegen, die schwere Schäden an einem Geschützturm sowie der Feuerleit- und Schadensmeldezentrale hinterließen. Das Schlachtschiff wurde für fast ein Jahr außer Betrieb gesetzt. Obwohl die *Scharnhorst* unbeschädigt blieb, verzögerten Bombeneinschläge in den Docks ihre Überholung um entscheidende Wochen.

Das nächste Ziel war die *Bismarck*. Sie stach am 18. Mai in See und wurde von einer Spitfire bei einem Aufklärungsflug gesichtet, als sie versteckt in einem Fjord vor dem norwegischen Bergen lag. Nach einem Gefecht mit britischen Schlachtschiffen in der Dänemarkstraße, bei dem der Schlacht-

Halifax-Bomber greifen im Dezember 1941 die deutschen Schlachtschiffe „Scharnhorst" und „Gneisenau" an, die zur Reparatur im Trockendock des französischen Hafens Brest liegen. Mit mehr als tausend Einsatzflügen versuchte das Bomberkommando der R.A.F., die beiden Schlachtschiffe, die 22 alliierte Schiffe versenkt oder gekapert hatten, im Hafen festzuhalten.

kreuzer *Hood* versenkt wurde, gelang ihr am 24. Mai der Durchbruch in den Nordatlantik. Aber auch die *Bismarck* war bei dem Gefecht beschädigt worden und mußte einen Hafen ansteuern. Sie schüttelte ihre Verfolger ab und schien entkommen zu sein, als sie von einem Aufklärer des Küstenkommandos auf dem Weg nach Saint-Nazaire erfaßt wurde. Mehrere Swordfish, die von dem britischen Flugzeugträger *Ark Royal* gestartet wurden, erzielten am 26. Mai einen Torpedotreffer, durch den sich das Ruder der *Bismarck* verklemmte. Versuche, den Schaden über Nacht zu beheben, schlugen fehl, so daß das Schiff am nächsten Morgen, als die britischen Schlachtschiffe *King George V* und *Rodney* aus dem Nordwesten herbeieilten, manövrierunfähig umhertrieb. Kurz vor 9 Uhr eröffneten die Schlachtschiffe das Feuer. Kurze Zeit später erhielten sie Verstärkung durch zwei weitere britische Kriegsschiffe. Sie kamen bis auf etwa drei Kilometer heran und jagten eine Salve nach der anderen in das deutsche Schlachtschiff. Die *Bismarck* hielt dem Feuer nicht stand und sank etwa 90 Minuten nach dem ersten Schuß.

Keine drei Wochen später berichtete der Nachrichtendienst, das deutsche Panzerschiff *Lützow* habe die Kieler Bucht verlassen und laufe durch die Ostsee auf den schützenden Trondheimfjord zu. Am 12. Juni kurz vor Mitternacht startete in Schottland ein Einsatzverband von 14 mit Torpedos ausgerüsteten Beauforts des Küstenkommandos, um die Suche aufzunehmen. Ein Regenschauer jagte den anderen, so daß in der tiefliegenden Wolkendecke die Flugzeuge den Kontakt zueinander verloren. Flight

Sergeant R. H. Loveitt entdeckte die mondbeschienene *Lützow* zufällig durch ein Wolkenloch. Obwohl er allein war, griff er das Schiff an, indem er knapp über das Heck eines Begleitzerstörers anflog und seinen Torpedo mit tödlicher Genauigkeit abwarf. Schwer getroffen, schlug sich die *Lützow* nach Kiel durch, wo sie sechs Monate im Trockendock bleiben mußte. In den rund zwei Monaten, die seit den Angriffen auf die *Gneisenau* vergangen waren, waren vier schwere deutsche Kriegsschiffe versenkt oder kampfunfähig gemacht worden.

Im zweiten Halbjahr 1941 führte das Bomberkommando einen mörderischen Krieg gegen die feindlichen Schiffe. Die Ziele waren Geleitzüge, die von Norwegen Eisenerz nach Hamburg, von Spanien Öl nach Frankreich und Deutschland oder von Hamburg Versorgungsgüter für die Besatzungstruppen nach Belgien und Frankreich brachten.

Da die Schiffe dicht unter Land fuhren, waren die angreifenden Blenheims meist stärkstem Abwehrfeuer ausgesetzt, und zwar nicht nur von den Geleitzügen, sondern auch von Flakschiffen, Küstenbatterien und Jägern. Sie erlitten überaus hohe Verluste. Die Piloten flogen bei den Tiefangriffen praktisch direkt in die Geschützmündungen hinein, und es kam vor, daß ihre Propeller das Wasser berührten und sie mit verbogenen Spitzen heimkehrten. In der Regel gab der Pilot, der seine Blenheim über die Wellenkämme steuerte, das Kommando „Jetzt". Wenn der Beobachter daraufhin die 110-kg-Bombe ausgeklinkt hatte, war es meist höchste Zeit, die Maschine hochzuziehen, damit sie nicht mit den Masten des angegriffenen Schiffes kollidierte. Auf dem Rückweg blieb dem Piloten oft nichts anderes übrig, als im Zickzackkurs zwischen den Schiffen des Geleitzuges hindurchzukurven, um eine Lücke im Sperrfeuer der Luftabwehr zu finden, durch die er entkommen konnte.

So manche Blenheim stürzte durch Wasserberührung in die See; andere schafften es nicht, früh genug hochzuziehen, und kollidierten mit den Schiffen. Ein Pilot kehrte völlig entnervt zu seiner Einheit zurück, nachdem er durch die Masten eines deutschen Schiffes hindurchgeflogen war. Sein Beobachter war tot, zerschmettert von einem Mast, der die durchsichtige Kunststoff-Bugkanzel seines Flugzeugs aufgerissen hatte. Innerhalb nur eines Monats verlor das Bomberkommando 23 der 77 Blenheims, die zu den Angriffen auf Seeziele eingesetzt waren. Die Verluste waren so hoch, daß die Blenheim-Staffeln durchschnittlich alle zwei Wochen zur Auffrischung aus dem Einsatz genommen werden mußten.

Manche konnten die Belastung einfach nicht verkraften, beispielsweise ein erfahrener Pilot, der zusehen mußte, wie die neben ihm fliegende Maschine im Feuerhagel der Flugabwehr verschwand. Wie erstarrt saß er am Steuer und kreiste sinnlos um das Ziel, unfähig, die Maschine anzudrücken. Obwohl er schließlich wieder zu sich kam und zurückflog, nahm er nie wieder an einem Einsatz teil.

Nichtsdestoweniger versenkten Blenheims des Bomberkommandos und Beauforts des Küstenkommandos bis Ende 1941 deutsche Handelsschiffe mit insgesamt rund 75 000 Bruttoregistertonnen. Durch die 675 Kilogramm schweren Luftminen, die Hampdens des Bomberkommandos mit Fallschirmen über den feindlichen Schiffahrtsrouten abwarfen, gingen weitere 135 000 Bruttoregistertonnen Schiffsraum verloren. Die Deutschen sahen sich gezwungen, immer mehr Personal und Material zur Räumung der Minen einzusetzen und in die Schiffswerften zu Bau- und Reparaturarbeiten abzustellen. Allmählich wendete sich das Blatt zugunsten der Engländer. Die Verluste der Alliierten, die im April 1941 mit 664 000 Bruttoregistertonnen Schiffsraum einen erschreckenden Höhepunkt erreicht hatten, gingen zurück. Im Juli beliefen sie sich nur noch auf 121 000 Bruttoregistertonnen.

Zum Erfolg der Briten trugen mehrere Faktoren bei, darunter vor allem die Verstärkung des Küstenkommandos, dessen Flugzeugflotte sich in den anderthalb Jahren seit Kriegsbeginn mehr als verdoppelt hatte. Es bekam außer den Staffeln des Bomberkommandos auch Lockheed Hudsons, die von Neufundland nach England überführt wurden, sowie neue zweimotorige Beaufighters – schnelle, robuste Maschinen mit einer Reichweite von über 2000 Kilometern. Im Juni 1941 stellte das Küstenkommando seine erste B-24 Liberator in Dienst, einen viermotorigen Bomber aus Amerika, dessen Aktionsradius von rund 3800 Kilometern fast zweimal so groß war wie der der anderen alliierten Suchflugzeuge. Gleichzeitig verbesserte das Küstenkommando den Luftschirm über den Geleitzügen durch den Einsatz der neuen CAM-Schiffe *(S. 92–93)*, Handelsschiffe, die eine Hurricane und ein Startkatapult mitführten und eine dringend benötigte Gegenwaffe gegen die deutsche Focke-Wulf Condor darstellten.

Eine weitere Verbesserung des Luftschirms erfolgte 1941 durch die Stationierung von Langstreckenflugzeugen auf isländischen Flugplätzen. Mit ihrer Landung in Reykjavik waren britische Truppen im März 1940 den Deutschen zuvorgekommen; im Frühjahr 1941 wurden drei Staffeln des Küstenkommandos dorthin verlegt, um regelmäßige Aufklärungsflüge im Osten Islands und in der nördlich gelegenen Dänemarkstraße zu gewährleisten. Von dort aus wurde auch das erste deutsche U-Boot dieses Krieges durch ein Flugzeug aufgebracht, und zwar durch eine Hudson der 269. Staffel. Am 27. August 1941 sichtete die Besatzung der Hudson *U 570*, als es auftauchte, und belegte es mit Wasserbomben, bevor es wegtauchen konnte. Als sich die Wasseroberfläche beruhigte, lag *U 570* an der Oberfläche. Auf dem Deck standen mehrere Besatzungsmitglieder, die in Ermangelung einer weißen Fahne ihre Oberhemden schwenkten. Mehrere

Von zwei Sunderland-Flugbooten an der Wasseroberfläche überrascht und angegriffen, treibt ein beschädigtes deutsches Unterseeboot hilflos im Nordatlantik. Die Sunderlands hatten das U-Boot wie üblich in die Zange genommen und auf beiden Seiten mit Wasserbomben belegt, um möglichst sicher zum Treffer zu kommen.

Aufklärungsflugzeuge wechselten sich mit der Bewachung des U-Boots ab, bis ein britischer Zerstörer kam und es in Schlepp nahm.

Durch die größere Zahl und verbesserte Leistungsfähigkeit der Flugzeuge, die darüber hinaus genauere Radargeräte zur Seeüberwachung an Bord hatten, sahen sich die U-Boote gezwungen, weiter draußen im Atlantik zu operieren. Dort aber bekamen sie keine Aufklärungshilfe durch die Focke-Wulf Condor mehr, die die U-Boote dichter unter Land zu einer so gefürchteten Waffe gemacht hatten. Im September 1941 beklagte sich der Befehlshaber der deutschen U-Boote, Admiral Karl Dönitz, bei Hitler über „die großen Schwierigkeiten, verursacht durch den äußerst starken angloamerikanischen Geleitschutz und die ausgedehnte Luftüberwachung des Feindes“. Der Seekrieg war zwar keineswegs beendet, aber Hitlers ehrgeiziger Plan, den Engländern die Versorgungswege abzuschneiden und sie 1941 in die Knie zu zwingen, war gescheitert.

Das Bomberkommando erhielt jetzt Gelegenheit, seinen strategischen Luftkrieg gegen Ziele in Deutschland wiederaufzunehmen, wenn auch nicht auf Hydrieranlagen. Im Winter und Frühjahr 1941 hatte Hitler seine Versorgungsbasis vergrößert, indem er Truppen in die Balkanländer und nach Griechenland verlegte. Im Juni starteten die Deutschen einen massiven Überraschungsangriff auf die Sowjetunion. Diese Entwicklungen verlangten äußerste Anstrengungen im deutschen Transportwesen. Daher kamen die Engländer zu dem Schluß, daß Angriffe auf Transporteinrichtungen, insbesondere das Eisenbahnnetz, Hitlers Kriegsmaschinerie schwächen oder gar lähmen könnten.

Da die wichtigsten Eisenbahnknotenpunkte zum Teil in dichtbesiedelten Industriegebieten lagen, konnten sich die Engländer erneut die Ziele nach dem Grad ihrer psychologischen und militärischen Wirksamkeit aussuchen. Auf diese Weise wurde der Kompromiß wieder aufgegriffen, von dem man Abstand genommen hatte, als sich das Bomberkommando für Hydrieranlagen als Primärziele entschied. „Unsere derzeitige Politik“, hieß es in einem Bericht der Stabschefs vom Juni 1941, „besteht darin, sich auf Ziele zu konzentrieren, deren Bekämpfung sowohl das deutsche Transportwesen als auch die Moral der Zivilbevölkerung beeinträchtigt.“ Die doppelte Stoßrichtung des Kampfes, lautete es weiter in dem Bericht, gewährleiste, daß „das ganze Fundament, das die deutschen Streitkräfte trägt, zerstört werden wird, das Wirtschaftssystem, die Produktions- und Vernichtungsmaschinerie, die Moral des Volkes“.

Dem Bomberkommando standen mittlerweile drei neue schwere Bomber zur Verfügung – die viermotorige Short Stirling und Handley Page Halifax, beide mit einer Bombenzuladung von bis zu vier Tonnen, und die etwas kleinere zweimotorige Avro Manchester.

In etwa dieselbe Zeit, in der die neuen Maschinen in Dienst gestellt wurden, fielen die ersten ernsthaften Versuche, die Treffgenauigkeit beim Bombenabwurf zu überprüfen. Ein großer Teil der Flugzeuge wurde mit Kameras und Leuchtbomben ausgerüstet, um Nachtaufnahmen von Treffern – oder Fehlwürfen – zu machen. David Bensusan-Butt, ein Mitglied des Sekretariats des Kriegskabinetts, erhielt den Auftrag, rund 600 Photos auszuwerten, die bei Angriffen auf das Eisenbahnnetz und andere Ziele in den Monaten Juni und Juli entstanden waren. Am 18. August erschien der Butt-Report, und seine Enthüllungen grenzten an einen Skandal. Nur etwa ein Viertel der als getroffen gemeldeten Ziele waren tatsächlich getroffen worden. Im Ruhrgebiet, dem Zentrum der neuen, gegen das deutsche Eisenbahnnetz eingeleiteten Offensive, war nur etwa jede zehnte Bombe in einem Umkreis von zehn Kilometern um ihr Ziel eingeschlagen.

Ein Flug ohne Wiederkehr

Nicht anders als ein verirrter Landvogel, der sich auf ein Stück Holz im Ozean gerettet hat, wirkt eine Hurricane der R.A.F. auf einem Katapult über dem Deck eines Frachters, nämlich irgendwie fehl am Platze. Dennoch erwiesen sich die Sea Hurricanes – oder Hurricats – zwei Jahre lang als wirksame Waffe gegen den viermotorigen Fernaufklärer und Behelfsbomber Focke-Wulf Condor, mit dem die Luftwaffe die Handelsschiffe bedrohte, von deren Durchkommen das Überleben Englands abhing.

Zum Schutz der Handelsschiffe fuhren seit 1941 bei den Geleitzügen sogenannte Catapult-Aircraft-Merchant- oder CAM-Schiffe

Mit Hilfe von 7,5-cm-Startraketen wird eine Hurricat der

mit, Frachter, die mit einem etwa 23 Meter langen Katapult und einem Flugzeug ausgerüstet waren. Da die Maschinen nicht auf dem Schiff landen konnten, mußte der Pilot nach dem Einsatz mit seiner Hurricat auf dem Wasser aufsetzen oder mit dem Fallschirm aussteigen. Wenn alles gut ging, hielt er sich in einem aufblasbaren Rettungsschlauchboot so lange über Wasser, bis ihn ein Schiff des Geleitzuges aufnahm.

Die CAM-Schiffe waren von Anfang an ein Erfolg. Als sie durch neue Geleitflugzeugträger abgelöst wurden, hatten die Hurricats sieben Feindflugzeuge abgeschossen und viele andere zum Abdrehen gezwungen.

R.A.F. vom Bug eines CAM-Schiffes katapultiert.

Der Butt-Report schien das Bomberkommando in seiner Existenz in Frage zu stellen. Nichts rechtfertigte den Aufwand an Personal und Material, wenn bei den Angriffen die Ziele verfehlt wurden. Wie zu erwarten, focht der Chef des Bomberkommandos, Sir Richard Peirse, den Bericht an: Die Zahl der Stichproben reiche nicht aus; das Wetter sei ungewöhnlich schlecht gewesen; die Photos hätten unerfahrene Besatzungen gemacht. Churchill hingegen sah durch den Bericht lediglich die Zweifel bestätigt, die seit der Auswertung der Photos von Mannheim und Gelsenkirchen gehegt wurden. „Wir alle hoffen, daß die Luftoffensive gegen Deutschland die Erwartungen des R.A.F.-Stabes erfüllt", schrieb er am 7. Oktober. Aber, so fügte er hinzu, „ich lehne es ab, übertriebene Hoffnungen in diese Art des Angriffs zu setzen". Dem Stabschef der R.A.F., Portal, ließ er eine Note zukommen, die jenem – einem Trenchard-Anhänger, der davon überzeugt war, daß der Schlüssel zum Sieg im strategischen Luftkrieg lag – wie Ketzerei erschienen sein muß: „Es ist äußerst fraglich, ob Bombardements als solche im derzeitigen Krieg eine entscheidende Rolle spielen werden. Wir können äußerstenfalls davon ausgehen, daß sie eine schwere und, wie ich sicher annehme, in ernst zu nehmendem Maße wachsende Beeinträchtigung darstellen werden."

Peirse protestierte zu Unrecht, denn die Angaben des Butt-Reports trafen zu. Das Bomberkommando fand seine Ziele nur selten – und traf sie noch seltener. Das Problem lag in der Navigation. Die Bomberbesatzungen waren bei ihren Nachteinsätzen, die über lange Strecken führten, auf Navigationsverfahren angewiesen, die sich eher für kurze Überlandflüge bei Tag eigneten. Zwar standen Sender auf englischem Boden, die zur Standortbestimmung angepeilt werden konnten, aber ihre Reichweite betrug nur etwa 300 Kilometer. Jenseits dieses Bereiches war der Navigator mehr oder minder auf Koppelnavigation angewiesen, das heißt, er errechnete den Kurs aus Kompaßablesungen und Fluggeschwindigkeiten sowie der geschätzten Windrichtung und -stärke und trug ihn laufend auf der Karte ein. Wenn das Wetter es zuließ, konnte er mit Hilfe eines Sextanten astronomische Beobachtungen vornehmen – kein einfaches Unterfangen aus einem fliegenden Flugzeug – und den Kurs gegebenenfalls korrigieren. Sonst aber blieb ihm nichts anderes übrig, als den Kurs anhand markanter Punkte am Boden zu überprüfen, die in aller Regel nur bei hellstem Mondschein zu erkennen waren. Angesichts all dieser Widrigkeiten galt schon als guter Navigator, wer sein Ziel um nicht mehr als 30 Kilometer verfehlte. Für diese Navigationsprobleme gab es keine schnelle Lösung, obwohl Churchill die Befehlshaber innerhalb des Bomberkommandos unterstützte, die darauf drängten, daß so schnell wie möglich verbesserte Ausrüstungen zur Zielauffindung entwickelt wurden.

Die Navigation war ein Problem, aber keineswegs das einzige, mit dem sich das Bomberkommando konfrontiert sah. In der Zwischenzeit hatten die Deutschen nämlich intensiv am Ausbau und der Weiterentwicklung eines wirksamen Nachtabwehrsystems gearbeitet, das der 43 Jahre alte Oberst Josef Kammhuber im Juli 1940 zu errichten begonnen hatte. Die sogenannte Kammhuber-Linie bestand ursprünglich aus drei kleinen Abschnitten von rund 30 Kilometer Länge und 20 Kilometer Tiefe, die sich von Norden nach Süden durch einen Teil Hollands erstreckten. In jedem Abschnitt waren radargesteuerte Scheinwerfer installiert, die sich automatisch auf anfliegende Feindbomber einstellten. Darüber hinaus stand für jeden Abschnitt ein Nachtjäger vom Typ Me 110 oder Ju 88 bereit, um sein Opfer – zu dem er vom Boden aus über Radar geführt wurde – vom Himmel zu holen. Hinter den Abschnitten standen für alle Fälle weitere Suchscheinwerfer- und Flakeinheiten zur Verfügung.

Auf diesem Gemälde von Charles Cundall machen britische Besatzungen ihre Stirling-Bomber für einen Nachtangriff auf Ziele jenseits des Kanals bereit.

Das System hatte nur einen ganz großen Fehler, nämlich daß die Radarleitstellen der Abschnitte immer nur die Führung eines einzigen Jägers übernehmen konnten. Dennoch forderte es hohen Tribut von den britischen Bombern, die bei ihren Flügen in das Ruhrgebiet in der Regel weit auseinandergezogen über der Linie ankamen. Ein Bomber, der allein in einen der Abschnitte geriet und der sogenannten „Hellen Nachtjagd" ausgesetzt war, war so gut wie verloren. Ende 1941 erweiterte Kammhuber seine Abwehrlinie, bis sie in einem Halbkreis sämtliche Anflugwege ins Ruhrgebiet abdeckte, und zwang damit die Engländer, mit ihren Bombern entweder einen der Abschnitte zu passieren oder einen weiten Umweg zu fliegen. Am meisten machte den Bomberbesatzungen, die das Ruhrgebiet anflogen, zu schaffen, daß sie die Abwehr zweimal überwinden mußten, und zwar auf dem Hin- und dem Rückweg.

Die Kammhuber-Linie und zunehmende Erfolge der deutschen Nachtjäger steigerten die Verluste des Bomberkommandos bei Einsätzen über Deutschland bald ins Unerträgliche. Die Verlustrate – der Anteil der Maschinen, die von einem Einsatz nicht zurückkehrten – stieg zwischen Mitte des Jahres 1940 und November 1941 von 1,6 auf 4,8 Prozent. In den ersten 18 Nächten des August 1941 gingen insgesamt 107 Bomber verloren. Und am 7. November 1941, in der bis dahin bei weitem verlustreichsten Nacht für das Bomberkommando, kehrten von 400 an den Angriffen auf Berlin, Mannheim und das Ruhrgebiet beteiligten Flugzeugen 37 – das sind 9,3 Prozent – nicht zurück.

In der Woche nach dem Desaster erhielt Peirse den Befehl, das Ausmaß seiner Operationen drastisch einzuschränken und seine Streitkräfte für eine Wiederaufnahme der Offensive im Jahre 1942 zu schonen. Der Stab der R.A.F. erwartete, daß bis dahin neue, serienreife Radargeräte als Navigationshilfen vorhanden, weitere Einheiten mit schweren Bombern ausgerüstet und die lang erwarteten Avro Lancasters in Dienst gestellt sein würden. Das neue Flugzeug war eine Weiterentwicklung der enttäuschenden Avro Manchester, die mit ihren beiden unzuverlässigen und verhältnismäßig schwachen Rolls-Royce-Vulture-Motoren die geforderten Leistungsdaten in bezug auf Geschwindigkeit, Dienstgipfelhöhe und Tragfähigkeit nicht erfüllt hatte. Die Lancaster hatte vier neue Rolls-Royce-Merlin-Motoren, flog höher und schneller und trug mit 6000 Kilogramm Bomben rund 3000 Kilogramm mehr als ihre Vorgängerin.

Anfang 1942 nahm das Bomberkommando seinen Kampf gegen zwei bekannte Gegner wieder auf – und enttäuschte fast in demselben Maße wie bei seinen vorausgegangenen strategischen Luftangriffen. Am Morgen des 12. Februar sichteten zwei Spitfires die *Scharnhorst* und die *Gneisenau*, die, umgeben von ihren Begleitzerstörern, mit voller Fahrt auf nordöstlichem Kurs durch die Straße von Dover liefen. Die beiden Schlachtschiffe waren im Schutz der Dunkelheit aus Brest ausgelaufen und versuchten, auf schnellstem Wege die Nordsee zu erreichen.

Das Bomberkommando griff mit zwei Schwärmen Torpedobombern an. Aber weder die Swordfish- noch die Beaufort-Verbände waren in der Lage, das dichte Sperrfeuer und den Jagdschutzschirm des Konvois zu durchbrechen. Alle ihre Torpedos gingen ins Leere. Daraufhin bot das Bomberkommando am Nachmittag 242 Maschinen, praktisch seine gesamte einsatzbereite Flotte, auf. Ihr Angriff litt unter Nebel, Regen und sich verschlechternden Sichtverhältnissen. Nur 39 Maschinen konnten die Ziele einen kurzen Moment lang ausmachen; keine von ihnen erzielte einen Treffer. Ein dritter Versuch von Torpedobombern, die nur noch Sichtweiten von etwa 1000 Metern vorfanden, schlug ebenfalls fehl. Der deutsche Konvoi verschwand aus dem Kanal in die schützende Nacht.

Journalisten und Mitglieder des Unterhauses bezeichneten das Abschneiden der R.A.F. bei diesem Unternehmen als ein Fiasko. Das Bomberkommando habe sich außerstande gezeigt, bei vollem Tageslicht vor der eigenen Haustür Ziele von etwa 250 Meter Länge zu treffen. Daß bei späteren Luftangriffen auf Kiel die *Gneisenau* für den Rest des Krieges ausgeschaltet und die *Scharnhorst* für ein weiteres Jahr kampfunfähig gemacht werden sollte, konnte man damals noch nicht wissen. Die Kritiker der R.A.F. interpretierten das Geschehen als völliges Versagen der Luftstreitkräfte.

Auf diesem Tiefpunkt angekommen, erhielt das Bomberkommando einen neuen Chef. Als Nachfolger von Peirse, der als Kommandeur der R.A.F.-Einheiten nach Indien versetzt wurde, übernahm Air Marshal Arthur Harris die Bomber in Großbritannien. Harris war ein Mann von festen Grundsätzen und eisernem Willen, der mit seiner unverblümten Art und Vorliebe für beißende Kritik schon so manchen in den Stäben verletzt hatte. Seinen Aufstieg verdankte er weniger seinem Einfluß als vielmehr seinem Können und seiner Zielstrebigkeit. Er führte ein hartes Regiment, das seinem Stab in Grundsatzfragen wenig Raum für Diskussionen oder Meinungsverschiedenheiten ließ. Jede von der seinen abweichende Ansicht wies er in der Regel brüsk, wenn auch bei mancher Gelegenheit nicht ohne einen Anflug von Humor zurück.

Harris war seinen Vorgängern in einem Punkt voraus. Er besaß persönliche Erfahrung mit Bomberstaffeln, die er in den Jahren zwischen den beiden Weltkriegen auf verschiedenen Außenposten des Empire kommandiert hatte. Dem fliegenden Personal war er als einer der Ihren willkommen; die Presse nannte ihn den „Bomber". Er verfügte über genau die Entschlossenheit und Energie, die das Bomberkommando in seinem derzeitigen Zustand bitter nötig hatte. Acht Tage vor der Amtsübernahme durch Harris hatte Churchill die Wiederaufnahme der Luftangriffe auf Deutschland bewilligt. Harris hatte also grünes Licht und mußte beweisen, was der strategische Luftkrieg wert war.

Die Befehle, die Harris für die neue Offensive erhielt, waren ganz nach seinem Geschmack. Bis auf wenige Ausnahmen würde er keine Punktziele angreifen müssen, von denen er aus Erfahrung wußte, daß sie unter Einsatzbedingungen fast unmöglich zu treffen waren. Statt dessen hatte er freie Hand, wahlweise dichtbesiedelte Gebiete zu bombardieren, in denen sich Industrieanlagen befanden – ein Vorgehen, das seiner Meinung nach die deutsche Kriegsmaschinerie am ehesten ins Stocken bringen konnte, weil die Bomben, wenn sie die Fabriken verfehlten, schwere Schäden in der unmittelbaren Umgebung verursachten. Selbst wenn die Werksanlagen bei Luftangriffen gänzlich unbeschädigt blieben, waren Produktionseinbußen unumgänglich, wenn die umliegenden Häuser brannten oder einstürzten, die Straßen durch Trümmer blockiert waren, die öffentlichen Versorgungseinrichtungen ausfielen, Arbeiter und ihre Familien umkamen oder verletzt wurden. Harris kannte keine Skrupel in bezug auf die Bombardierung von Zivilisten, die sich zufällig im Zielgebiet befanden. Kein Land, das um sein Leben kämpft, betonte er, könne es sich leisten, wählerisch mit seinen Methoden zu sein. Im übrigen glaubte Harris, daß sich durch Bombardierungen viele Auseinandersetzungen zwischen Heeresverbänden umgehen ließen und daß auf diese Weise das Leben Tausender von alliierten Soldaten geschont werden würde.

Seinen ersten großen Erfolg verbuchte Harris mit einem Angriff auf ein Punktziel im besetzten Frankreich, eines jener Ziele, die ihm im Grunde mißfielen. Auf Drängen des Kriegskabinetts schickte er in der Nacht vom 3. auf den 4. März 1942 235 Bomber über die gewaltigen Renault-Werke am Rande von Paris, in denen Kraftfahrzeuge und Rüstungsgüter

Der stählerne Blick von Air Chief Marshal Sir Arthur Harris, Chef des Bomberkommandos, läßt kaum vermuten, daß er sich seinen Männern aufrichtig verbunden fühlte. Er gab zu, daß die Einsätze, auf die er sie schickte, „endlosen Runden russischem Roulette" glichen, und sagte: „Ich habe für sie die größte Bewunderung."

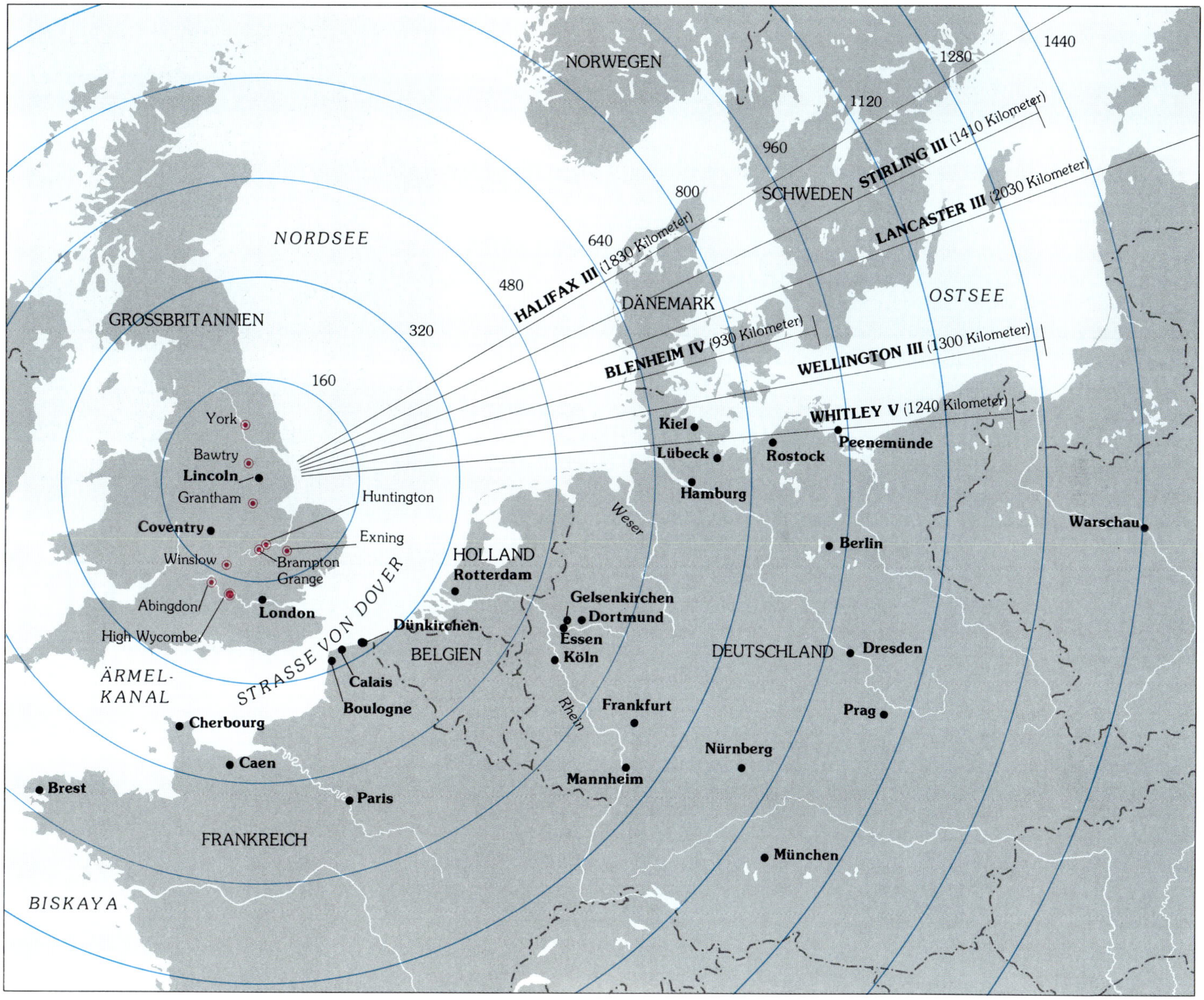

GRUPPENHAUPTQUARTIER DES BOMBERKOMMANDOS
HAUPTQUARTIER DES BOMBERKOMMANDOS

Die Karte zeigt die Eindringtiefe der wichtigsten Bomber der R.A.F., das heißt die Entfernung, bis zu der sie mit vollen Tanks operieren konnten. Dabei ist ein Sicherheitszuschlag von 20 Prozent für erhöhten Verbrauch, bedingt durch schlechtes Wetter oder Angriffe feindlicher Jäger, bereits einkalkuliert. Bei Angriffen auf näher gelegene Ziele nahmen die Bomber weniger Treibstoff und mehr Bomben mit.

produziert wurden. Der Angriff, durch Vollmond und klare Sicht begünstigt, war ein klassisches Beispiel für die Präzision, mit der Luftangriffe unter idealen Bedingungen ablaufen konnten. Praktisch alle Maschinen kamen über dem Zielgebiet an; sie warfen über 400 Tonnen Bomben und zerstörten über 40 Prozent der Werkseinrichtungen. Durch den Erfolg erhielt die Moral der Bomberbesatzungen endlich so viel Auftrieb, daß sie, wie Air Vice Marshal R. D. Oxland berichtete, „die Zeit kaum noch erwarten können, bis sie so einen Auftrag noch einmal bekommen". Aber der Angriff auf die Renault-Werke war, wenn auch wohltuend für die Moral, eine untergeordnete Operation, die, wie Harris sehr wohl wußte, nämlich wenig mit der Hauptaufgabe der Bomber zu tun hatte: Deutschland zu schwächen.

Mittlerweile waren die Nachtangriffe der Deutschen auf England analysiert worden. Die größten Erfolge, so schloß Harris aus der Auswertung, gewährleiste eine Konzentration von Bombern über einem Ziel, so daß in möglichst kurzer Zeit möglichst viele Brandbomben geworfen werden könnten. Die Bomberkonzentration hoffte Harris mit einer neuen Navigationshilfe zu erreichen, die einen Bomber theoretisch ohne Bodensicht direkt über ein Ziel führen konnte.

Es handelte sich um das sogenannte GEE-System – dessen Bezeichnung auf dem englischen Wort *grid* (Gitternetz) basierte. Die GEE-Navigation beruhte im wesentlichen auf Sendern in England, die ein 700 Kilometer weit reichendes Gitternetz von Peilstrahlen über das Festland legten. Die Navigatoren hatten spezielle GEE-Karten und Bordempfänger; die aufgenommenen Signale wurden mit einer Braunschen Röhre ausgewertet. So konnten überall innerhalb der Reichweite der Sender Standortbestimmungen vorgenommen werden. Bei maximaler Entfernung vom Sender lag der Fehlerwert unter zehn Kilometern. Bis alle Bomber mit GEE-Empfängern ausgerüstet waren, wollte Harris das System vorerst dadurch erproben, daß er diejenigen Bomber, die die Geräte bereits an Bord hatten – etwa ein Drittel seiner Flotte –, versuchsweise bei Angriffen auf Hauptziele als Pfadfinder zur Markierung einsetzte.

Das vielversprechendste Ziel innerhalb der Reichweite der GEE-Sender war Essen, ein dichtbevölkertes Industriezentrum und Standort der gigantischen Krupp Stahl- und Rüstungswerke. Wenn die Bomber das Stadtzentrum zum Ziel nahmen, konnten sie die über das ganze Gebiet verteilten Kruppwerke nicht verfehlen. Es war vorgesehen, daß mit GEE-Empfängern ausgerüstete Flugzeuge die Spitze bildeten und Markierungen abwarfen. Sie bekamen strikte Anweisung, sich ausschließlich nach ihren Instrumenten zu richten und auf Sichthilfen bewußt zu verzichten, damit sie nicht durch Scheinanlagen in die Irre geführt werden konnten. Eine zweite Bomberwelle, beladen mit Brandbomben, sollte folgen, danach das Gros der Maschinen, das sich an den Bränden zu orientieren hatte.

In der Nacht vom 8. auf den 9. März eröffnete Harris die Offensive gegen Essen mit 211 Bombern, von denen 82 mit GEE-Empfängern ausgerüstet waren. Der Versuch schlug fehl. Ein Großteil der Bomben fiel auf benachbarte Orte, und die Kruppwerke blieben fast unbeschädigt. In den nächsten zwei Monaten erfolgten sieben weitere Angriffe vergleichbarer Größenordnung, die jedoch allesamt keine größeren Schäden verursachten. Statt dessen war man im Bomberkommando um die bittere Erfahrung reicher, daß das GEE-System die Bomber zwar in den näheren Umkreis der Ziele, nicht aber über die Ziele selbst brachte. Die Besatzungen konnten sich nicht auf die Empfänger verlassen und ihre Bomben „blind" abwerfen, sondern mußten unbedingt weiterhin Zielsicht haben.

Darauf bedacht, dem Konzept der Flächenbombardierung trotz des geringen Erfolgs in Essen Geltung zu verschaffen, verfiel Harris als nächstes auf die Stadt Lübeck. Lübeck hatte – obwohl es für die Versorgung der deutschen Armeen in der Sowjetunion mit Nachschubgütern eine gewisse Rolle spielte – weder einen bedeutenden Hafen noch eine bedeutende Industrie. Was Harris interessierte, war die günstige Lage der Stadt, deren Hafen deutlich sichtbar auf einer Insel in der Trave liegt und von den Bombern kaum verfehlt werden konnte. Außerdem bestand die Lübecker Innenstadt zum größten Teil aus leicht brennbaren, mittelalterlichen Fachwerkhäusern und war dicht bevölkert. Er wünsche, so erklärte Harris, daß seine Besatzungen „eine ordentliche Portion Blut erhalten, wie es in der Fuchsjagd heißt, damit sie einmal lernen, wie Erfolg schmeckt".

In der mondhellen Nacht vom 28. zum 29. März griffen 234 Bomber, mehr als die Hälfte mit Brandbomben beladen, Lübeck in drei Wellen an. Sie wurden von zehn mit GEE-Empfängern ausgerüsteten Wellingtons geführt, die über vier Fünftel der Strecke mit Hilfe des GEE-Systems navigieren konnten und auf dem letzten Abschnitt der Trave folgten. Die Piloten hatten Anweisung, die Bomben aus möglichst geringer Höhe zu werfen. Das

Das englische Plakat, das die Bevölkerung mit den Worten „Unterstützt sie!" zu verstärkten Kriegsanstrengungen aufruft, zeigt Stirling-Bomber, die beim Angriff auf Lübeck trotz Flakbeschuß und Suchscheinwerfern Brandbomben auf die Stadt abwerfen. Im Verlauf des Luftangriffs vom März 1942 ging halb Lübeck in Flammen auf. Bei den Angehörigen der R.A.F. bürgerte sich danach – analog dem von Goebbels erfundenen Wort „coventrieren" – das Verb „lübecken" ein, was soviel bedeutete wie ein Ziel dem Erdboden gleichmachen.

Ergebnis war ein Inferno, in dem die Altstadt Lübecks unterging. Rund 800 000 Quadratmeter wurden dem Erdboden gleichgemacht, 2000 Gebäude zerstört. Über 15 000 Menschen wurden obdachlos, wie es in den Berichten der Auswerter hieß. Der deutsche Propagandaminister Joseph Goebbels fand die Zerstörung „abscheulich“ und machte sich Gedanken darüber, daß solche Angriffe „möglicherweise eine demoralisierende Wirkung auf die Bevölkerung haben könnten“. In England verstand man den Angriff als Vergeltungsmaßnahme für die deutsche Bomberoffensive und sah darin einen persönlichen Triumph für Harris.

Einen Monat später sorgte Harris für eine Wiederholung, als er Rostock in vier aufeinanderfolgenden Nächten von über 100 Bombern anfliegen ließ. Auch Rostock war eine alte, vornehmlich in Holzbauweise errichtete Stadt und dadurch prädestiniert für Brandbombenangriffe. In einem Vorort lagen darüber hinaus die Heinkel-Flugzeugwerke. Spreng- und Brandbomben vernichteten 70 Prozent der Altstadt, richteten schwere Schäden in den Heinkel-Werken an, töteten oder verwundeten rund 6000 Einwohner und vertrieben Tausende von Zivilisten, die Zuflucht in umliegenden Dörfern und Siedlungen suchten. In dem Beifallssturm, den Harris' jüngster Erfolg in England auslöste, dachte kaum jemand darüber nach, daß sowohl Lübeck als auch Rostock Sonderfälle waren – kaum verteidigte Ziele, die leicht zu finden und noch leichter in Brand zu setzen waren.

Angriffe auf andere Ziele im Westen Deutschlands erwiesen sich als weniger erfolgreich. Harris, der seit eh und je empfindlich auf Kritik reagierte, mußte sich nun gegen zunehmende Zweifel im Kriegskabinett zur Wehr setzen, ob es nicht vielleicht doch besser sei, das Bomberkommando trotz der Erfolge von Lübeck und Rostock aufzulösen und auf das Küstenkommando, das Heer und die Marine zu verteilen. Für ihn gab es nur eine Antwort auf einen solchen Vorschlag: Er brauchte einen triumphalen Sieg über ein bedeutendes Ziel, errungen von einer Streitmacht, die so umfangreich war, daß sie dem Bomberkommando im Kriegskabinett Anerkennung verschaffte und in der Öffentlichkeit die Begeisterung wieder aufflammen ließ – kurz einen überwältigenden Erfolg.

Der größte Angriff, den das Bomberkommando bis dahin auf ein Einzelziel geflogen hatte, war der Märzangriff auf die Renault-Werke mit 235 beteiligten Flugzeugen. Der größte Luftangriff der Geschichte hatte 1940 stattgefunden und war von den Deutschen mit 500 Maschinen auf London geflogen worden. Was, wenn Harris diese Zahl noch einmal verdoppeln und 1000 Flugzeuge ins Herz Deutschlands schicken konnte? Die Zahl 1000 war faszinierend und unwiderstehlich. Harris gab dem Unternehmen den Decknamen *Millennium.*

Tausend Bomber für einen einzigen Einsatz zusammenzuziehen war in dieser Phase des Krieges – und angesichts des langsamen Wachstums des Bomberkommandos – ein erstaunlicher Gedanke. Als Harris dem Stabschef der R.A.F., Portal, das Unternehmen *Millennium* darlegte, wußte er nur zu gut, daß ihm nicht mehr als etwa 400 Flugzeuge unmittelbar zur Verfügung standen. Er schlug vor, nicht nur diese, sondern auch sämtliche Maschinen einzusetzen, die von den R.A.F.-Waffenschulen abgezogen werden konnten. Den Rest sollte das Küstenkommando abstellen. Harris' Plan überzeugte Portal und begeisterte Churchill derart, daß letzterer erklärte, er werde ihn gegen jeglichen späteren Kritiker verteidigen, selbst wenn die Verluste die 10-Prozent-Marke erreichten.

Den Auftrag, die gewaltige Streitmacht aufzustellen, erhielt Harris' Stellvertreter, Air Vice Marshal Saundby. Er mobilisierte sämtliche personellen Reserven, einschließlich der Lehrer und Schüler in den Ausbildungseinheiten. Wenige Tage vor dem für den Angriff angesetzten

Termin zog das Küstenkommando unvermittelt seine Maschinen zurück. Doch daran sollte der Plan nicht scheitern. Das technische Personal des Bomberkommandos, das Tag und Nacht arbeitete, um jedes verfügbare Flugzeug für den Angriff einsatzbereit zu machen, sorgte dafür, daß die Anzahl von 1000 Bombern sogar noch überschritten wurde. Inzwischen waren aus der Reihe der möglichen Ziele nur noch zwei übriggeblieben, nämlich Hamburg und Köln. Beide ließen sich leicht auffinden und waren nicht so schwer verteidigt wie Essen oder andere Ziele im Ruhrgebiet. Die endgültige Wahl zwischen den beiden Städten aber sollte erst im letzten Moment fallen, und zwar je nach Wetterlage in den Zielgebieten.

Harris zog Hamburg in gewisser Weise vor, schloß Köln aber keineswegs aus, da beide Städte als Testgebiete für eine seiner bevorzugten Theorien geeignet waren: Er glaubte, daß ein Angriff auf ein wichtiges Industriezentrum nur mit Erfolg geflogen werden konnte, wenn eine Eindringdichte von mindestens 600 Flugzeugen pro Stunde erreicht wurde, mit denen Flak und Jägerabwehr zu überrumpeln waren. Gleichzeitig hatte er einen Plan entwickelt, um die gefürchtete Kammhuber-Linie zu überwinden. Wenn alle Angreifer auf demselben Kurs anflogen – statt sich wie bisher zu verteilen – und die Linie in eng aufgeschlossener Formation überquerten, mußte es möglich sein, die Verteidigungsabschnitte mehr oder minder unbeschadet zu passieren, da in jedem Feld lediglich alle zehn Minuten ein Bomber gestellt werden konnte. Harris nannte diese ohne Unterbrechung anfliegenden, dichten Verbände „Bomberströme".

Als vorläufiger Termin des Angriffs war die Nacht vom 27. auf den 28. Mai 1942 vorgesehen. Für den Fall, daß das Wetter einen Strich durch die Rechnung machte, sollte er auf eine der darauffolgenden, noch ausreichend mondhellen Nächte verschoben werden, mit denen bis Ende Mai zu rechnen war. Harris hielt es für unerläßlich, daß das Zielgebiet möglichst gut zu sehen war, damit es alle seine Besatzungen, auch die unerfahrenen jungen Schüler der Ausbildungseinheiten, finden konnten.

In der Nacht vom 27. auf den 28. Mai lag das Festland unter Wolken, die sich auch während der nächsten beiden Tage und Nächte nicht auflösten. Am Morgen des 30. Mai, eines Sonntags, warteten auf 53 Fliegerhorsten in Yorkshire, Lincolnshire, East Anglia und den Midlands die Bomberbesatzungen noch immer auf ihre Einsatzbefehle. Um 9.20 Uhr ging Harris von seinem Büro im Stab des Bomberkommandos einen schmalen, von Buchen gesäumten Pfad entlang, der in die unterirdische Einsatzzentrale führte. Dort erfuhr er, daß das Wetter über Deutschland zwar nach wie vor ungünstig sei, die Chancen für eine Auflösung der Wolkendecke im Bereich Köln gegen Mitternacht aber 50:50 stünden. Für die meisten englischen Fliegerhorste war klarer Himmel vorausgesagt.

Dies war, wie Harris wußte, die letzte Gelegenheit, die Bomber noch während der bestehenden Vollmondperiode auf den Weg zu schicken – und darüber hinaus vielleicht seine letzte Chance überhaupt. Andererseits war es nicht ausgeschlossen, daß das Zielgebiet bei Ankunft der Bomber unter einer Wolkendecke lag, die das ganze Unternehmen zum Scheitern verurteilen konnte. Wenn er den Befehl zum Angriff gab, setzte er mit einem Schlag seine gesamte Streitmacht aufs Spiel, einschließlich aller Reserven, und das in dem vollen Bewußtsein, daß „unter Umständen unser ganzes Ausbildungs- und Organisationsprogramm zunichte gemacht" würde. Lange Zeit später erklärte er, die Entscheidung, die er an jenem Morgen habe treffen müssen, sei für ihn eine der schwersten im Verlauf des ganzen Krieges gewesen.

Umringt von seinem Stab saß er an seinem Schreibtisch in der Einsatzzentrale und studierte die Wetterkarten. Ein Adjutant, Group

Captain Dudley Saward, berichtete, daß Harris sich eine Zigarette anzündete und sie in eine kurze Spitze steckte. Tief über eine Karte gebeugt, fuhr er mit dem Finger langsam über das Festland und zeigte endgültig auf Köln. Dann sah er Saundby an. Das Unternehmen konnte anrollen.

Um 12.15 Uhr erging der Einsatzbefehl an die Staffeln, und das Bodenpersonal beeilte sich, die Maschinen mit Bomben zu beladen. Je später es wurde, desto bedrohlicher hörten sich die Wettervorhersagen an, die für einen Teil der Plätze, auf denen die Bomber nach ihrer Rückkehr landen mußten, schlechte Sichtverhältnisse ankündigten. Aber Harris hatte seine Entscheidung getroffen, und die Einsatzoffiziere informierten das fliegende Personal erstmals über Art und Ausmaß des Angriffs. Die Reaktion bei kaltschnäuzigen Veteranen und nervösen Anfängern war in etwa dieselbe: Sie warfen ihre Mützen in die Luft und riefen Hurra.

In der Dämmerung starteten die ersten Bomber des Gesamtverbands – von genau 1047 Maschinen – nach einem streng festgelegten Plan, ohne daß jemand wußte, wie ein Chronist es später formulierte, „ob das Unglück über Deutschland oder das Bomberkommando hereinbrechen würde". Während sich die Flugzeuge zu einem gewaltigen Strom von rund 110 Kilometer Länge formierten, der sich auf die Nordsee zuwälzte, stieg Harris in seinen Bentley und fuhr nach Chequers in das Landhaus des Premierministers. Churchill hatte ihn eingeladen, an diesem Abend zusammen mit ihm und Henry H. „Hap" Arnold, dem kommandierenden General der amerikanischen Luftstreitkräfte, zu Abend zu essen.

Über der Nordsee gerieten die Bomber in eine dichte Wolkenschicht, in der ihre Tragflächen Eis ansetzten, aber der Himmel hellte sich wieder auf, als sie über die Niederlande hinwegdonnerten. Von den älteren Maschinen mußten über hundert wegen Vereisung oder technischer Ausfälle umkehren, und an der Kammhuber-Linie in den Niederlanden wurden einige Bomber von Me-110- und Ju-88-Maschinen abgeschossen. Aber Harris hatte dafür gesorgt, daß die deutschen Nachtjäger alle Hände voll zu tun hatten, indem er 88 leichte Bomber und Jäger Ablenkungsangriffe auf Flugplätze in Frankreich, Belgien, den Niederlanden und Deutschland fliegen ließ. Das Gros des Bomberstroms kam unbehelligt über dem Zielgebiet an, acht Minuten früher als geplant. 47 Minuten nach Mitternacht fielen die ersten Bomben auf Köln.

Dem Angriffsplan zufolge sollte eine mit GEE-Empfängern ausgerüstete Vorausabteilung von Wellingtons Köln 15 Minuten lang mit Brandbomben belegen. Ihr folgten die mittleren Bomber, die Spreng- und Brandbomben warfen. Die letzte Angriffswelle bildeten die schweren Bomber vom Typ Lancaster und Halifax, denen die Aufgabe zufiel, mit 900 und 3600 Kilogramm schweren Bomben in Schutt und Asche zu legen, was von der Stadt noch übriggeblieben war. Sie sollten sich an einer Reihe von vorgegebenen Punkten am Boden orientieren, um einen größtmöglichen Vernichtungsgrad zu erzielen; die Ausklinkhöhe blieb den Gruppenkommandeuren freigestellt, sollte jedoch nicht unter 2400 Metern – im Wirkungsbereich der leichten Flak – liegen. Sämtliche Maschinen waren angewiesen, 90 Minuten nach Mitternacht abzudrehen, ob sie ihre Bomben abgeworfen hatten oder nicht.

Wie von Harris erwartet, konnten die zur Verteidigung Kölns bereitstehenden Nachtjäger und Flakstellungen, von der Übermacht der Bomber überwältigt, nur sporadisch Widerstand leisten. Schon die ersten Brandbombenangriffe hatten eine so verheerende Wirkung, daß die nachfolgenden Bomberbesatzungen das helle Leuchten, das sie von weitem sahen, für einen riesigen Waldbrand hielten. Erst als sie näher kamen, erkannten sie, daß es die Stadt war, die in Flammen stand.

Viele Besatzungen, die über dem Herzen der Stadt kreisten, hatten Schwierigkeiten, noch einen Bezirk zu finden, den zu bombardieren sich lohnte. Ganz Köln schien zu brennen – von den Hafenanlagen am Rhein bis zum Gassengewirr der Altstadt um den 700 Jahre alten Dom mit seinen Zwillingstürmen. Alles in allem wurden 2,5 Quadratkilometer dem Erdboden gleichgemacht, 12 000 Brände entfacht, 250 Fabriken und über 18 000 weitere Gebäude schwer beschädigt oder zerstört. Rund 45 000 Menschen wurden obdachlos. Verglichen mit dem Ausmaß der Zerstörung allerdings war die Zahl der Opfer unter der Bevölkerung eher gering. Die Kölner Polizei zählte 474 Tote und etwa 5000 Verwundete.

Die Verluste des britischen Bomberkommandos waren deutlich geringer, als viele befürchtet hatten. Von den Flugzeugen, die an dem Einsatz teilgenommen hatten, kehrten 40 nicht zurück. Das entsprach 3,8 Prozent und war entschieden weniger als bei Nachtangriffen auf Ziele im Westen Deutschlands sonst üblich, bei denen die durchschnittliche Verlustrate 4,6 Prozent betrug. Über Köln gingen nur zwei Maschinen durch einen Zusammenstoß in der Luft verloren, die übrigen durch Flakbeschuß.

Aber 116 Flugzeuge waren schwer beschädigt worden, von denen einige nur mit knapper Not heimkamen. Unter ihnen befand sich die Manchester von Flight Sergeant Tolly Taylor, deren rechter Motor durch Flakbeschuß in Brand gesetzt worden war. In der verzweifelten Hoffnung, der Fahrtwind könne die Flammen ausblasen, ging Taylor in einen steilen Sturzflug über. Als er die Maschine in 2700 Meter Höhe abfing, befahl er seiner Besatzung auszusteigen. Plötzlich aber sah er, daß die Flammen nur noch flackerten und schließlich ganz ausgingen. Also änderte er seinen Befehl und ließ Bordwaffen, Munition und Panzerung abwerfen, um sich im Einmotorenflug nach England zurückzuschleppen. Weniger Glück hatte der 20 Jahre alte Flying Officer Leslie Manser. Bei seiner Maschine waren die Motoren heißgelaufen, so daß er gezwungen war, auf fast 2000 Meter hinunterzugehen. Von der Flak beschossen, war ein Motor in Brand geraten. Auf dem Rückweg verlor sein Flugzeug über Belgien an Höhe. Dennoch blieb Manser am Steuer, um seiner Besatzung Gelegenheit zum Aussteigen zu geben. Er selbst konnte sich nicht mehr retten, sondern stürzte mit der Maschine ab und erhielt postum das Viktoriakreuz.

Am Morgen nach dem Angriff flogen vier Aufklärer über Köln, konnten aber wegen der dichten Rauchschwaden, die über der Stadt hingen, keine Aufnahmen machen. Als spätere Aufklärungsflüge Klarheit über das Ausmaß der Schäden verschafften, zeigte sich Churchill äußerst zufrieden. „Dieser Beweis der wachsenden Schlagkraft der britischen Bomberwaffe", schrieb er an Harris, „ist gleichzeitig ein Vorgeschmack dessen, was Deutschland von nun an Stadt für Stadt zu erwarten hat." Zwei nachfolgenden Angriffen auf Essen und Bremen, beide mit einer Flotte von annähernd 1000 Bombern, war allerdings nur mäßiger Erfolg beschieden. Im Laufe der Wochen zeigte sich darüber hinaus, daß der Schlag gegen Köln weniger vernichtend war, als viele im Bomberkommando zunächst angenommen hatten: Die Stadt war schwer getroffen worden, aber sie war nicht vollkommen zerstört worden. Die totale Vernichtung, von der Harris träumte, ließ sich mit den damals vorhandenen Mitteln nicht erreichen.

Nichtsdestoweniger hatte das Unternehmen *Millennium* eine starke psychologische Wirkung sowohl auf die Engländer als auch die Deutschen. Es führte dazu, daß Harris die Waffe aufzubauen begann, die er in den Jahren 1943 und 1944 mit so schrecklichem Erfolg einsetzen sollte. „Meiner persönlichen Meinung nach", schrieb er später, „hätte es ohne den 1000-Bomber-Angriff auf Köln von unserer Seite nie eine richtige Bomberoffensive gegeben."

Wie ein Wunder blieb der aus dem 13. Jahrhundert stammende Kölner Dom mit seinen Doppeltürmen im Zweiten Weltkrieg vor größeren Schäden bewahrt. Die Fassade eines ausgebrannten Hauses davor zeugt von den Verwüstungen, die mit mehreren Luftangriffen, darunter dem „Tausend-Bomber-Angriff" vom Mai 1942, in der Stadt angerichtet wurden.

Die hier abgebildete Sunderland Mark III ist in den Tarnfarben des Küstenkommandos gestrichen: Die weiße Rumpfunterseite sollte verhindern, daß sich die Maschine von unten gesehen deutlich vom Himmel abhob, während die graugrüne Rumpfoberseite den Zweck hatte, sie für höher fliegende Feindflugzeuge schwerer erkennbar zu machen. Von vier 1065 PS starken Motoren angetrieben hatte sie eine Höchstgeschwindigkeit von 330 Stundenkilometern. Die Bomben oder Wasserbomben wurden auf Gleitschienen aus der Luke unter den Tragflächen herausgeschoben und abgeworfen.

Mit Hilfe einer Signallampe übermittelt der Copilot (rechts) einem Schiff eine Nachricht, während der Pilot die Sunderland auf Kurs hält. Rechts im Vordergrund befindet sich ein Gestell mit einer Anzahl farbiger Signalraketen.

Das fliegende Stachelschwein

Die Sunderland des Küstenkommandos der R.A.F. war der gefährlichste Gegner der deutschen U-Boot-Flotte im Nordatlantik. Mit fast einer Tonne Bomben und Wasserbomben beladen, flog das von der Short Company entwickelte Flugboot bis zu 13½ Stunden bewaffnete Aufklärung über See und begleitete Konvois über Hunderte von Kilometern aus britischen Häfen hinaus aufs Meer. Mit seinem geräumigen Rumpf und seinem großen Aktionsradius rettete es ganzen Schiffsbesatzungen das Leben, die nach Torpedoangriffen hilflos im Meer trieben.

Angriffe auf das Flugboot blieben nicht selten erfolglos, wie acht Ju-88-Piloten im Juni 1943 feststellen mußten. Sie hatten über der Biskaya eine einsame Sunderland entdeckt, von deren vier Motoren einer ausgefallen war, und gingen zum Angriff über. In dem Feuerhagel, der sie aus den sieben Bordwaffen empfing, verloren sie bei 20 Anflügen drei Maschinen, während es ihnen selbst gelang, einen Angehörigen der dreizehnköpfigen Besatzung zu töten und die Sunderland mit Treffern zu durchlöchern, nicht aber abzuschießen. Schwer beschädigt brachen die fünf restlichen Ju 88 den Angriff ab und ergriffen die Flucht. Die Feuerkraft, die das Flugboot so eindringlich demonstriert hatte, trug ihm bei den deutschen Piloten den respektvollen Spitznamen „das Stachelschwein" ein.

Von den vier leicht modifizierten Versionen der Sunderland wurden Hunderte im Krieg eingesetzt. 1938 bei der Truppe eingeführt, blieb das Flugboot 21 Jahre lang im Dienst, damals ein Rekord unter den Kampfflugzeugen der R.A.F.

Wie ein großer Tunnel wirkt der Rumpf des Flugboots, das mehr als 80 Personen befördern konnte. Zwei Mitglieder der Besatzung (oben) stehen auf ihren Posten in den seitlichen Schützenständen, während andere sich ausruhen. Das Schlauchboot (links) blieb grundsätzlich aufgeblasen, damit es im Notfall zur Rettung von Überlebenden torpedierter Schiffe jederzeit abgeworfen werden konnte.

4

Die Verteidigung des Empire

Rund 2000 Kilometer von England entfernt starteten am Abend des 11. Juni 1940 Flying Officer W. J. „Timber“ Woods und zwei weitere Piloten der Royal Air Force von der kleinen Mittelmeerinsel Malta, um eine angreifende Gruppe italienischer Savoia-Marchetti-79-Bomber abzufangen. Mit ihren veralteten Doppeldekkern vom Typ Gloster Gladiator – die Spitfires und Hurricanes, die unvergleichlich besseren Jäger der R.A.F., wurden zur gleichen Zeit dringend zur Verteidigung Englands gebraucht – griffen die drei Briten den ersten aus fünf Feindbombern bestehenden Pulk an und zwangen ihn, wieder auf See zu abzudrehen. Dann kehrten sie um, um einen weiteren aus fünf Maschinen bestehenden italienischen Verband zu bekämpfen, der auf die Hafenstadt Valletta zudonnerte.

In etwa 3300 Meter Höhe geriet Timber Woods in heftiges Maschinengewehrfeuer; die schnellen dreimotorigen SM. 79 ließen jedoch bald von ihm ab und setzten ihre Mission fort. Fast im selben Moment hörte Woods hinter sich nochmals das unverkennbare Rattern von Maschinengewehren. Er zog seine Gladiator in eine scharfe Linkskurve und sah, daß er von einer Macchi-Castoldi 200 verfolgt wurde, dem besten Jagdflugzeug, über das die Italiener verfügten. Um den Gegner nicht in Schußposition kommen zu lassen, kurvte Woods, so eng er konnte. Sein Manöver geriet besser, als er gehofft hatte: Der italienische Jäger tauchte in seinem Visier auf. Woods feuerte eine kurze Salve, und der Italiener, eine dicke schwarze Rauchwolke hinter sich herziehend, stürzte steil in die Tiefe. „Ich konnte ihm nicht folgen“, schrieb Woods an jenem Abend in seinen Einsatzbericht, „aber allem Anschein nach fiel er ins Meer.“

Woods Luftsieg war der erste von vielen, den britische Militärpiloten weit vom Hauptschauplatz des Krieges entfernt errangen. Ebenso entschlossen wie die R.A.F.-Piloten in Großbritannien, die zunächst im Luftraum über ihrem bedrängten Heimatland um das Leben des Inselreichs kämpften und dann ins Herz des Deutschen Reiches vorstießen, schlugen sich britische Piloten während des ganzen Krieges in anderen Teilen des Erdballs, um die für England lebenswichtigen Schiffahrtsstraßen freizuhalten, die Nachschublinien des Feindes zu unterbrechen und das ausgedehnte Empire gegen feindliche Angriffe zu verteidigen. Mit jedem verfügbaren Flugzeug stürzten sie sich ihren Gegnern entgegen, zunächst auf der Inselfestung Malta, dann in Nordafrika und schließlich im fernen Asien.

Der Angriff der Italiener auf Malta bildete lediglich den Auftakt zu einer weit größeren Schlacht. Benito Mussolini hatte tags zuvor Großbritannien und Frankreich den Krieg erklärt, und der Überfall auf Malta war seine erste militärische Aktion. Die knapp 100 Kilometer südlich von Sizilien gelegene

Auf einem Feldflugplatz der R.A.F. in Ägypten sehen Piloten den Startvorbereitungen einer Hurricane zu. Nordafrika war einer von vielen wichtigen Außenposten, auf denen die R.A.F. eingesetzt wurde.

Insel war ein einladendes Ziel. Mussolinis wahres Interesse aber galt Nordafrika, wo er sich als Erbe der Caesaren festzusetzen und ein neues Römisches Reich zu errichten hoffte, das den ganzen Mittelmeerraum beherrschen sollte. 215 000 Soldaten und fast 300 Flugzeuge standen bereits in der italienischen Kolonie Libyen. Als durch den deutschen Sieg über Frankreich jegliche Bedrohung Libyens durch Französisch-Tunesien gebannt war, begannen die italienischen Truppen in der Nähe der Ostgrenze Libyens aufzumarschieren, nur ein paar Kilometer von dem unter britischem Schutz stehenden Ägypten entfernt.

England mußte Ägypten, den Suezkanal und die an Erdöl reichen Länder am Persischen Golf verteidigen sowie die Seewege zu seinen Besitzungen in Asien offenhalten, um Krieg führen zu können. Die Aufgabe fiel vor allem den R.A.F.-Einheiten des Nahostkommandos zu, das für ein mehr als 11,5 Millionen Quadratkilometer großes Gebiet verantwortlich war. Dieses Gebiet erstreckte sich von Ägypten ostwärts über Palästina und Jordanien bis zum Irak, nordwärts über Zypern, die Türkei und Griechenland bis zum Balkan und südwärts über den Sudan, Äthiopien und Somaliland bis nach Kenia. Doch als die ersten Geschütze abgefeuert wurden, die ganz Nordafrika in Mussolinis Hand bringen sollten, verfügte der Chef des Nahostkommandos, Air Chief Marshal Sir Arthur Longmore, lediglich über knapp 300 Flugzeuge, von denen die Mehrzahl veraltet und etwa die Hälfte in Ägypten konzentriert war.

Malta, strategisch an Italiens Versorgungsweg nach Nordafrika gelegen, war vermutlich der am schlechtesten ausgerüstete R.A.F.-Außenposten im Mittelmeerraum. Vier Hurricane-Staffeln, die für die Verteidigung der Insel als unerläßlich gehalten wurden, waren nie angekommen. Als einzige einsatzbereite Jagdmaschinen – die zufällig von einem Flugzeugträger zurückgelassen und in der Not für die Verteidigung Maltas herangezogen worden waren – standen die Gladiators zur Verfügung, mit denen Timber Woods und seine Kameraden die ersten italienischen Angreifer in der Luft stellten. Mit ihren Gladiators, die später die Namen „Faith" (Glaube), „Charity" (Liebe) und „Hope" (Hoffnung) erhielten, lieferten die drei den feindlichen Piloten einen so unerschrockenen Kampf, daß letztere die Stärke der auf Malta stationierten Jäger auf 25 Maschinen schätzten. Das hielt sie jedoch nicht davon ab, weiter anzugreifen, und nach zwei Wochen der Bombardierung erklärten die Sprecher des Reichssenders Berlin, die italienischen Verbündeten hätten den britischen Stützpunkt auf Malta „vollständig vernichtet". Der Aufklärer der Italiener, der diesen angeblichen Triumph durch Luftaufnahmen belegen sollte, wurde allerdings von den Verteidigern der Insel abgeschossen.

Ende Juni erhielten die drei Gladiators auf Malta Verstärkung durch vier Hurricanes. Einem Dutzend weiterer Hurricanes, die im August auf die Insel verlegt wurden, folgten etwas später einige Bomber. Diese Flugzeuge sollten in den bevorstehenden Kämpfen der Engländer in Nordafrika dringend benötigt werden. Am 13. September drangen italienische Truppen von Libyen aus auf ägyptisches Gebiet vor; drei Tage später erreichten sie die 100 Kilometer von der libyschen Grenze entfernt gelegene Küstenstadt Sidi Barrani, wo sie haltmachten, um den Nachschub aufschließen zu lassen. Die britischen Verteidiger, geführt von General Sir Archibald Wavell und unterstützt durch R.A.F.-Einheiten, die dem Kommando des kanadischen Air Commodore Raymond Collishaw, dem zweitbesten britischen Jagdflieger des Ersten Weltkriegs, unterstanden, zogen sich 130 Kilometer weiter östlich auf vorbereitete Stellungen bei Mersa Matruh zurück.

Die Lage in Nordafrika war kritisch. Die Engländer befürchteten, daß Hitler Mussolini zu Hilfe kommen würde, und setzten alles daran, die italienischen Armeen zu schlagen, bevor die Deutschen eingreifen konnten. Zur Vorbereitung der von Wavell geplanten Offensive griffen Langstrekkenbomber der R.A.F.-Einheiten, die auf Malta und entlang dem Suezkanal stationiert waren, gegnerische Häfen, Flugplätze und Nachschublinien an. Sie stießen dabei zum Teil auf heftigen Widerstand. Alexander Clifford, ein Kriegsberichterstatter, der an einem Nachtangriff der R.A.F. auf gegnerische Hafeneinrichtungen teilnahm, beschrieb, wie sie im Anflug auf ihr Ziel von einem „Leuchtspurgeschoßhagel" empfangen wurden, der „uns den Weg versperrte". Der Pilot drehte ab und flog aus einer anderen Richtung an. Als sie das Zielgebiet zum dritten- und letztenmal bombardierten, schrieb Clifford, „war die Wirkung umwerfend. Aus einem großen scheunenartigen Gebäude schlugen orangerote Flammen empor, und das Dach hob sich langsam in die Höhe, bevor es auseinanderbrach. Spiralförmige weiße Rauchsäulen stiegen auf, und als wir auf die See zu abdrehten, sah ich noch zwei weitere Explosionen."

In der Nacht vom 7. auf den 8. Dezember setzte Wavell seine „Dreißigtausend", wie sie später genannt wurden, mit 275 modernen Panzern in Marsch, um die knapp 100 Kilometer entfernt liegenden Italiener anzugreifen. Es gelang ihnen, innerhalb von zwei Monaten mehr als 800 Kilometer bis zur libyschen Stadt Bengasi vorzustoßen, acht italienische Divisionen aufzureiben und 130 000 Gefangene zu machen.

Während des achtwöchigen Feldzugs wurden Wavells Truppen nicht ein einziges Mal ernsthaft von feindlichen Luftstreitkräften in ihrem Vormarsch aufgehalten. In Frankreich hatten sich die britischen Soldaten oft gefragt, wo die R.A.F. geblieben sei, und ähnliche Bemerkungen wurden anfangs auch in der Wüste laut. Doch derartige Klagen verstummten schnell. Einmal, als die Männer einer britischen Heereseinheit besorgt beobachteten, wie sich eine italienische SM.-79-Bomberstaffel mit ihrem Jagdschutz näherte, tauchten wie aus dem Nichts R.A.F.-Jäger am Himmel auf. „In wenigen Minuten", erinnerte sich ein Soldat später, „lagen vier Savoia und vier Jäger am Boden. Soldaten standen ringsum und riefen Hurra, wobei sie alles in die Luft warfen, was ihnen in die Finger geriet." Die R.A.F. leistete nicht nur vorbehaltlos, sondern auch für die Heerestruppen sichtbar Unterstützung. Letzteres war in Dünkirchen selten der Fall gewesen.

Trotz der Erfolge Wavells war die Schlacht um Nordafrika beileibe noch nicht vorüber. Am 12. Februar 1941 traf der deutsche Generalleutnant Erwin Rommel, gefolgt von einigen deutschen gemischten Truppen, in Tripolis ein, um die italienischen Truppen zu verstärken und die Stellung der Achsenmächte in Libyen zu festigen. Sechs Wochen später, am 30. März, eröffnete Rommel seine Offensive. Am 13. April hatte er Wavell bis an die ägyptische Grenze zurückgedrängt und fast die gesamten britischen Truppen aus Libyen vertrieben. Nur das stark befestigte Tobruk an der Küste blieb noch in der Hand der Engländer.

Wavell war mit seinem Plan, die Italiener vernichtend zu schlagen, bevor deutsche Truppen Nordafrika erreichten – und dann dem Bemühen, Rommels Gegenoffensive standzuhalten –, an Churchills Entscheidung gescheitert, Truppen in ein neues Krisengebiet, nämlich nach Griechenland, zu verlegen, wo Mussolini am 28. Oktober 1940 vom italienisch besetzten Albanien aus eingefallen war. England hatte sich verpflichtet, die Griechen zu unterstützen. Auf Drängen Churchills entsandte Longmore sofort eine Staffel Blenheims nach Griechenland, wies aber zugleich auf die Gefahr hin, die eine weitere Streuung der ohnehin unzureichenden Kräfte seines Nahostkommandos mit sich brächte. Den ersten Blenheims, die zur Hälfte von Bombern zu Jägern umgerüstet worden waren, folgten kurz darauf zwei weitere Standardbomber-Staffeln sowie eine Staffel Gladiator-Jäger.

Die Inselfestung Malta, mit 246 Quadratkilometern Fläche kleiner als London, war ein entscheidender Stützpunkt für die Luftoperationen der Engländer.

Von einem Flugplatz auf Malta starten Hurricanes der R.A.F., um italienische Bomber abzufangen. Auf die Insel gingen fast 15 000 Tonnen Bomben nieder.

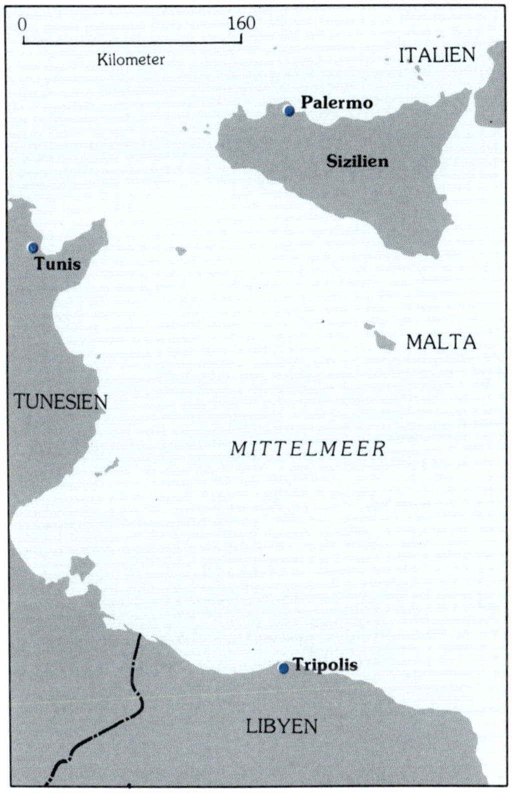

An der Seeverbindung zwischen Sizilien und Libyen gelegen, nahm Malta eine strategisch wichtige Position im Mittelmeer ein. Obwohl lange Zeit vom Nachschub über See und auf dem Luftweg abgeschnitten, führten die auf der Insel stationierten R.A.F.-Staffeln einen eigenen Luftkrieg gegen feindliche Stützpunkte.

Die Angehörigen der R.A.F. wurden bei ihrer Ankunft in Griechenland von den begeisterten Einwohnern, die in den Engländern die Retter ihres Landes sahen, umringt und auf den Schultern durch die Straßen getragen. Aber die Freude der Griechen erwies sich als verfrüht. Zwar konnten die Blenheim-Jäger verhindern, daß italienische Flugzeuge Athen bombardierten, und die Gladiator-Jäger, die näher an der Front operierten, zahlreiche Feindflugzeuge zerstören, aber die englischen Bomber, zahlenmäßig unterlegen und durch die im Regen oft aufgeweichten Flugplätze behindert, waren für die Eindringlinge nicht viel mehr als ein Störfaktor.

Am 6. April überschritten die Deutschen von Bulgarien aus die griechische Grenze, um ihren italienischen Verbündeten zu helfen, und die unterlegene Royal Air Force erlitt mehr oder minder dasselbe Schicksal wie ein Jahr zuvor in Frankreich. Bei ihren Einsätzen gingen manchmal sogar ganze Schwärme verloren, so beispielsweise am Ostersonntag, dem 13. April, als sechs Blenheim-Bomber der 211. Staffel, die den Auftrag hatten, den deutschen Vormarsch auf der Straße von Florina nach Monastir in der Nähe der griechisch-jugoslawischen Grenze zu stören, abgeschossen wurden. Nur zwei der 18 Mann Besatzung überlebten.

Den Jägern erging es nicht viel besser, auch wenn sie noch so tapfer kämpften. Eine Wende kündigte sich erst an, als einer der besten britischen Jagdflieger, der südafrikanische Squadron Leader Marmaduke T. St. John „Pat“ Pattle, nach Griechenland versetzt wurde. Pattle hatte sich im Wüstenkrieg einen Namen gemacht und übernahm nun das Kommando über die 33. Staffel, die unter seiner einfallsreichen Leitung mit ihren wendigen, schnellen Hurricanes trotz großer gegnerischer Überlegenheit für jede aus den eigenen Reihen abgeschossene Hurricane im Durchschnitt fünf Feindflugzeuge vom Himmel holte.

Doch das war nicht genug. Die abgeschossenen Maschinen wurden nicht ersetzt, so daß die Zahl der Hurricanes in Griechenland auf 14 schrumpfte. Dieser kümmerliche Rest wurde am 22. April zusammengezogen, um dem Feind noch einmal die Stirn zu bieten und den Himmel freizuhalten, während die Engländer ihre Truppen endgültig vor dem überlegenen Gegner abzogen. An diesem Tag führte Pattle seine Hurricanes direkt in einen Pulk deutscher Jäger. Mit dem ersten Feuerstoß vernichtete er eine Me 110; die zweite 110, die er aufs Korn nahm, ging ebenfalls in Flammen auf. Zwei Me-109-Jägern, die ihm nachsetzten, konnte er durch enges Kurven ausweichen, wobei er das Glück hatte, in Schußposition auf eine dritte 109 zu kommen, die in der Luft explodierte. Er flog zurück, um einem seiner Kameraden zu helfen, der von einer Me 110 gejagt wurde. Pattle wollte gerade das Feuer eröffnen, als zwei andere Me 110 auf ihn zustürzten. Pattle kam beim Absturz seiner Maschine ums Leben.

Anfang Mai wurden alle britischen Truppen auf dem Seeweg aus Griechenland abtransportiert und nach Nordafrika oder auf die Mittelmeerinsel Kreta verlegt, wo die R.A.F. mit nur einem runden Dutzend Gladiators und Hurricanes der deutschen Luftwaffe gegenüberstand – die annähernd 200 Jäger und über 400 Bomber in Reichweite der Insel stationiert hatte.

Die 33. Staffel, deren Führung nach dem Tod Pattles Squadron Leader Edward Howell übernommen hatte, gehörte zu den Luftverteidigern Kretas. Howell, ein erfahrener Spitfire-Pilot, hatte noch nie in seinem Leben eine Hurricane geflogen, sollte aber eher als erwartet Gelegenheit dazu bekommen. Am 14. Mai, wenige Tage nach seiner Ankunft, saß er auf dem Flugplatz Maleme auf Kreta in aller Frühe im Cockpit einer Hurricane, um sich mit der Maschine vertraut zu machen. Plötzlich hörte er das Aufheulen von Motoren und sah, wie zwei in der Nähe abgestellte Hurricanes losrollten und in einer Staubwolke auf der Startbahn verschwanden.

Howell ließ seine Maschine an und sah befriedigt, wie der Mechaniker, der die tragbare Starterbatterie bediente, sich schleunigst entfernte, nachdem der Motor angesprungen war. „Das nenne ich Eifer", dachte er, wie er später berichtete. „Die Jungs hier erledigen ihre Arbeit noch im Laufschritt." Dann aber merkte er, daß der Mechaniker einen triftigeren Grund für seine Eile hatte: Die beiden Hurricanes, die eben gestartet waren, kämpften sich bereits im Kurvenflug durch einen Schwarm deutscher Messerschmitt, von denen eine brennend abstürzte.

Howell brachte den Motor auf Touren und raste im Kugelhagel der angreifenden Deutschen die Startbahn entlang. Es gelang ihm, abzuheben und sofort eine Ausweichkurve zu fliegen, bei der seine Flächenspitze fast den Boden berührte. Allein in einem Flugzeug, das ihm nicht vertraut war, suchte er nach Hebeln und Schaltern, um das Fahrwerk einzuziehen, das Kabinendach zu schließen, das Reflexvisier einzuschalten und die Waffen zu entsichern, während ihm der zu große Helm, den er sich von einem Kameraden geliehen hatte, ständig über die Augen rutschte. Es dauerte einige Minuten, bis er sich zurechtgefunden hatte. Dann stürzte er sich in den Kampf, der um ihn herum wütete.

Aus allen Rohren feuernd, stürzten sich feindliche Jäger in Dreier- und Fünfergruppen auf ihn, zogen hoch und verschwanden, bevor Howell sie erwischen konnte. Howell sah, wie zwei Maschinen, eine Me 109 und eine Hurricane, in die Tiefe trudelten. Dann entdeckte er in etwa anderthalb Kilometer Entfernung zwei deutsche Jäger, die in etwa derselben Höhe flogen wie er. Er schloß von hinten auf und setzte sich direkt hinter einen der ahnungslosen Piloten. „Ich hätte die Nase hochziehen und sein Leitwerk mit meinem Propeller berühren können", schrieb er später.

Die Hurricane schüttelte sich vom Rückstoß der Bordwaffen, als er einen Feuerstoß in die 109 jagte, von der Teile durch die Luft flogen, bevor sie auf das Wasser stürzte. Howell blieb dahinter, den Finger unablässig auf dem Waffenknopf. Dann verfolgte er die andere Messerschmitt, auf die er – erfolglos – so lange feuerte, bis ihm die Munition ausging. Als er danach zu seiner Einheit auf Kreta zurückkehrte, erfuhr er, daß die beiden anderen Hurricanes, die mindestens vier Feindflugzeuge vom Himmel geholt hatten, abgeschossen worden waren.

Das Gefecht, das die 33. Staffel ihren Gegnern an jenem Tag lieferte, war typisch für die Unerschrockenheit und Tapferkeit, mit der Kretas Verteidiger ihre Einsätze flogen. Aber das Ungleichgewicht zwischen dem schrumpfenden Kontingent der auf der Insel stationierten Flugzeuge und der erdrückenden Zahl von Maschinen, die der Feind von seinen Stützpunkten in Griechenland und dem nahen Dodekanes herüberschicken konnte, war einfach zu groß. Die R.A.F. verfügte nur über eine Handvoll kleiner, unzureichend verteidigter Flugplätze auf Kreta, und ihre Stützpunkte in Nordafrika waren zu weit entfernt, um bei der Verteidigung der Insel eine Rolle zu spielen. Abgesehen davon stand das Nahostkommando in Malta und Ägypten ohnehin unter viel zu starkem Druck, als daß es Flugzeuge für Kreta hätte abstellen können.

Am 19. Mai wurden die letzten sieben einsatzbereiten Jäger – vier Hurricanes und drei Gladiators – von Kreta nach Ägypten in Sicherheit gebracht. Am Tag danach landeten deutsche Fallschirmjäger auf der Insel, die nach der Evakuierung von annähernd 15 000 britischen Soldaten auf dem Seeweg am 31. Mai fiel.

Die Rückschläge in Griechenland und auf Kreta brachten die R.A.F. bei den Heerestruppen, die ihr seit Nordafrika viel Wohlwollen entgegengebracht hatten, wieder in Verruf. Obwohl praktisch chancenlos, hatte sie ihr Bestes gegeben. Dennoch warfen Heer und Marine der R.A.F. nun offen vor, bei der Luftraumdeckung ihrer jeweiligen Operationen versagt zu haben. Ein Kritiker der Marine zumindest, Captain Lord Louis Mountbatten, hatte hinreichend persönliche Gründe, sich bitter über mangelnde Luftunterstützung zu beklagen: Während des Truppenrücktransports aus Kreta war sein Schiff, der Zerstörer *Kelly*, von einem deutschen Bomber versenkt worden. Arthur Longmore, der als Sündenbock für das Desaster herhalten mußte, wurde als Chef der Luftstreitkräfte des Nahostkommandos abgelöst und durch seinen früheren Stellvertreter, Air Vice Marshal Arthur Tedder, ersetzt, der zum Air Marshal befördert wurde.

Tedder verkannte keineswegs den „Haß ersten Grades", der der R.A.F. wegen ihres angeblichen Versagens in Griechenland und auf Kreta entgegenschlug. Aber er behauptete rundheraus, daß der Grund für die mangelnde Effektivität der R.A.F. in allen Fällen darin gelegen habe, daß die Heerestruppen die wichtigsten Flugplätze nicht hätten halten können. Die Luftherrschaft des Gegners habe es unmöglich gemacht, Verstärkung nach Kreta zu bringen, sagte Tedder, und da die R.A.F. innerhalb der Reichweite der Jäger über keine anderen Stützpunkte verfügte, habe sie die Luftlandeunternehmen auch nicht verhindern können. In Kreta sei endgültig klargeworden, daß Operationen zu Lande, zur See und in der Luft nur nach vorheriger Sicherung der Luftüberlegenheit gewonnen werden könnten und daß sich eine solche Überlegenheit ohne Besitz der notwendigen Luftstützpunkte nicht erzielen ließe. Tedder glaubte so fest an die Richtigkeit seiner Behauptung, daß er erklärte: „Dieser Krieg ist ein Krieg um Luftstützpunkte." Seine sehr verallgemeinernde Feststellung sollte bald auf die Probe gestellt werden, und zwar dort, wo für England der Krieg im Mittelmeer begonnen hatte – auf der Inselfestung Malta.

Im Juni 1941 erhielten die Streitkräfte auf Malta Verstärkung durch eine Blenheim-Staffel der Gruppe 2 des Bomberkommandos. Die Führung der R.A.F.-Verbände auf der Insel übernahm Air Vice Marshal Hugh Pughe Lloyd. Sein Hauptauftrag lautete, feindliche Transportschiffe zu versenken, die Rommel mit den dringend benötigten Nachschubgütern versorgten. Mitte Mai hatten die Engländer in Ägypten auf dem Seewege 43 Hurricanes sowie 238 Panzer bekommen, und Wavell plante eine neue Offensive. Zwischenzeitlich erhielt Rommel Verstärkung über Bengasi und Tripolis, und er verfügte nach wie vor über die wichtigsten libyschen Flugplätze. Vieles hing also von Lloyd und seinen Piloten in Malta ab, und Lloyd war der Ansicht, daß der Auftrag, die südwärts fahrenden Schiffe der Achse zu bombardieren, außerordentlich sinnvoll sei. „Jedes gesunkene Schiff", schrieb er später, „konnte für den Feind in der Wüste den Verlust von mindestens zehn Panzern, zwei oder drei Geschützbatterien, 100 Motorfahrzeugen, Ersatzteilen für möglicherweise 100 oder mehr Flugzeuge, einer Monatsverpflegung für einhunderttausend Mann und ausreichend Gefechtsmunition für 100 Geschütze bedeuten."

Wavells Offensive, die den Decknamen *Battleaxe* trug, sah vor, Rommel von der ägyptischen Grenze nach Tobruk zurückzudrängen; die dort belagerte britische Garnison sollte ausbrechen und sich der Offensive anschließen. Bevor sich die Heeresverbände in Marsch setzten, attackierte die R.A.F. drei Tage lang Rommels Verbindungslinien und vorgeschobene Flugplätze, um dann ab 15. Juni die Luftraumdeckung für den britischen Vorstoß zu übernehmen. Dennoch gelang es den Deutschen, entschiedenen Widerstand zu leisten, und die Offensive lief sich bald fest.

Für die R.A.F. zeichnete sich kurze Zeit später eine Wende zum Besseren ab. An die Stelle des zermürbten Wavell trat General Sir Claude Auchinleck als Kommandeur der Heerestruppen. Auchinleck schätzte den Wert der

Maschinengewehrfeuer von R.A.F.-Jägern zwingt im Herbst 1941 die Fahrer gegnerischer Transportfahrzeuge, schleunigst die Straße zu verlassen. Es handelte sich um eine wichtige Nachschubverbindung der Achse in Nordafrika entlang der Küste Libyens, auf der deutsche und italienische Transportkolonnen von den Engländern mit schonungsloser Härte verfolgt wurden.

Luftstreitkräfte so hoch ein, daß er vor führenden Offizieren erklärte, die Hauptaufgabe des Heeres in Nordafrika bestünde darin, möglichst weit vorgeschobene Luftstützpunkte zu sichern. Anschließend ersetzte Tedder seinen R.A.F.-Einsatzleiter, den angriffslustigen, etwas ungestümen Raymond Collishaw, durch Air Vice Marshal Arthur Coningham, einen Neuseeländer und ausgezeichneten Lufttaktiker.

In jenem Sommer des Jahres 1941 wurden die Nahost-Luftstreitkräfte auf insgesamt 51 Staffeln mit über 1000 einsatzbereiten Flugzeugen aufgestockt. Die überholte Gladiator war endlich durch die amerikanischen Curtiss Tomahawk und Kittyhawk ersetzt worden, die jedoch beide der deutschen Me 109F unterlegen waren, nicht anders übrigens als die neue Hurricane II, die die Hurricane I ablöste. Für den von Auchinleck geplanten Angriff mochte Tedder zwar nicht die absolute Luftüberlegenheit zusagen, aber er glaubte, genügend Maschinen in die Luft bringen zu können, um den Luftraum dem Gegner zumindest streitig zu machen. Auchinleck wollte nicht länger warten; je länger er umgruppierte und umschulte, desto stärker wurde Rommel. Zwischen Mai und Oktober versenkten Lloyds Flugzeugverbände von Malta aus zwar annähernd 100 000 Tonnen Schiffsraum der Achsenmächte, aber über dem Mittelmeer patrouillierten auch deutsche Maschinen, und die Engländer hatten immer mehr Schwierigkeiten, die lebenswichtige Inselfestung mit Nachschub zu versorgen.

Das Photo, das einem deutschen Kriegsgefangenen abgenommen wurde, zeigt verwüstete Transportschiffe der Achse auf dem flachen Strand im Hafen von Tripolis. Entschlossen, die Konvois, die Rommels Afrikakorps mit Nachschub versorgen sollten, zu vernichten, folgten R.A.F.-Bomber aus Malta den feindlichen Schiffen über das Mittelmeer bis in die Häfen.

Auchinleck leitete seine Offensive, die den Decknamen *Crusader* trug, am 18. November 1941 ein, nachdem die R.A.F. vorher fünf Wochen lang die Stellungen des Gegners angegriffen hatte. Eine Zeitlang kamen die Truppen unbelästigt von Feindflugzeugen voran, und ein General, vormals erklärter Kritiker der R.A.F., sagte zu Tedder: „Ich finde, Ihre Jungs sind einfach fabelhaft, und alle meine Leute sagen dasselbe." Doch schon Anfang Dezember wogte der Wüstenkrieg zwischen Angriff und Gegenangriff unentschieden hin und her. Dann erfolgte (gleichzeitig mit dem Angriff auf die Amerikaner in Pearl Harbor) der Überraschungsangriff der Japaner auf britische Besitzungen im Fernen Osten. Personal und Material der R.A.F., das eigentlich für Nordafrika bestimmt war, wurde nun nach Asien umgeleitet. Die britische Offensive in der Wüste verlor an Stoßkraft und kam vorübergehend zum Stehen. Beide Seiten waren erschöpft und litten unter einem Mangel an Nachschub. Als im Januar 1942 ein Konvoi der Achse Tripolis erreichte, ging Rommel zum Gegenangriff über und eroberte 500 Kilometer libysches Territorium zurück, einschließlich der wichtigen Flugplätze und Häfen, die vorher die Engländer eingenommen hatten.

Daß der Nachschub zu Rommels Truppen durchkommen konnte, lag vor allem an den auf Sizilien neu stationierten deutschen Bombern, die mit ihren unablässigen Angriffen auf Malta den Wert der Insel als R.A.F.-Stützpunkt im Tonnagekrieg drastisch gesenkt hatten. Die Deutschen hatten einen deutlichen Vorsprung im Wüstenkrieg errungen, der sich erneut zu einem Nachschub- und Verstärkungswettlauf entwickelt hatte. Und sie beabsichtigten nicht, ihn sich wieder nehmen zu lassen.

In den ersten Monaten des Jahres 1942 flogen deutsche Bomber fast unbehelligt über Malta und die vorbeiführenden Schiffahrtswege hinweg und drohten schließlich, die Insel völlig abzuriegeln. Sie zerstörten sogar einen Teil eines Konvois, dem es gelungen war, durchzukommen, bevor die Schiffe entladen werden konnten. Die Flugplätze waren übersät mit Bombenkratern, so daß sich Lloyd im Februar gezwungen sah, seine Wellingtons und Blenheims aus Sicherheitsgründen nach Ägypten zu verlegen. In der letzten Märzwoche verfügte er nur noch über sechs Spitfires und sechs Hurricanes. Am 26. März funkte Lloyd an Tedder: „Der Kampf der letzten drei Tage hat gezeigt, daß die Luftschlacht um England nichts dagegen gewesen ist, jedenfalls sicherlich nicht, was die zahlenmäßige Unterlegenheit und das Fehlen jeglicher Reserven betrifft."

Und es war keine Besserung in Sicht. Im April flogen die Flugzeuge der Achsenmächte mit nahezu 5000 Einsätzen durchschnittlich alle zweieinhalb Stunden einen Luftangriff auf Malta. Jäger vom Typ Me 109 hingen wie Geier in der Luft und stürzten sich zum Angriff auf jeden R.A.F.-Jäger, den sie im Landeanflug sahen. Die britischen Piloten, die in dieser ungünstigen Phase überrascht wurden, mußten den Landeanflug abbrechen und durchstarten – auch wenn sie nur noch wenig Treibstoff in den Tanks und keine Munition mehr hatten –, um den Deutschen, wenn irgend möglich, durch Kurven zu entkommen.

Neben einem Schild mit der ironischen Aufschrift „Unter völlig neuer Leitung" versehen Angehörige des R.A.F.-Bodenpersonals einen erbeuteten deutschen Stuka mit Hoheitszeichen und Kennungen der R.A.F. Versuchsflüge mit erbeuteten Flugzeugen gaben britischen Piloten Aufschluß über Stärken und Schwächen feindlicher Maschinen im Luftkampf.

Trotz ihrer aussichtslosen Lage kämpften die Engländer mit äußerster Tapferkeit. Im April schossen sie fast 200 Feindflugzeuge ab. Als Tedder Malta in jenem Monat besuchte, war er beeindruckt von dem Geist der Inselverteidiger. „Die Moral der R.A.F.-Angehörigen zu erleben ist eine der ermutigendsten Erfahrungen", schrieb er. Lob kam auch von dem deutschen Oberbefehlshaber in Italien, Generalfeldmarschall Albert Kesselring, der schrieb: „Die britischen Jagdeinheiten verdienen bewundernde Anerkennung für ihren Mut, ihre Beweglichkeit und vor allem für ihre perfekt durchgeführte Taktik, aus großer Höhe durch die dicht aufgeschlossenen Bomberverbände zu stoßen."

Bewunderungswürdig war auch der Einfallsreichtum der R.A.F. Als einmal alle britischen Jagdflugzeuge wegen dringend erforderlicher Wartungsarbeiten am Boden standen und nicht eingesetzt werden konnten, tauchte über der Insel ein großer gegnerischer Bomberverband mit seinem Begleitschutz auf. Wohl wissend, daß die Deutschen die Frequenzen der R.A.F. abhörten, eilte Group Captain A. B. Woodhall an das Funkgerät in der Einsatzzentrale und begann, einer imaginären britischen Jagdstaffel Anweisungen zu erteilen. In der Rolle des Führers der imaginären Flugzeuge antwortete ihm ein Offizier, der nebenan saß und so tat, als befände er sich im Anflug auf den Feindverband. Woodhall zufolge war die Verwirrung, die daraufhin entstand, so groß, daß sich zwei der irritierten Messerschmitt-Piloten anschickten, sich gegenseitig abzuschießen.

Mit List und Entschlossenheit allein aber ließ sich der nächste Ansturm der Deutschen und Italiener in Nordafrika nicht lange aufhalten. Nachdem es gelungen war, Malta als Ausgangsbasis britischer Luftangriffe gegen Schiffe der Achsenmächte fast völlig auszuschalten, war Rommels Versorgungslage so gut wie noch nie zuvor. Am Abend des 26. Mai leitete er eine neue Offensive ein. Aber anders als die britischen Luftstreitkräfte auf Malta, die praktisch kaltgestellt waren, hatten die R.A.F.-Verbände in Nordafrika noch Kraft und Energie genug, um den Vormarsch von Rommels Truppen durch die Wüste mit Bombern und Jägern wiederholt zu stoppen. Viele Jagdpiloten flogen fünf Einsätze pro Tag, und jede Nacht griffen Wellington-Bomber deutsch-italienische Stellungen an.

Niemals zuvor hatten Rommels Truppen so schwere Angriffe aus der Luft erlebt. Dennoch konnte die R.A.F. den entschlossenen Vorstoß der Achsentruppen nicht zum Stehen bringen. Während sich die britischen Heeresverbände zurückzogen, verlegte Coningham seine Flugzeuge kühl berechnend auf jeweils vorbereitete Feldflugplätze, deren vorderste nie weiter als 30 Kilometer von dem anstürmenden Gegner entfernt lagen. Wenn auf diesen vorgeschobenen Einsatzflugplätzen die Männer des Bodenpersonals mit bloßem Auge sehen konnten, daß englische Flugzeuge die vordersten Linien des Feindes bombardierten, wußten sie, daß es Zeit war, sich auf den nächsten Stützpunkt zurückzuziehen. Bei der Verlegung war höchste Eile geboten, so daß sie manches Mal auch ohne Hilfsgerät auskommen mußten. Auf dem Höhepunkt der Offensive erlebte Tedder bei einem Besuch auf einem solchen Feldflugplatz, wie 100 Männer mit bloßen Händen eine beschädigte Spitfire auf einen Tieflader wuchteten. „Einen Kran hatten sie nicht", schrieb er, „aber sie waren entschlossen, die Spitfire auf keinen Fall zurückzulassen."

Am 3. Juli konnten die Engländer nach mehrtägigen Kämpfen Rommels Offensive bei El Alamein, 240 Kilometer von der ägyptischen Hauptstadt Kairo entfernt, stoppen. Kesselring, der den Schlüssel für das Gelingen des Afrikafeldzugs mit Recht in Malta sah, zog noch einmal fast 600 Bomber und Jäger zusammen, um den britischen Stützpunkt endgültig zu vernichten. Inzwischen waren die auf Malta stationierten Jagdverbände

Zerstörte italienische Jagdflugzeuge liegen vor ihrer zerbombten Halle in der Nähe von Tripolis, über der alliierte Maschinen kreisen. Die in Afrika erbeuteten Flugzeuge wurden manchmal abgewrackt, so daß die Metallteile nach England verschifft und bei der Produktion neuer Flugzeuge wiederverwendet werden konnten.

jedoch aufgefrischt worden, so daß die Piloten der Achsenmächte auf den Widerstand von rund 100 Spitfires stießen. Nach zwei Wochen – und dem Verlust von nahezu 50 Flugzeugen – stellte Kesselring den Großangriff ein.

Als die deutschen Bombenangriffe auf Malta nachließen, beorderte die R.A.F. Torpedoflugzeuge vom Typ Beaufort auf die Insel zurück und setzte sie tagsüber für eine konsequente Jagd auf Rommels Transportschiffe ein, während nachts Wellington-Bomber, die mit Torpedos ausgerüstet waren, die Schiffahrtsrouten überwachten. Rommel hatte als Termin für den endgültigen Vorstoß nach Kairo den 26. August festgesetzt, aber der Tag kam und verging, ohne daß sich die Deutschen und Italiener rührten: Rommels motorisierten Einheiten fehlte der Treibstoff. Zwei Tanker, die sich auf dem Weg durch das Mittelmeer befanden, wurden versenkt, einer von den Beauforts, der andere von den Wellingtons. Rommels Situation war verzweifelt. Am frühen Morgen des 30. August forderte er dringend Treibstoff an und erhielt das Versprechen, daß umgehend ein weiterer Tanker, die *San Andrea,* mit starkem Geleit aus Italien auslaufen werde. Rommel beschloß, noch in derselben Nacht zum Angriff überzugehen. Er war sich im klaren darüber, daß er ohne die 4500 Tonnen Treibstoff der *San Andrea* die Offensive nicht durchhalten konnte.

Ein paar Stunden später sichtete ein englisches Aufklärungsflugzeug im Osten des Golfs von Tarent ein Schiff, das, von einem Zerstörer begleitet, dicht unter Land fuhr. Den Luftraum darüber deckte ein Schirm von Flugzeugen der Achsenmächte, bestehend aus einem Ju-88-Sturzkampfbomber und sieben Macchi-Jägern. Zweifellos handelte es sich nicht um

Beim Start zum Angriff auf ein von den Achsenmächten gehaltenes Gebiet in Nordafrika wirbelt ein Baltimore-Bomber im September 1942 Sand auf. In den Vereinigten Staaten nach englischen Vorstellungen gebaut, erwies sich der zweimotorige leichte Bomber als hervorragend für den Wüstenkampf geeignet.

einen gewöhnlichen Konvoi. Kurz darauf studierte auf dem bombenkraterübersäten Malta Squadron Leader R. P. M. „Pat" Gibbs den Bericht des Aufklärers. Da das Schiff zur See hin durch den Zerstörer gedeckt war, entschied er, daß ein Angriff vom italienischen Festland her die größte Aussicht auf Erfolg bot. Um 11.45 Uhr hob Gibbs als erster eines Verbandes von neun Beauforts und neun Beaufighters von der Startbahn ab.

Es dauerte fast zwei Stunden, bis die britischen Piloten in die Nähe ihres Opfers kamen. Sie flogen knapp drei Kilometer landeinwärts, um dann umzukehren und wieder Kurs auf das Meer zu nehmen. Die Beaufighters führten den Verband an, wehrten die Macchi-Jäger ab und machten den Weg für die Torpedoflugzeuge frei. Gibbs, der in der führenden Beaufort saß, näherte sich seinem Ziel im Tiefflug, bis er jede Einzelheit des Schiffes erkennen konnte, auch den Namen *San Andrea*. Als der Rumpf des Tankers 500 Meter vor ihm wie eine Wand aufragte, klinkte er seinen Torpedo aus. Dann riß er die Maschine hoch und brauste knapp über die Masten hinweg, zog noch einmal scharf an und stürzte sich auf den Zerstörer, den er mit einem Geschoßhagel seiner Bordwaffen eindeckte. Dann machte er sich auf den Rückflug. Die *San Andrea* bäumte sich auf und verschwand unter einem riesigen Rauch- und Flammenball.

Ohne den versprochenen Treibstoffnachschub mußte Rommel seine Offensive abbrechen. Am 2. September befahl er seinen motorisierten Einheiten, sich in die Stellungen zurückzuziehen. Zwei Monate später sahen die Deutschen ihre Hoffnungen auf den Sieg im Afrikafeldzug endgültig vernichtet, als ein Tanker, dem es gelungen war, bis in Sichtweite an die nordafrikanische Küste heranzukommen, von in Ägypten stationierten Beauforts versenkt wurde.

Erstmals seit dem Eingreifen der Deutschen in den Wüstenkrieg hatten die Engländer – inzwischen geführt von General Bernard Montgomery, der Auchinleck im August abgelöst hatte – die Oberhand gewonnen. Am 23. Oktober 1942 eröffnete Montgomery die entscheidende Offensive auf die deutsch-italienischen Stellungen bei El Alamein, und am 2. November befanden sich die Achsenverbände bereits voll auf dem Rückzug. Am 8. November landete ein großes angloamerikanisches Truppenkontingent in Nordafrika und entlastete damit Montgomerys Kräfte erheblich. Nach dem Angriff der Japaner auf Pearl Harbor waren die Vereinigten Staaten in den Krieg gegen die Achsenmächte eingetreten, und in Afrika kämpften Verbände der amerikanischen Heeresflieger bereits Seite an Seite mit der R.A.F. Um ihre gemeinsamen Aktionen besser koordinieren zu können, erhielt Arthur Tedder, der Mitte 1942 zum Air Chief Marshal befördert worden war, im Februar 1943 den Oberbefehl über alle alliierten Luftoperationen im Mittelmeerraum. Kurz danach nahmen die vereinigten britischen und amerikanischen Luftstreitkräfte die Jagd auf Schiffe der Achse auf und vertrieben deren Flugzeuge aus dem Luftraum.

Die deutschen und italienischen Truppen wehrten sich tapfer gegen die wachsende Übermacht, konnten aber den vereinigten Kräften der britischen und amerikanischen Armeen nicht standhalten. Mitte Mai war ganz Nordafrika in alliierter Hand. Aber der Sieg in Afrika versetzte die R.A.F. noch nicht in die Lage, nun mit geballter Kraft gegen den Feind in Europa vorgehen zu können. Denn im fernen Asien führten britische Piloten bereits einen verzweifelten Kampf gegen das Kaiserreich Japan.

Am 6. Dezember 1941 – zu derselben Zeit, als die R.A.F. Malta gegen feindliche Angriffe zu verteidigen suchte – erreichten auf der der Spitze der malaiischen Halbinsel vorgelagerten britischen Inselfestung Singapore Air Chief Marshal Sir Robert Brooke-Popham beunruhigende Nachrichten.

Vor der Küste Thailands, unmittelbar nördlich der britischen Kronkolonie Straits Settlements, waren zwei umfangreiche japanische Konvois gesichtet worden. Es gab keinen Zweifel, daß Japan, das auf dem asiatischen Festland schon seit Jahren einen Eroberungskrieg führte, eine Offensive gegen Thailand vorbereitete. Und es war abzusehen, daß sich die Aktionen der Japaner danach gegen Malaya mit seinen Vorkommen an Zinn und Kautschuk sowie das strategisch wichtige Singapore richten würden.

Brooke-Popham, Oberbefehlshaber der britischen Luft- und Bodenstreitkräfte im Fernen Osten, hatte bereits einen Plan für genau diesen Fall entwickelt. Eine Sondereinheit der R.A.F., die sogenannte Norgroup, sollte die beiden wichtigsten Flugplätze in Südthailand besetzen und so verhindern, daß sie in die Hand der Japaner fielen. Solange die malaiische Halbinsel jedoch nicht direkt angegriffen wurde, waren Brooke-Popham die Hände gebunden; die britischen Stabschefs hatten ihm deutlich genug zu verstehen gegeben, daß er sich aller Aktionen zu enthalten habe, die die Japaner provozieren könnten. Und ein präventives Vorgehen in Thailand wäre eine eindeutige Provokation.

Tatsächlich ließ der Krieg nicht mehr lange auf sich warten. Am 8. Dezember um 1 Uhr nachts eröffnete ein japanischer Schlachtkreuzer das Feuer auf die im Norden Malayas gelegene Hafenstadt Kota Bharu. Um 4 Uhr morgens griffen japanische Bomber Singapore an. Dann kam die Nachricht von dem Überfall auf Pearl Harbor. (Die gegen die Engländer und Amerikaner gerichteten Offensiven der Japaner erfolgten so gut wie gleichzeitig, aber in Pearl Harbor, das jenseits der internationalen Datumslinie liegt, zeigte der Kalender noch den 7. Dezember.) Damit hatte der Zweite Weltkrieg tatsächlich die ganze Welt erfaßt, und Brooke-Popham war für die Verteidigung eines gewaltigen Gebiets verantwortlich, das neben Singapore und Malaya auch Hongkong, Burma, Ceylon und die Inseln des Indischen Ozeans einschloß.

Am 8. Dezember versuchte die R.A.F., die geplante Landung der Japaner in Kota Bharu zu verhindern. Eine Hudson-Staffel versenkte ein japanisches Transportschiff, beschädigte zwei weitere und tötete rund 3000 Soldaten in ihren Landungsbooten. Die Invasionsstreitkräfte zogen sich zurück, um am nächsten Tag mit stärkeren Kräften wiederzukommen und die Landung zu erzwingen. Dabei gelang es einem tapferen Blenheim-Piloten, dessen Bomber, vom feindlichen Feuer getroffen, in hellen Flammen stand, seine Maschine auf ein Landungsboot zu steuern und das Fahrzeug mitsamt der Besatzung zu vernichten.

Als Brooke-Popham an jenem 8. Dezember die Genehmigung erhielt, seine Norgroup nach Thailand zu schicken, hatten die Japaner bereits die entscheidenden thailändischen Flugplätze besetzt und benutzten sie als Ausgangsbasis für Überfälle auf R.A.F.-Stützpunkte in Malaya, bei denen sie 60 der insgesamt 110 Maschinen der Norgroup zerstörten. Dessenungeachtet flogen am 9. Dezember drei geschwächte Blenheim-Staffeln Angriffe auf den japanischen Luftstützpunkt Singora in Thailand. Während die R.A.F. nur drei eigene Bomber verlor, wurden auf dem überfüllten Flugplatz zahlreiche Feindflugzeuge zerstört. Die Engländer kehrten zu ihrer Basis zurück, um aufzutanken und für einen weiteren Angriff zu munitionieren, wurden aber von einem Verband japanischer Bomber überrascht, der bis auf eine gerade gestartete Blenheim alle Maschinen am Boden außer Gefecht setzte.

Kurz darauf wurde die *Prince of Wales,* eines der modernsten Schlachtschiffe Englands, und das Schlachtschiff *Repulse* im Südchinesischen Meer von japanischen Torpedoflugzeugen angegriffen. Elf R.A.F.-Jäger des amerikanischen Typs Brewster Buffalo, die den Schiffen zur Hilfe

Versorgung aus der Luft

Unter den schwierigen Aufgaben, mit denen sich die R.A.F. in Asien konfrontiert sah, ragt eine Operation hervor, bei der es nicht direkt um die Bekämpfung des Gegners, sondern um die Versorgung der eigenen Verbände aus der Luft ging. Im Februar 1943 überschritten mehrere tausend englische Soldaten die indische Grenze und drangen unbemerkt in die dichten Wälder des von den Japanern gehaltenen Burma ein. Sie wurden geführt von dem 39 Jahre alten Brigadier Orde Charles Wingate und hatten den Auftrag, die gegnerischen Verbindungs- und Nachschublinien zu unterbrechen. Die R.A.F. sollte Wingates – nach dem burmesischen Wort für Löwen benannten – Chindits aus der Luft mit Verpflegung, Munition und Medikamenten versorgen.

Die in sieben Gruppen aufgeteilten, getrennt operierenden Chindits wurden von R.A.F.-Verbindungsoffizieren begleitet, die die Transportmaschinen vom Typ C-47 Dakota zu den heimlich errichteten Absetzgebieten tief im feindlichen Hinterland führten. Die Einsätze waren für Bodenmannschaften und Flugzeugbesatzungen äußerst riskant. Die schwerfälligen Dakotas, die häufig ohne Begleitschutz fliegen mußten, waren den japanischen Jägern hoffnungslos unterlegen. Viele Flüge fanden daher nachts statt; denn dann war die Chance größer, vom Feind nicht entdeckt zu werden.

Der Auftrag und die Versorgung der Chindits aus der Luft wurden um so schwieriger, je tiefer sie nach Burma eindrangen. Im April ordnete Wingate ihren Rückzug nach Indien an. Während der ganzen Operation, die im Juni mit der Rückkehr der letzten Chindits aus dem feindlichen Gebiet endete, flog die R.A.F. 178 Einsätze und warf über 300 Tonnen Versorgung ab – ohne dabei irgendwelche Verluste zu erleiden.

BRIGADIER ORDE CHARLES WINGATE

Die Pakete, die von Soldaten in ein Transportflugzeug der R.A.F. geladen werden, sind für die von Wingate geführten Chindits bestimmt.

An Fallschirmen schweben im Frühjahr 1943 Nachschubgüter für die Chindits zu Boden. Die Maschinen versorgten die Dschungelkämpfer nicht nur mit Verpflegung, die als Zehntagesrationen pro Mann in einem Blechbehälter verpackt waren, sondern auch mit Sprengstoff, Waffen, Munition, Medikamenten und Post.

Inmitten der Ballen, in denen sich der Nachschub für die Chindits befindet, halten Bordschützen einer Dakota der R.A.F. Ausschau nach japanischen Jägern. Die Absetzgebiete lagen manchmal nur wenige Kilometer von gegnerischen Stellungen entfernt.

Im Dschungel Burmas haben Chindits aus Versorgungsfallschirmen ein Landesignal für die Dakotas der R.A.F. ausgelegt: „Plane Land Here Now" – übersetzt etwa „Erbitten hier Landung". Wegen des unebenen Bodens konnte der Pilot der Bitte jedoch nicht sofort nachkommen. Erst als drei Tage später ein geeigneterer Platz gefunden und markiert worden war, konnte er landen und 17 verwundete Soldaten aufnehmen, um sie nach Indien zurückzubringen.

Nach vier Tagen in einem Armee-Lazarett in Indien feiern einige der aus Burma ausgeflogenen Chindits ihre glückliche Rückkehr mit Bier. Die Strapazen des Dschungelkampfes hatten die 2182 Soldaten, die nach Indien zurückkehrten, so geschwächt, daß nur etwa 600 von ihnen wieder dienstfähig geschrieben wurden.

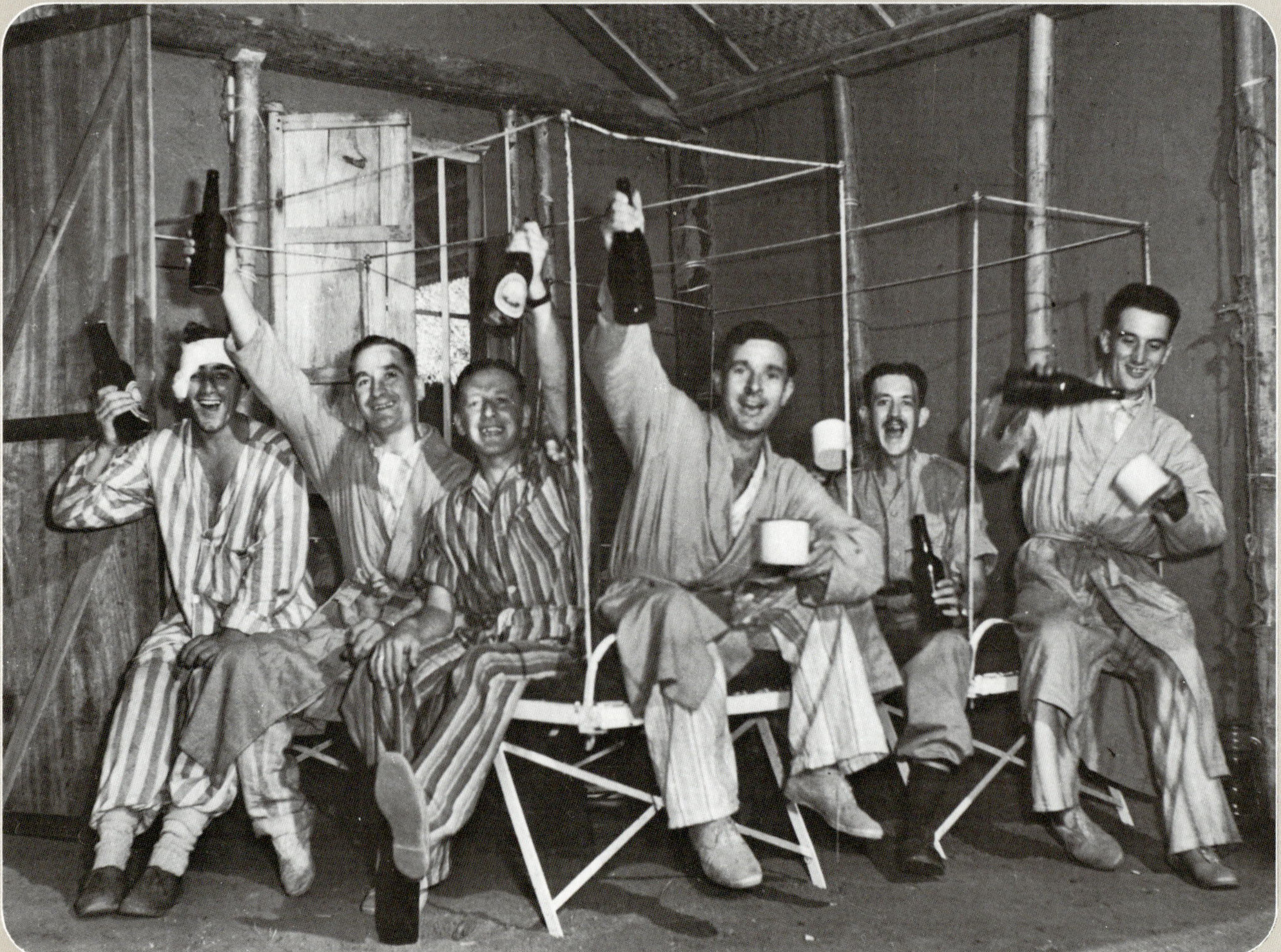

kommen wollten, sahen die *Prince of Wales* gerade noch in den Fluten untergehen. Die *Repulse* war bereits gesunken. Am ersten Weihnachtstag fiel Hongkong; am zweiten Weihnachtstag wurde Borneo genommen. Inzwischen zogen sich die bedrängten Verteidiger Malayas durch den Dschungel nach Singapore zurück. Am 26. Januar 1942 landeten die Japaner Verstärkungen in Malaya an, und die R.A.F. mußte ihre in Singapore stationierten Bomben- und Aufklärungsflugzeuge nach Sumatra verlegen. Zur Verteidigung Singapores blieben lediglich ein paar Hurricanes und Brewster Buffalos zurück, die am 10. Februar aber auch abgezogen wurden, nachdem die Japaner die vier Flugplätze Singapores mit Artillerie beschossen hatten. Fünf Tage später fiel die Insel.

Die Angriffe der in Thailand stationierten japanischen Streitkräfte richteten sich nicht nur gegen Malaya und Singapore. Eine andere Stoßrichtung zielte auf die Hauptstadt Burmas, Rangoon, das Tor zur Burmastraße, über die der Nachschub nach China gelangte. Wenn es den Japanern gelänge, Burma zu nehmen, hätten sie einen idealen Stützpunkt für die Invasion Indiens. Im übrigen bildete das Land einen wesentlichen Teil des äußeren Verteidigungsringes, den Japan zum Schutz seiner Eroberungen in Südostasien brauchte.

Die Engländer hatten eine Invasion Burmas auf dem Landweg für unwahrscheinlich gehalten und dementsprechend nur schwache Verteidigungsvorkehrungen getroffen. Das Hauptquartier der in Rangoon stationierten R.A.F.-Gruppe besaß einen Verteidigungsplan, der auf einer 280 Flugzeuge starken Streitmacht basierte. Die einzigen Kriegsflugzeuge jedoch, die bei Ausbruch der Kämpfe zur Verfügung standen, waren 16 Brewster Buffalos der R.A.F. und 21 P-40-Tomahawks der amerikanischen Flying Tigers, einer von der chinesischen Regierung angeworbenen Söldnertruppe. Diese Flugzeuge stiegen am 23. Dezember 1941 auf, als japanische Bomber erstmals über Rangoon auftauchten, und holten für jede aus den eigenen Reihen herausgeschossene Maschine fünf Feindflugzeuge vom Himmel. Aber die Japaner hatten 400 Flugzeuge in Thailand stationiert, und die Verteidiger konnten die stürmenden Bomber nicht aufhalten. Am 23. Dezember wurden in Rangoon 2000 Menschen als getötet gemeldet; 5000 weitere starben am ersten Weihnachtstag. Dennoch erlitten die Japaner so schwere Verluste, daß die Bombardierungen vorübergehend ausgesetzt wurden.

Der Befehlshaber der R.A.F.-Gruppe in Burma, Air Vice Marshal D. F. Stevenson, war dafür bekannt, daß er von seinen Leuten das Äußerste an Einsatzbereitschaft verlangte. Stevenson hatte, wie als Weihnachtsgeschenk, Verstärkung durch 30 Hurricanes und eine Blenheim-Staffel bekommen. Letztere schickte er jetzt, nur Stunden nach ihrer Ankunft, mit dem Auftrag nach Bangkok, die wichtigsten Flugplätze der Japaner zu bombardieren. Zur gleichen Zeit ließ er die Hurricanes japanische Stützpunkte in Thailand angreifen. Die Engländer konnten in kurzer Zeit 58 Maschinen der Japaner am Boden zerstören, aber die Blenheims, überbeansprucht durch den langen Überführungsflug vom Nahen Osten nach Asien, waren in so schlechtem Zustand, daß sie vorerst nicht einsatzfähig waren und überholt werden mußten.

In der letzten Januarwoche des Jahres 1942 brachten die R.A.F.-Piloten zusammen mit den Flying Tigers einen massiven Versuch der Japaner, die Luftüberlegenheit über Rangoon zu erringen, dadurch zum Scheitern, daß sie 50 Maschinen abschossen und die Landung britischer Verstärkungen ermöglichten. Doch das bedeutete nur einen Aufschub des unvermeidlichen Falls von Rangoon und einen gesicherten Rückzug der britischen Truppen aus der bedrohten Stadt, den Stevensons Leute und die Flying Tigers trotz schwindender und völlig unzureichender Kräfte gerade noch gewährleisten konnten. Anschließend zog Stevenson seine Einsatzgruppe nach dem 400 Kilometer nördlich von Rangoon gelegene Magwe und nach Akyab am Golf von Bengalen zurück, um von dort aus das wenige, was in seiner Macht stand, zur Deckung der zurückweichenden britischen Truppen zu unternehmen. Inzwischen hatten die Japaner Rangoon genommen. Von Magwe aus leitete die R.A.F. ihren letzten erfolgreichen Angriff ein: Auf dem Flugplatz Mingaladon in Rangoon überraschten zehn Hurricanes und neun Blenheims 50 Feindflugzeuge, von denen sie 16 am Boden und elf im Luftkampf abschossen. Daraufhin griffen die Japaner Magwe an. Die wenigen englischen Maschinen, die den 230 Angreifern entkamen und Akyab erreichten, wurden dort ihrerseits überrascht. Den beiden japanischen Angriffen fiel fast die gesamte Einsatzgruppe der R.A.F. in Burma zum Opfer. Transportflugzeugen gelang es jedoch, Tausende von Flüchtlingen in Sicherheit zu bringen und die britischen Heeresverbände, die sich in Richtung Indien absetzten, aus der Luft zu versorgen.

In den verbliebenen Monaten des Jahres 1942 befestigten sowohl die Japaner als auch die Engländer ihre Stellungen entlang der Grenze zwischen Burma und Indien. Mitte Februar 1943 drang eine Spezialeinheit des britischen Heeres, die sogenannten Chindits, in das von Japanern besetzte Burma ein, wo sie aus der Luft versorgt wurden *(S. 121–124).* Die Offensive trug zur Stärkung der Moral der Engländer bei, wurde vom Feind aber lediglich als Störung empfunden. Um die Japaner zu vertreiben, bedurfte es eines eingehend geplanten, konzentrierten Einsatzes.

Mit der Bildung des Südostasienkommandos unter dem inzwischen zum Admiral beförderten Lord Louis Mountbatten waren im November 1943 die Voraussetzungen für eine solche Gegenoffensive gegeben. Die in diesem Gebiet stationierten britischen und amerikanischen Luftstreitkräfte wurden zu einer Operationseinheit verschmolzen, den sogenannten Kombinierten Luftstreitkräften. Sie umfaßten 48 R.A.F.-Staffeln und 17 Heeresfliegerstaffeln der 10. US-Armee, wurden von 275 Flugplätzen aus eingesetzt und erhielten eine wachsende Zahl neuer Flugzeuge, darunter Bomber vom Typ B-24 Liberator, Sturzkampfbomber vom Typ Vultee Vengeance sowie Spitfires und Beaufighters. Die Kombinierten Luftstreitkräfte waren in eine taktische und eine strategische Gruppe unterteilt. Sämtliche Transporteinheiten wurden einem die Einsätze leitenden Truppentransportkommando unterstellt.

Anfang November 1943 unterstützten die neuen Taktischen Luftstreitkräfte einen Vorstoß britischer Truppen entlang der Nordwestküste Burmas, während die Strategischen Luftstreitkräfte japanische Nachschublinien angriffen. Die britischen Einheiten konnten einen japanischen Gegenangriff abwehren. Doch dann zeigten Luftaufnahmen, daß die Japaner eine Großoffensive auf die Imphal-Ebene im Osten von Assam vorbereiteten, über die der Nachschub von Indien nach Burma rollte und wo die Alliierten sechs Luftstützpunkte, zahlreiche Versorgungslager, Reparaturzentren und Lazarette eingerichtet hatten. Die englischen Streitkräfte – den Japanern an Infanterieeinheiten etwa ebenbürtig, in der Luft aber überlegen – waren entschlossen, die Ebene zu halten.

Die Japaner leiteten ihre Offensive in der Nacht vom 8. auf den 9. März 1944 ein und kamen in Indien so schnell voran, daß die Alliierten zur Verteidigung der unverzichtbaren Stadt Imphal eine ganze Division einfliegen mußten. Der verlustlose Transport von Soldaten, Geschützen, Jeeps und Maultieren, der am 19. März begann, dauerte zehn Tage.

Die Lufttransporte waren kaum abgeschlossen, als die vordringenden Japaner die einzige Nachschubroute unterbrachen, die aus dem Norden

Rauch verhüllt die Lokomotive eines japanischen Güterzuges, die während eines Tieffliegerangriffs britischer Beaufighters in Burma schwer getroffen worden ist. Dank ihres relativ langsam drehenden Propellers, der lärmmindernden Motorverkleidung und des speziell entwickelten schalldämpfenden Auspuffs war die Beaufighter so leise, daß viele Japaner die Maschine den „flüsternden Tod“ nannten.

über Land nach Imphal führte, die rund 100 Kilometer lange Straße von Kohima. Am 6. April war Kohima eingeschlossen, und es kam zu Kämpfen, die zu den erbittertsten der ganzen Offensive zählten. Die Verteidiger, die über ausreichende Nahrungsmittel verfügten, wurden jeden Morgen von C-47-Transportmaschinen der R.A.F. mit Wasser, Munition und Medikamenten versorgt (die C-47, von den Engländern Dakota genannt, war die militärische Version des erfolgreichen amerikanischen Verkehrsflugzeugs D-3). Die Maschinen starteten im 74 Kilometer nordwestlich gelegenen Dimapur, kamen das Tal herauf und warfen ihre Ladung aus 50 bis 100 Meter Höhe ab, ungeachtet des heftigen Infanteriefeuers, dem sie ausgesetzt waren. Mittlerweile griffen amerikanische Jagdbomber – Lockheed P-38 Lightnings und North American P-51 Mustangs – frontnahe japanische

Feldflugplätze an, während Spitfires und Hurricanes den Begleitschutz der Transportmaschinen übernahmen und das Gelände nach getarnten feindlichen Marschkolonnen absuchten.

Die Engländer waren entschlossen, den Rückzug des Feindes in eine hastige Absetzbewegung zu verwandeln. Daher erhöhte die R.A.F. die Zahl ihrer strategischen Einsätze auf die japanischen Nachschublinien, während sie gleichzeitig taktisch in die Kämpfe am Boden eingriff und vom Nachschub abgeschnittene britische Stellungen aus der Luft versorgte. Inzwischen hatten die Alliierten die absolute Luftherrschaft errungen und nutzten sie, indem sie den Rückzug der Japaner ununterbrochen störten. Mitte Juli 1944 war Indien sicher. Im Oktober nahmen die britischen Heeresverbände, unterstützt durch eine wachsende alliierte Luftstreitmacht, ihre lang aufgeschobene Offensive in Richtung Rangoon wieder auf.

Zur gleichen Zeit, als die Alliierten ihre Streitkräfte in Südostasien aufmarschieren ließen, um Indien zu retten und die japanischen Besatzer aus Burma zu vertreiben, gingen ihre Kräfte im Mittelmeerraum auf Sizilien und in Italien verstärkt gegen die Achsenmächte vor. Dort hofften sie, einen Brückenkopf für die Befreiung ganz Europas erobern zu können. Und nicht anders als im Fernen Osten, wo die Luftstreitkräfte die entscheidende Vorarbeit leisteten, bereiteten auch in Europa Bomben- und Jagdflugzeuge die ersten alliierten Vorstöße vor.

Am 15. Mai 1943 gingen die britisch-amerikanischen Luftstreitkräfte unter Führung des kurz zuvor in den Adelsstand erhobenen Air Chief Marshal Sir Arthur Tedder zur Offensive auf Pantelleria, den festungsartig ausgebauten Luftstützpunkt des Gegners, über. Die winzige Mittelmeerinsel war etwa halb so groß wie Malta und lag auf der Invasionsroute zwischen Tunis und Sizilien. Nach 27 Tagen ununterbrochener Angriffe aus der Luft und von See her, bei denen 40 Bomber und 196 Jäger der Achsenmächte vernichtet wurden, kapitulierten die italienischen Verteidiger der Insel. Die Alliierten hatten nur 16 Bomber und 57 Jäger verloren.

Nach der Eroberung von Pantelleria leiteten amerikanische und englische Flugzeuge eine Reihe von Angriffen auf Luftstützpunkte auf Sizilien ein, um die Invasion vorzubereiten. Es gelang, die Achsenmächte zu zwingen, ihre Luftstreitkräfte auf das italienische Festland zurückzuziehen. Am 10. Juli begann die Landung alliierter Truppen auf Sizilien; über den Landungsköpfen patrouillierten Jäger aus Malta, Nordafrika und der ehemaligen Achsenfestung Pantelleria, während Jagdbomber Versuche des Feindes vereitelten, Gegenangriffe einzuleiten. Die Alliierten verloren auf Sizilien nahezu 400 Flugzeuge, zerstörten oder erbeuteten aber 1850 Feindflugzeuge. Damit hatten die Alliierten die unangefochtene Luftherrschaft im Mittelmeerraum errungen.

Nach der Eroberung Siziliens, die Mitte August erfolgte, ebneten die alliierten Luftstreitkräfte den Invasionstruppen den Weg auf das italienische Festland, indem sie Flugplätze, Brücken, Straßen und Eisenbahnverbindungen mit Bomben belegten. Am 3. September, auf den Tag vier Jahre nachdem die Engländer den Deutschen den Krieg erklärt hatten, setzten alliierte Truppen erstmals wieder ihren Fuß auf den Boden des europäischen Festlands. Am selben Tag schloß die italienische Regierung einen zunächst noch geheimgehaltenen Waffenstillstand mit den Alliierten ab.

Es folgten 20 Monate des erbitterten Kampfes, bis die deutschen Streitkräfte in Italien zur Aufgabe gezwungen wurden. Aber während die Deutschen die „Festung Europa“ noch an ihrer italienischen Südflanke verteidigten, trug das Bomberkommando der R.A.F. den Krieg bereits unaufhaltsam ins Herz des Deutschen Reichs.

Am 10. September 1943 setzt in den Bergen Westitaliens ein Verband Baltimore-Bomber der R.A.F. zum Angriff auf eine deutsche Division an. Die Deutschen versuchten, im Eilmarsch die Küste zu erreichen, um die Landetruppen der Alliierten in Salerno zurückzuschlagen.

Beim Besuch eines Jagdgeschwaders in Italien unterhält sich Sir Charles Portal (dritter von links), Stabschef der R.A.F., mit hohen Führungsoffizieren über strategische Fragen. Neben Air Chief Marshal Arthur Tedder (links) stehen Air Vice Marshal Harry Broadhurst und Air Marshal Sir Arthur Coningham (rechts).

Schwere Waffen für die Offensive

Bei den meisten Flugzeugen, die die R.A.F. in der zweiten Hälfte des Krieges flog, handelte es sich um speziell für die Offensive gegen die Achsenmächte gebaute Maschinen.

Die schweren viermotorigen Bomber vom Typ Lancaster und Halifax konnten Hunderte von Kilometern tiefer nach Deutschland eindringen und waren wirkungsvoller bewaffnet als ihre verwundbaren zweimotorigen Vorgänger, die Blenheim und die Whitley beispielsweise. Die schnellen de Havilland Mosquitos, für Pfadfinder-Missionen ausgerüstet, fanden und markierten die Ziele für die nachfolgenden „schweren Kisten", wie die neuen Langstreckenbomber genannt wurden. Die Typhoons eigneten sich ideal für Tieffliegerangriffe zur taktischen Unterstützung der vorstoßenden alliierten Armeen, während Beaufighters gegen feindliche Schiffe eingesetzt wurden.

Von den hier abgebildeten Maschinen wurde nur die Meteor, der erste Düsenjäger auf alliierter Seite, vorwiegend defensiv eingesetzt, nämlich zur Bekämpfung der V-1-Flugbomben im englischen Luftraum. Auf Doppelseiten abgebildete Flugzeuge sind im richtigen Größenverhältnis zueinander dargestellt; in Klammern sind die Jahre angegeben, in denen die betreffenden Maschinen zum Einsatz kamen.

BRISTOL BEAUFIGHTER X (1943)
Die Beaufighter des Küstenkommandos ist zur Bekämpfung von Seezielen mit einem Torpedo unter dem Rumpf bestückt. In dem fingerhutartig geformten Rumpfbug befindet sich ein Luft-Luft-Radargerät zur Erfassung feindlicher Jäger. In anderen Versionen wurde sie auch als Nachtjäger und Jagdbomber eingesetzt.

AVRO LANCASTER III (1942)
Die Lancaster-Bomber warfen mit gut 550 000 Tonnen über 60 Prozent der Bomben ab, mit denen Maschinen des Bomberkommandos im Zweiten Weltkrieg Feindziele eindeckten. Die schmierigen Streifen auf den Tragflächen wurden durch Abgase der Motoren verursacht.

DE HAVILLAND MOSQUITO IV (1941)
Fast ausschließlich aus Holz gebaut, war die schnittige, 610 Stundenkilometer schnelle Mosquito bei Pfadfinder-Missionen unbewaffnet, konnte aber aufgrund ihrer hohen Geschwindigkeit fast alle ihre Angreifer abschütteln.

HANDLEY PAGE HALIFAX III (1944)
Der zweite viermotorige Bomber, den die R.A.F. während des Krieges in Dienst stellte, ist hier mit Nachttarnanstrich abgebildet. Die Halifax kam zeitweilig auch als Aufklärer zum Einsatz.

F

EY G

GLOSTER METEOR III (1944)
Das Jagdflugzeug mit Strahltriebwerk erreichte in einer Höhe von 2700 Metern eine Spitzengeschwindigkeit von fast 800 Kilometern pro Stunde. Die ersten Meteors, von denen bis zum Kriegsende rund zweihundert Stück gebaut wurden, kamen im Juli 1944 zum Einsatz.

HAWKER TYPHOON IB (1942)
Die 640 Stundenkilometer schnelle Typhoon griff Bodenziele mit Bomben, Raketen und 2-cm-Kanonen an. Während der Landung in der Normandie waren sämtliche Flugzeuge der Alliierten wie die abgebildete Maschine mit gelben Streifen gekennzeichnet.

5

Angriff auf das Herz des Reiches

Besatzungen der 101. Staffel des Bomberkommandos warten im Januar 1944 auf den Startbefehl zum Angriff auf Berlin. Gegen Kriegsende lag die Stadt fast Nacht für Nacht unter dem Bombenhagel der R.A.F.

Im Januar 1943 erhielt das Bomberkommando der R.A.F. eine Direktive, die folgendermaßen lautete: „Ihr Hauptziel wird darin bestehen, den deutschen Militär-, Industrie- und Wirtschaftsapparat fortschreitend zu zerstören und zu lähmen sowie die Moral des deutschen Volkes so nachhaltig zu untergraben, daß seine Fähigkeit zum Widerstand entscheidend geschwächt wird.“

Es war eine große Aufgabe, die ihm da gestellt wurde, aber Air Marshal Sir Arthur Harris, der Chef des Bomberkommandos, las die Direktive mit einer gewissen Genugtuung. Noch nicht einmal ein Jahr war es her, daß einflußreiche Mitglieder des Kriegskabinetts aus Empörung über die augenscheinliche Unfähigkeit des Bomberkommandos, ein Ziel auch nur annähernd präzise zu bombardieren, von dem Gedanken an eine strategische Bombenoffensive Abstand genommen und sich für die Auflösung von Harris' Streitmacht eingesetzt hatten. Nur mit dem „Tausend-Bomber-Angriff“ auf Köln, der einen Großteil der Stadt dem Erdboden gleichgemacht hatte, war es Harris gelungen, seine Anhänger zu mobilisieren und Personal und Material des Bomberkommandos ein unwillkommenes Schicksal – ihre Aufteilung auf Heer und Marine – zu ersparen. Der Angriff auf Köln hatte den Ruf des Bomberkommandos so nachhaltig gebessert, daß es nun wieder eine entscheidende Funktion im Krieg übernehmen sollte.

Die Direktive, in der Harris' Auftrag umrissen wurde, war nur *ein* Ergebnis der Konferenz, die im Januar 1943 in Casablanca stattgefunden hatte. Während ihres zehntägigen Treffens hatten sich der britische Premierminister Churchill, der amerikanische Präsident Roosevelt und die Stabschefs der Streitkräfte beider Länder auf ihr weiteres militärisches Vorgehen geeinigt. Ihr oberstes Kriegsziel war die Niederwerfung Deutschlands. Der endgültige Sieg in Europa sollte nicht durch eine Bomberoffensive allein, sondern durch Land- und Seeoperationen – unterstützt durch strategische Bombenangriffe – errungen werden.

Der Auftrag stellte das Bomberkommando vor erhebliche Schwierigkeiten. In der zweiten Hälfte des Jahres 1942 war es nicht gelungen, die Erwartungen zu erfüllen, die der „Tausend-Bomber-Angriff“ auf Köln geweckt hatte. Das neue GEE-System, das ein Gitternetz von Funksignalen ausstrahlte und die Navigation erleichterte, hatte im Laufe des Sommers an Wert verloren, da die Deutschen die Frequenz, auf der das System arbeitete, herausgefunden hatten und es seitdem störten. Die Zahl der deutschen Nachtjäger war um mehr als das Doppelte gestiegen und stellte eine schwere Bedrohung für die R.A.F.-Bomber dar. Darüber hinaus schienen Flak-Stellungen in Deutschland wie Pilze aus dem Boden zu schießen. Im

Ein Pressephoto des britischen Luftfahrtministeriums zeigt das tödliche Bombenarsenal der R.A.F. Um die kaum zu unterschätzende Zerstörungskraft der Waffen zusätzlich zu betonen, schrieb ein Mitarbeiter das Gewicht der einzelnen Bomben direkt auf das Negativ.

Laufe des Jahres 1942 meldeten Jäger und Flugabwehr den Abschuß von 1404 britischen Bombern. Glücklicherweise blieb die Produktion von Flugzeugen in England den Verlusten stets ein wenig voraus. Dennoch, es standen nach wie vor zuwenig einsatzbereite Bomber zur Verfügung, um Deutschland empfindlich treffen zu können, ganz abgesehen davon, daß die Präzision der Abwürfe immer noch zu wünschen übrigließ.

Zu keinem Zeitpunkt des Krieges sollte das Bomberkommando die eigentlich erhoffte Kampfstärke von 4000 schweren und mittleren Bombern erhalten. Diese Zahl verlor jedoch in demselben Maße an Bedeutung, wie sich die Treffsicherheit erhöhte. Ein Grund für die verbesserte Leistung war die Pfadfinder-Einheit, die im August unter der Führung von Air Commodore Donald C. T. Bennett aufgestellt wurde. Sie setzte sich ursprünglich aus den fünf Staffeln des Bomberkommandos zusammen, die bei der Zielfindung stets am besten abgeschnitten hatten. Bei zukünftigen Einsätzen sollten sie dem Gros des Bomberstroms im Tiefflug vorausfliegen, das Zielgebiet mit Leuchtbomben in helles Licht tauchen und einen Zielpunkt mit Brandbomben markieren.

Zu Beginn ihres Einsatzes hatten die Pfadfinder nur mäßigen Erfolg. Die Brände, die sie als Markierung legten, griffen oft um sich und machten das eigentliche Ziel unkenntlich. Darüber hinaus entzündeten die Deutschen manchmal Scheinfeuer, um die Angreifer zu täuschen. Aus diesem Grunde gingen die Engländer dazu über, Zielbomben von unverkennbaren – und unnachahmlichen – Leuchtfarben zu verwenden.

Bei Jahresende konnten die Pfadfinder eine ansehnliche Erfolgsstatistik vorweisen. Bei klarem Himmel oder nur leichter Bewölkung hatten sie ihre Ziele in 75 Prozent der Fälle korrekt markiert. Bei bedecktem Himmel und

Angehörige des Bodenpersonals der R.A.F. bereiten die Munitionierung einer Avro Lancaster mit 450-kg-Bomben vor. Die für ihre Vielseitigkeit bekannte Lancaster konnte verschieden schwere Bomben mitführen, auch die riesigen Tallboys und Grand Slams (gegenüber).

ohne Bodensicht aber war auf sie kaum mehr Verlaß als auf die unerfahrenste Besatzung. Doch es zeichnete sich bereits eine Besserung ab, und zwar in Form von zwei elektronischen Systemen, die noch vor Ablauf des Jahres 1942 eingeführt wurden: Oboe, ein Radarsystem, das am Boden stationiert war und die Bomber über das Ziel führte, und H2S, ein Bordradar, mit dem Bodenziele durch eine geschlossene Wolkendecke erkannt und identifiziert werden konnten *(S. 140–141)*.

Die Leistungssteigerung der Pfadfinder-Einheit, die durch die neuen Systeme ermöglicht wurde, ging Hand in Hand mit Anstrengungen, das Bomberkommando in eine wirksame Offensivwaffe zu verwandeln. Die meisten alten Maschinen der mittleren Bomberflotte wurden kurz hintereinander durch Halifaxes und die neuen Lancasters ersetzt, die beide etwa sechs Tonnen Bomben tragen konnten. Dann kam die Entwicklung verbesserter Zielgeräte und wirksamerer Bomben; im April 1943 wurden regelmäßig 3600 Kilogramm schwere Bomben eingesetzt. Alle diese Verbesserungen gaben Harris' Besatzungen neues Selbstvertrauen.

Anfang 1943, nach dreieinhalb Kriegsjahren, war das Bomberkommando bereit, sich von früheren Demütigungen frei zu machen und eine Luftoffensive gegen Deutschland einzuleiten, die gute Aussicht auf Erfolg besaß. Das Bomberkommando der R.A.F. war bei dieser gigantischen Aufgabe nicht auf sich allein gestellt. Die 8. Luftflotte der Vereinigten Staaten war nach Europa verlegt worden und operierte von englischen Flugplätzen aus gegen Deutschland. Der deutschen Luftwaffe stand mit den geplanten Rund-um-die-Uhr-Bombenangriffen, bei der die Amerikaner tagsüber, die Engländer nachts angriffen, eine schlimme Zeit bevor.

Um die Luftwaffe unter Druck zu setzen und den in Casablanca ergangenen Auftrag zu erfüllen, hatte Harris beschlossen, die großen Industriestädte in Deutschland anzugreifen, in denen Bomben, selbst wenn sie die Werke verfehlten, Verwüstungen anrichteten, die die Rüstungsproduktion mit Sicherheit beeinträchtigten. Er lehnte es ab, Punktziele wie beispielsweise U-Bootbunker anzugreifen, weil die Treffgenauigkeit, die in solchen Fällen erforderlich war, bei Nachtflügen vorerst nicht gewährleistet war. Tagangriffe hingegen, auf die die Amerikaner ihre Hoffnungen setzten, waren nach Ansicht der R.A.F. mit zu hohen Verlustrisiken verbunden. Harris hielt Flächenbombardements im Schutze der Dunkelheit für die vielversprechendste Strategie.

Harris wußte auch schon, wo er seinen Feldzug beginnen mußte. Er dachte an das Ruhrgebiet, das mit seinen Städten innerhalb der Reichweite der Funkleitsysteme GEE und Oboe lag. Die Zielfindung würde somit kein Problem darstellen. Doch bevor Harris seinen Plan in die Tat umsetzen konnte, bekam er Anweisung, sich den Forderungen des Kriegskabinetts unterzuordnen und seine Angriffe zunächst gegen deutsche U-Boot-Basen an der französischen Küste zu richten.

Die deutschen Unterseeboote stellten eine schwere Gefahr dar. Dennoch war Harris überzeugt, daß seine Streitmacht falsch eingesetzt war, wenn sie versuchte, mit Bomben, von denen man wußte, daß sie nicht genügend Sprengkraft besaßen, Angriffe auf U-Boot-Bunker zu fliegen – und er sollte recht behalten. Obwohl zwischen dem 14. Januar und dem 6. April 1943 Tausende von Tonnen Bomben auf die U-Boot-Basen niedergingen, durchschlug nicht eine einzige die dreieinhalb Meter dicken Stahlbetondekken der U-Boot-Bunker. Andererseits wurden Wartungs- und Versorgungseinrichtungen in der Umgebung der Bunker zerstört, so daß die Einsätze nicht ganz vergeblich waren.

Nachdem das Bomberkommando seinen Auftrag zur Bekämpfung der U-Boot-Basen erfüllt hatte, griff Harris seinen Plan wieder auf, Hitlers

Von Oboe geführt, folgt ein Bomber einem Kreiskurs um den Punkt A. Die dortige Radarstation verfolgt ihn und gibt Kurskorrekturen durch, wenn der Pilot abweicht. Gleichzeitig wird das Flugzeug von einer zweiten Radarstation verfolgt, der Station B. Wenn die Maschine eine vorgegebene Entfernung von B erreicht, teilt die dortige Station dem Piloten mit, daß er sich über dem Zielgebiet, in diesem Fall der Fabrik C, befindet und seine Bomben ausklinken soll.

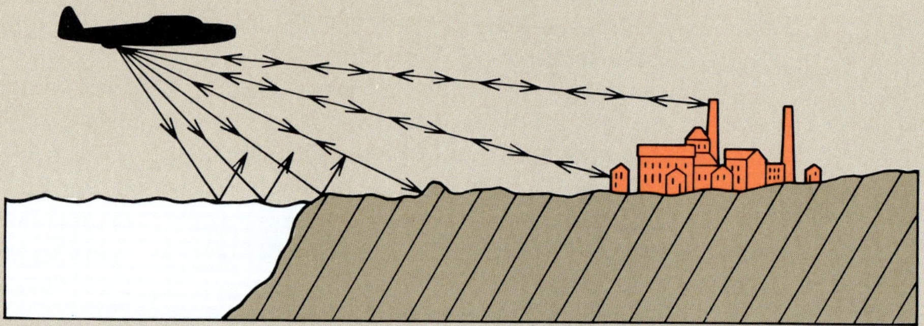

Das H2S-Bordradar eines Bombers strahlt elektromagnetische Wellen zum Boden aus, die unterschiedlich reflektiert werden. Ebene Flächen wie Wasser werfen einen geringen, hügelige Landschaften einen größeren und Städte mit Gebäuden einen sehr großen Anteil der auftreffenden Wellen als Echosignale zurück, die auf dem Bildschirm als leuchtende Punkte dargestellt werden. Im Beispiel rechts erscheinen See und Flachland als dunkle Flächen, während die von der Stadt Trondheim reflektierten Signale einen helleuchtenden Fleck erzeugen.

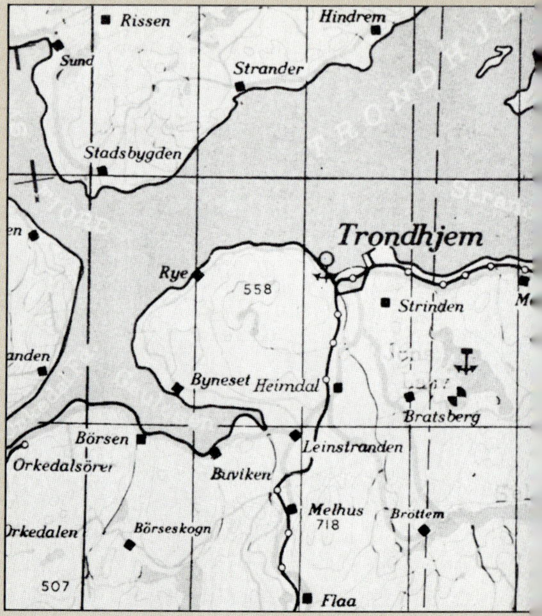

Zwei überlegene Ortungssysteme

Durch die Weiterentwicklung von zwei streng geheimen Zielortungssystemen, mit deren Hilfe britische Bomber bei Nachteinsätzen ihre Ziele mit größerer Treffsicherheit bombardieren konnten, war Radar 1943 zu einer gefährlichen Offensivwaffe geworden. Das eine der beiden Systeme, dessen Deckname Oboe war, bestand aus zwei Bodenstationen, die laufend Entfernungsmessungen zum geführten Flugzeug vornahmen und es so zu seinem Angriffsziel führten.

Oboe arbeitete zwar mit tödlicher Genauigkeit, hatte aber nur eine Reichweite von 480 Kilometern und den Nachteil, daß es nur jeweils ein Flugzeug führen konnte. Aus diesem Grunde wurde es vorwiegend zur Führung der Pfadfinderflugzeuge eingesetzt, die das Ziel mit Leuchtbomben markierten.

Das zweite System hatte die Bezeichnung H2S und ermöglichte die Ortung von Städten, auch wenn sie verdunkelt waren oder unter einer geschlossenen Wolkendecke lagen. Da die Geräte in die Flugzeuge selbst eingebaut waren, unterlagen sie keinerlei Beschränkung in bezug auf die Reichweite, wie es bei Oboe der Fall war. Außerdem konnte H2S von einer beliebigen Zahl Bomber gleichzeitig – und mit verheerender Wirkung – eingesetzt werden.

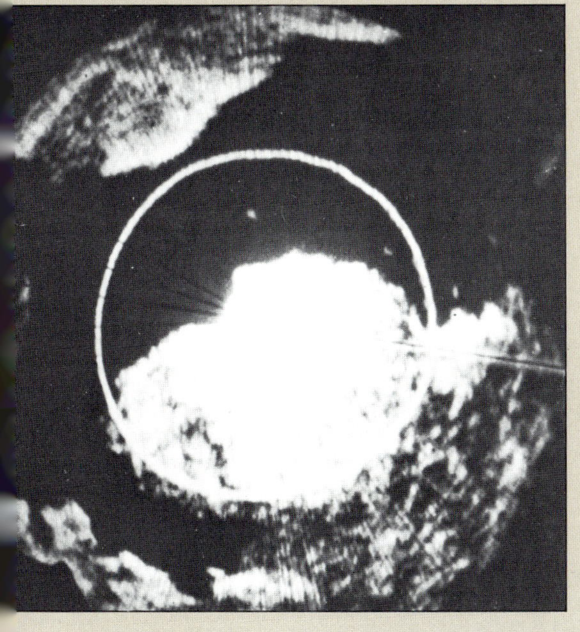

Kriegsanstrengungen durch die Zerstörung der Industrie zunichte zu machen. Er eröffnete seine Offensive mit einem Angriff auf das schwierigste aller Ziele im Ruhrgebiet: Essen. Die Stadt, Standort des Krupp-Konzerns, wurde nicht nur heftig verteidigt, sondern lag auch fast immer unter einer dichten Dunstglocke aus Industrieabgasen. In der Nacht vom 5. auf den 6. März 1943 schickte Harris eine aus 442 Flugzeugen bestehende Bomberstreitmacht, angeführt von Pfadfindern, die von den Oboe-Stationen geleitet wurden, auf den Weg nach Essen. Gemessen am damaligen Leistungstand des Bomberkommandos war der Angriff ein Erfolg. Fast ein Drittel der Maschinen hatte seine Bomben korrekt in einem Umkreis von fünf Kilometern um den Zielpunkt abgeworfen. 650 000 Quadratmeter des Stadtgebietes wurden verwüstet und die Krupp-Werke schwer getroffen, die Produktion ging allerdings weiter. Bis auf 14 Bomber kehrte Harris' ganze Flotte wohlbehalten zurück.

Die strategischen Luftangriffe auf deutsche Städte wurden fortgesetzt, bei gutem wie bei schlechtem Wetter. In den ersten Monaten der Offensive konzentrierten sich die Angreifer weiter auf das Ruhrgebiet und flogen nur gelegentlich Ziele in anderen Regionen an, um die Deutschen daran zu hindern, ihre Luftverteidigung im Ruhrgebiet zusammenzuziehen. Später verlagerte sich das Hauptgewicht der Angriffe auf Städte in anderen Teilen Deutschlands. Es gab ebenso Erfolge wie Fehlschläge.

Zu den Erfolgen zählte der Angriff auf Hamburg, an dem in der Nacht vom 24. auf den 25. Juli 1943 791 Bomber beteiligt waren. Bei diesem Angriff kam es erstmalig zum Einsatz von sogenannten Düppeln, kleinen, in Bündeln verpackten Aluminiumstreifen, die während des Anflugs abgeworfen wurden. Sobald sie der Fahrtwind erfaßte, öffneten sich die Bündel, und die Folien flatterten in dichten Wolken zu Boden. Auf den Radarschirmen der Deutschen entstand ein solches Echogewirr, daß die Bomber nicht mehr zu identifizieren waren. Auf diese Weise wurden radargesteuerte Flak und Jagdabwehr wirkungsvoll gestört.

Als sich die Bomber Hamburg von Nordwesten näherten, regnete es unzählige kleine Aluminiumstreifen vom Himmel, die die deutsche Luftabwehr „blind" machten. Die Engländer hörten den Funkspruch eines deutschen Radarbeobachters mit, der verzweifelt ausrief: „Ich sehe keinen einzigen Bomber mehr!" An diesem Tag, an dem Hamburgs Versorgungseinrichtungen lahmgelegt und der Luftschutz überrumpelt wurde, verlor das Bomberkommando nur zwölf Flugzeuge, eine Bilanz, an deren Erfolg die Düppelstreifen den größten Anteil hatten.

Doch der Stadt stand noch Schlimmeres bevor. Drei Nächte später entfachten 739 Bomber mit Brandbomben eine Feuersbrunst, die große Teile Hamburgs erfaßte. Mit zwei weiteren Tag- und Nachtangriffen zwangen Amerikaner und Engländer die Stadt schließlich in die Knie. In den Tagen bis zum 3. August zählte man insgesamt 41 800 Tote und über 37 000 Verletzte. Zwei Drittel der Einwohner waren aus Hamburg geflohen. Albert Speer, Hitlers Rüstungsminister, meinte in einem Bericht an den Führer, daß „Angriffsserien dieser Art, auf sechs weitere Großstädte ausgedehnt, Deutschlands Rüstung zum Erliegen bringen müßten".

Aber auch für die Engländer verlief die Offensive nicht ganz nach Plan. Die deutschen Verteidiger fanden schon bald einen Weg, die Düppel zu überwinden. Sie änderten ihre Taktik, indem sie die Jäger, die bisher mit Hilfe von Radar an einzelne Bomber herangeführt worden waren, nunmehr dem Bomberstrom als ganzem entgegenschickten und es ihnen überließen, sich ihre Ziele selbst auszusuchen. Die britischen Verluste stiegen von Mal zu Mal. Beim zweiten Angriff schossen die Deutschen 15, beim dritten und vierten jeweils 30 Bomber ab. Die Ausfälle lagen damit zwar noch deutlich niedriger als bei Angriffen auf Hamburg vor Verwendung der Düppel, aber ihre steigende Zahl signalisierte auch, daß die Aluminiumstreifen nur vorübergehenden Schutz gewährleisten konnten.

Obwohl Hamburg außerhalb der Reichweite von Oboe lag, war es in vielerlei Hinsicht ein ideales Ziel, und zwar einerseits durch seine Lage an der Elbe, die bewirkte, daß sich die Umrisse der Stadt klar und deutlich gegen den dunklen Hintergrund auf den H2S-Radarschirmen der Bomber abzeichneten, und andererseits durch seine geringe Entfernung von der Nordseeküste, über die die Bomber anflogen. Auf diese Weise waren sie nur relativ kurze Zeit der Bodenabwehr der Deutschen ausgesetzt.

Churchill sprach sich anerkennend über den Erfolg des Bomberkommandos in Hamburg aus, strebte aber als nächsten Schritt vor allem Angriffe auf Berlin an. Er wollte den Berlinern dasselbe Schicksal bereiten, das die Londoner bei den deutschen Angriffen auf ihre Stadt erlitten hatten, und drängte Harris seit Herbst 1942 zu einer Großoffensive auf die deutsche Hauptstadt. Harris zögerte. Bisher hatten die Ergebnisse der Angriffe auf Berlin in keinem Verhältnis zu den Verlusten an Bombern gestanden. Erst Mitte November 1943 entschloß sich Harris zu einem neuen Versuch. Für die Offensive gegen die Stadt standen ihm 948 schwere Bomber zur Verfügung, die eine große Bombenlast tragen konnten und so die Erfolgschancen erhöhten. Darüber hinaus war eine hohe Treffgenauigkeit zu erwarten, weil das Bordradar inzwischen verbessert und nicht nur in die Pfadfinder, sondern auch in viele Maschinen der eigentlichen Bomberflotte eingebaut worden war.

Zusätzlich zu ihren Erfahrungen benötigten die Besatzungen der Pfadfinder alles, was die Technik ihnen an Hilfe bieten konnte, denn die Offensive fand, wie Harris später in seinen Erinnerungen schrieb, „bei abscheulichem Wetter und unter Bedingungen", statt, „die sich mit keinem anderen Feldzug in der Geschichte des Krieges vergleichen ließen". Kaum eine Besatzung bekam Berlin überhaupt zu Gesicht. Die Bomben schlugen zum Teil 50 Kilometer von der Stadt entfernt ein. Der Teil aber, der das Zielgebiet traf, reichte aus, um der Offensive zum Erfolg zu verhelfen. Die deutschen Berichte, die über die Schäden vorliegen, sind unvollständig, aber sie zeigen, daß in fünf Angriffen zwischen dem 18. November und 3. Dezember 46 Fabriken zerstört, 259 weitere beschädigt und Tausende von Häusern zum Einsturz gebracht wurden. Dennoch lag das Schadensmaß in Berlin weit unter dem in Hamburg, und die Industrieproduktion in der deutschen Hauptstadt konnte sogar noch leicht erhöht werden.

Nichtsdestoweniger räumte Goebbels schon am 25. November ein, daß „die Bedingungen in der Stadt ziemlich hoffnungslos sind". Und kurz nach dem schwersten Luftangriff, der in der Nacht vom 5. auf den 6. Februar 1944 stattfand, erklärte Generalfeldmarschall Erhard Milch, Görings Stellvertreter, seinem Stab: „Jedermann sollte einmal nach Berlin kommen. Dann wird man erkennen, daß Erfahrungen, wie wir sie in den letzten Monaten gemacht haben, nicht endlos zu ertragen sind. Das ist unmöglich."

In diesen Sätzen klang die von Harris vertretene, vielgeschmähte Auffassung an, daß die Bombardierung von Städten stärker als alle anderen strategischen Operationen zum Sieg über Deutschland beitragen würde. Aber die Luftangriffe forderten einen hohen Preis. Und weder die Düppelstreifen noch Ablenkungsangriffe schienen das Blatt zugunsten der Bomber wenden zu können. Zwischen November 1943 und März 1944 verlor das Bomberkommando über 1000 Bomber und Besatzungen.

Mit den schwersten Verlusten des Krieges endete in der Nacht vom 30. auf den 31. März 1944 der Bombenangriff auf Nürnberg, eine von mehreren Städten, auf die während der Luftschlacht um Berlin Ablenkungs-

Bei einem Einsatz, der über das von Deutschen besetzte Frankreich führte, taucht eine von R.A.F.-Pfadfindern abgeworfene Leuchtbombe ein Flugmotorenwerk in Limoges in helles Licht. Die Pfadfinder, für Nachtangriffe unentbehrlich, flogen die Ziele mit ihren schnellen de Havilland Mosquitos manchmal in der geringen Höhe von nur 150 Metern an, um sie für die nachfolgenden schweren Bomber zu markieren.

Avro Lancasters der 57. Staffel bombardieren auf diesem Gemälde von Michael Turner aus dem Jahre 1944 das Stahlwerk Moderville in der Nähe von Caen. Zur besseren Unterscheidung von den umliegenden Gebäudekomplexen haben die Pfadfinder das Stahlwerk sicherheitshalber mit grünen Leuchtbomben markiert.

angriffe geflogen wurden. Um die Stadt zu erreichen, mußten die Engländer rund 650 Kilometer deutsches beziehungsweise von Deutschen besetztes Gebiet überfliegen, und fast auf der ganzen Strecke waren dicht an dicht Flakstellungen errichtet worden. Genau wie Berlin lag auch Nürnberg außerhalb der Reichweite von Oboe und unterschied sich darüber hinaus auf den H2S-Radarschirmen der Bomber durch nichts von den umliegenden Orten. Man konnte davon ausgehen, daß mit einem Luftangriff auf die Stadt bei geschlossener Wolkendecke gegen die dortigen Fabriken, in denen Panzer und elektrische Geräte hergestellt wurden, wenig auszurichten war.

Um 23 Uhr überflogen 795 Bomber, von der Nordsee kommend, die belgische Küste und nahmen Kurs auf Nürnberg. Anders als im Wetterbericht vorhergesagt, war entlang der Flußstrecke der Himmel nicht bedeckt, sondern klar, und im hellen Licht des Halbmondes leuchteten die Kondensstreifen, die die Bomber hinter sich herzogen. Die deutschen Nachtjäger hatten keine Schwierigkeiten, ihre Ziele auszumachen, und schossen einen Bomber nach dem anderen ab. Viele fielen der sogenannten

„schrägen Musik“ zum Opfer, 2-cm-Schnellfeuerkanonen, die fast senkrecht nach oben gerichtet in einen Teil der Jäger eingebaut waren. „Wir wurden von unten angegriffen“, berichtete Flight Sergeant Guy Edwards, Bordschütze im oberen Schützenstand einer Halifax der 76. Staffel, „und es war offensichtlich, daß wir zum erstenmal auf eine Art Flugzeug gestoßen waren, das mit außerordentlicher Präzision senkrecht nach oben feuern konnte, denn ich sah, wie die Leuchtspurgeschosse alle vier Motoren und die Tragflächen senkrecht von unten nach oben durchschlugen.“ Aus den durchlöcherten Tanks strömte Treibstoff aus, der brennend am Rumpf der Halifax entlanglief. Sekunden später explodierte der Bomber. Edwards wurde herausgeschleudert und erreichte mit seinem Fallschirm sicher den Boden. Seine Kameraden kamen ums Leben.

Während die Bomber weiterflogen, kamen in Nürnberg Wolken auf, die sich verdichteten, so daß die Pfadfinder Schwierigkeiten hatten, das Ziel zu markieren. Squadron Leader L. D. Leicester von der 640. Staffel sagte später: „Es war zweifellos die schlimmste Nacht, an die ich mich erinnern kann, und ich wüßte nicht, wann es in der R.A.F. noch einmal solche Verwirrung gegeben hätte, mit dem Ergebnis natürlich, daß die Bomben kreuz und quer durch die Gegend flogen.“

Aufklärer, die nach dem Angriff mit Luftaufnahmen von Nürnberg zurückkehrten, bestätigten das erwartete geringe Schadensmaß. Eine Fabrik war zur Hälfte in Trümmer gelegt worden; in drei anderen kam es lediglich zu Störungen. Die meisten Bomben waren weit verstreut in der Umgebung niedergegangen. Schwerer als die enttäuschenden Ergebnisse aber wogen die Verluste. Von den nahezu 800 Bombern kehrten 95 – 11,8 Prozent – nicht nach England zurück.

Im Vergleich dazu bewegten sich die Verluste bei den zwei Monate zurückliegenden Luftangriffen auf Berlin in einem wesentlich niedrigeren Bereich, um 6,1 Prozent, eine Quote, die bei den Leitern der Offensive als gerade noch tragbar galt. Sie bedeutete, daß der Ersatz an Personal und Material die Ausfälle des Bomberkommandos knapp überstieg. Die Männer, die die Einsätze fliegen mußten, sahen die Situation jedoch naturgemäß weniger rosig. Viele von ihnen betrachteten die Kommandierung zu den Einsätzen des Bomberkommandos als ihre letzte Station. 1943 schrieb Flight Lieutenant Denis Hornsey, Halifax-Pilot der 76. Staffel, in seinen unveröffentlichten Erinnerungen: „Wenn man Auge in Auge mit dem Tod lebt, ist es, als ob diejenigen, die vor einem gegangen sind, lediglich einen früheren Zug zum selben Reiseziel erwischt haben und man selbst dieses allerdings ungewisse Ziel auch bald erreichen wird, da im nächsten Zug mit ziemlicher Sicherheit bereits ein Platz für einen reserviert ist.“

Im Gegensatz zu Tausenden anderen überlebte Hornsey den Krieg. Die Verluste, die die einzelnen Staffeln erlitten, ließen sich nicht gesetzmäßig vorhersagen. Mal schwankten sie zwischen Null in einer Nacht und einem halben Dutzend in der nächsten, mal blieben sie relativ konstant, wie beispielsweise in der 76. Staffel, die bei jedem Einsatz ein bis zwei Maschinen verlor. Manchmal vergingen Wochen, ohne daß eine einzige Bomberbesatzung ihren 30. Einsatz vollendete und damit einen der seltenen Freifahrscheine erwarb, der sechs Monate Sicherheit auf einem Posten im rückwärtigen Stab bedeutete.

Die ständige Gefahr, der sie im Dienst ausgesetzt waren, strapazierte die Kampfmoral der Flugzeugbesatzungen. Einige von ihnen warfen ihre Bomben weit vor dem Ziel ab und kehrten zu ihren Einheiten zurück. Andere hatten Bombenschützen, die bei jedem Krachen der Flak nervös zusammenzuckten und die Bomben grundsätzlich Sekunden zu früh ausklinkten – die Engländer nannten sie „fringe merchants“ (Randspezialisten). Da dies bekannt war, wurden die Pfadfinder manchmal angewiesen, ihre Zielbomben ein paar hundert Meter hinter dem Zielpunkt abzusetzen.

Die Bomberbesatzungen, die die Konfrontation mit dem Gegner mieden, mußten allerdings nach ihrer Rückkehr mit einer Disziplinarstrafe rechnen. Am meisten gefürchtet war die Entfernung aus den fliegenden Verbänden wegen „mangelnder moralischer Charakterstärke". Dieses Urteil bedeutete für die Betroffenen fast zwangsläufig einen Makel und konnte, je nach den Umständen, zu einem Kriegsgerichtsverfahren führen. Manche kamen dabei mit einem Arrest davon. Andere wurden vor die Wahl gestellt, zum Heer versetzt oder unehrenhaft aus dem Militärdienst entlassen zu werden.

Aus Sorge, höhere Verluste in Kauf nehmen zu müssen, sträubte sich Harris gegen alles Drängen seiner Vorgesetzten, von dem Konzept der Flächenbombardierung abzuweichen und statt dessen der Vernichtung von Punktzielen Vorrang einzuräumen. Aber diesmal mußte er nachgeben. Während der Luftoffensive gegen das Ruhrgebiet im Frühjahr 1943 beschloß der Stab der R.A.F., drei wichtige Staudämme zu zerstören – die Möhne-, die Eder- und die Sorpetalsperre. Die Möhne- und Ederstauseen faßten mehr als 310 Millionen Tonnen Wasser für die Gewinnung von Elektrizität durch Wasserkraftwerke. Alle drei Stauseen dienten darüber hinaus der Hochwasserregulierung von Weser und Ruhr. Die riesigen Mauern waren mit herkömmlichen Bomben nicht zu zerstören, aber Barnes Wallis, Konstrukteur des Wellington-Bombers, arbeitete seit vielen Monaten an der Vollendung einer Bombe, die dazu in der Lage sein sollte. Die Lösung des Problems lag nicht in der Frage des Gewichts – 4160 Kilogramm –, sondern der Zündung. Die neue Bombe war so konstruiert, daß sie unter Wasser explodierte, was ihre Sprengkraft gemäß der Hydroschocktheorie, wonach sich die Stoßfront der Druckwellen durch die nicht komprimierbare Flüssigkeit fortpflanzt, um ein Vielfaches steigerte.

Harris kritisierte die Wallis-Bombe als „das wohl verrückteste Waffenangebot, das uns bis heute untergekommen ist". Auf Drängen des Stabschefs der R.A.F., Air Chief Marshal Sir Charles Portal, gab er jedoch im März 1943 nach und stellte eine neue Lancaster-Einheit auf, die 617. Staffel, die mit den Wallis-Bomben operieren sollte. Er rekrutierte nur erfahrene Besatzungen, die bereits einen vollen Einsatzturnus hinter sich gebracht hatten. Auf diese Weise schuf er eine Eliteeinheit, deren Kommando Wing Commander Guy Gibson erhielt. Gibson, ein erprobter Pilot mit mehr als dreijähriger Kampferfahrung, war nicht nur ein geborener Führer, sondern auch der richtige Mann für den Angriff auf die Staudämme.

Damit sie ihre volle Wirkung entfalten konnten, mußten die Bomben in der geringen Höhe von nur 20 Metern abgeworfen werden. „In dieser Höhe", schrieb Gibson 1944, „reichte bereits ein Schluckauf, und man landete im Nassen." Doch nur so war gewährleistet, daß die Bomben, von denen jede Maschine nur eine an Bord haben sollte, wie ein Stein flach über das Wasser gleiten konnten, bis sie nach dem Aufprall auf den Damm sanken und in zwölf Meter Tiefe explodierten – und dabei, wie man stark hoffte, die Mauern in die Luft jagten. Gibson und seine Männer erhielten knappe sechs Wochen Zeit, um sich auf den Angriff vorzubereiten. Er war für Mitte Mai geplant, wenn das Wasser in den Stauseen seinen Höchststand erreicht hatte und die Mondstellung günstig war.

In der Nacht vom 16. auf den 17. Mai startete Gibson an der Spitze seiner Einheit zum Angriff. Die Lancasters nahmen zuerst Kurs auf den Möhnesee. Unbeirrt durch die Bodenabwehr, die aus den Türmen zu beiden Seiten und von der Staumauer selbst konzentriert auf ihn feuerte, klinkte Gibson seine Bombe im richtigen Zeitpunkt aus. Sie glitt über das Wasser, sank direkt an

der Mauer und explodierte. Aber als sich die Oberfläche wieder beruhigt hatte, sah Gibson, daß das Bauwerk standgehalten hatte. Er blieb über dem Ziel und flog Vollkreise, während er seinen Staffelkameraden, die als nächste an der Reihe waren, über Funk Befehle gab. Die zweite Lancaster wurde von den deutschen Verteidigern in Brand geschossen; ihre Bombe überflog die Staumauer. Die folgenden drei Maschinen warfen ihre Bomben genau über dem Ziel ab. Erst bei der letzten Explosion entstand ein 75 Meter breites Loch in der Mauer. Eine sieben Meter hohe Flutwelle brach hervor, die sich ins Tal stürzte und auf ihrem Weg alles überflutete oder beiseite schob, Eisenbahnschienen, Brücken und Kraftfahrzeuge.

Die Lancasters, die noch Bomben geladen hatten, folgten Gibson zum nächsten Ziel, der Edertalsperre. Wenig später gab auch diese Staumauer dem ungeheuren Explosionsdruck der Bomben nach. Die Sorpetalsperre blieb verschont; die Zerstörung der beiden ersten Ziele hatte sämtliche Bomben in Anspruch genommen. Von den 18 Besatzungen, die mit Gibson gestartet waren, gingen acht verloren. Zwei kamen gar nicht erst im Zielgebiet an. An 33 Männer der Staffel wurden Auszeichnungen vergeben; Gibson erhielt das Viktoriakreuz.

Im August 1943 ließ Harris, inzwischen zum Air Chief Marshal befördert, seine Bomber ein weiteres wichtiges Punktziel angreifen: die deutsche

Nach einem Angriff von neun Lancaster-Bombern der 617. Staffel am Vortag ergießt sich das Wasser durch ein 75 Meter breites Loch in der Staumauer der Möhnetalsperre. Die Männer der 617. Staffel wurden nach ihrem Erfolg als die „Dam Busters" – „Mauerbrecher" – bekannt; später erhielten sie den Auftrag, das deutsche Schlachtschiff „Tirpitz" zu versenken.

Raketenversuchsanstalt in Peenemünde auf der Ostseeinsel Usedom, in der die V 2, eine Fernrakete, entwickelt wurde, mit der Hitler Ziele in Südengland und vor allem London zu verwüsten hoffte.

Die Peenemünder Versuchsanstalt war auf drei getrennte Gebäudekomplexe verteilt, so daß bei einem Flächenangriff schätzungsweise fünf von sechs Bomben ins Leere gehen mußten. Aus diesem Grunde sollte jeder Gebäudekomplex als Punktziel behandelt und einzeln markiert und bombardiert werden. Allerdings lagen die Ziele außerhalb der Reichweite von Oboe und zu verstreut für die Radarfindung mit Hilfe des H2S-Systems. Der Angriff setzte folglich gute Zielsicht bei hellem Mondlicht und verhältnismäßig niedrige Anflughöhe voraus.

Doch selbst in der hellsten Nacht würde sich die Zielsicht schnell verschlechtern, wenn Rauchschwaden und Qualmwolken über das Gebiet hinwegzogen. Aufgrund dieser Überlegungen wurde nach dem Vorbild von Guy Gibson, der den Einsatz auf die Staumauern an Ort und Stelle dirigiert hatte, für Peenemünde erstmals ein Leitbomber bestimmt mit dem 30 Jahre alten Group Captain John Searby als Pilot. Der ehemalige Fliegerführer der 106. Staffel hatte die 83. (Pfadfinder-)Staffel übernommen, deren zwei letzte Führer durch Abschuß ums Leben gekommen waren. Das große Risiko, das Searbys Position beinhaltete, dokumentierte sich in der Ernennung von zwei Stellvertretern, die einspringen sollten, wenn er dasselbe Schicksal erlitt wie seine Vorgänger.

Searbys Auftrag für Peenemünde am 17. August 1943 lautete, zu beobachten, wo die Zielmarkierungen niedergingen, die von H2S-ausgerüsteten Maschinen abgeworfen wurden, und die unausbleiblichen Fehler dadurch zu korrigieren, daß er die übrigen Pfadfinder einwies und den anfliegenden Bombern über Funk mitteilte, an welchen Markierungen sie sich zu orientieren und welche sie zu ignorieren hatten. Ungeachtet der ständigen Gefahr sowohl durch niederprasselnde Bomben als auch durch Flakfeuer, der er in 1200 Meter Flughöhe auf halbem Wege zwischen den Bombern und dem Erdboden ausgesetzt war, zog Searby seine Kreise und gab mit ruhiger, emotionsloser Stimme Anweisungen und Warnungen vor falschen Markierungen an den Bomberstrom durch. Es war vorgesehen, jedes Ziel 15 Minuten lang massiv zu bombardieren. Ein gleichzeitig verlaufender Scheinangriff anderer Bomber auf Berlin täuschte die deutschen Nachtjäger, die erst in den letzten 15 Minuten mit etwa 30 Maschinen auftauchten. Von den 597 Bombern, die nach Peenemünde aufgebrochen waren, kehrten 40 nicht zurück.

„Mein armes, armes Peenemünde“, klagte der Leiter der Versuchsanstalt, Generalmajor Walter Dornberger, am nächsten Tag. Das Raketenzentrum war, zumindest vorübergehend, lahmgelegt worden. 700 oder 800 Menschen starben, größtenteils Zwangsarbeiter aus den von Hitler eroberten Gebieten. Zu den Opfern zählten aber auch zwei hervorragende Wissenschaftler – Dr. Walter Thiel, Deutschlands führender Triebwerksspezialist, und Chefingenieur Dr. Helmut Walther. Goebbels notierte in seinem Tagebuch, die Arbeiten an der V 2 seien lediglich um „vier bis acht Wochen“ zurückgeworfen worden, aber die Verlegung der Produktion in unterirdische Werke und die Errichtung einer neuen Versuchsanstalt im polnischen Blizna – außerhalb der Reichweite des britischen Bomberkommandos – berechtigen zur Annahme, daß die Angriffe den Betrieb in Peenemünde empfindlicher gestört hatten, als von Goebbels vermutet wurde.

Aber trotz der Schäden gaben die Deutschen Peenemünde nicht auf. Viele Einrichtungen blieben intakt und dienten dem Bau einer weiteren Angriffswaffe – der „Fliegenden Bombe“ V 1. Spione in Europa hatten den Engländern von der neuen Bedrohung berichtet. Doch erst am 3. Oktober

1943 bekam die R.A.F. den neuen, 5,80 Meter langen, unbemannten Flugkörper mit seinen Stummelflügeln erstmalig zu Gesicht, und zwar auf einem Luftbild aus Peenemünde. Etwa acht Wochen später entstand ein weiteres Photo, das die V 1 auf einer Startrampe zeigte. Diese Entwicklung war in der Tat beunruhigend. Dutzende solcher Abschußrampen, auf die sich bis dahin niemand einen Reim hatte machen können, waren in Frankreich entdeckt worden. Sie waren direkt auf London gerichtet.

Engländer und Amerikaner begannen umgehend, die Abschußbasen aus der Luft anzugreifen und mit tief fliegenden Jagdbombern sowie hoch fliegenden schweren Bombern auszuradieren. Am besten bewährten sich dabei die de-Havilland-Mosquitos der R.A.F. Die sehr schnellen leichten Bomber waren vorwiegend aus Holz gebaut und relativ unempfindlich gegen Beschuß. 1941 in Dienst gestellt, entwickelten sie sich schnell zur Standardwaffe der R.A.F. Die Mosquitos lösten andere Bomber als wichtigste Pfadfinder ab. Sie dienten dem Küstenkommando ebenso als Aufklärer wie bei der Bekämpfung von Seezielen und wurden vom Jägerkommando eindringenden Feindflugzeugen entgegengeschickt, die sie bis zu ihren Stützpunkten verfolgten und beim Landeanflug abschossen. Das Bomberkommando setzte sie bei Tiefangriffen ein, besonders erfolgreich gegen die Abschußrampen der V 1 in Frankreich.

Bis Ende Dezember wurden 52 Abschußbasen in Bombenkraterlandschaften verwandelt. Ständig trafen von den Aufklärern Berichte über weitere Basen ein, von denen 79 in der ersten Januarhälfte 1944 unbrauchbar gemacht werden konnten. „Wenn das Bombardement der Alliierten noch zwei Wochen so weitergeht", erklärte Oberst Max Wachtel, Leiter der Abteilung der Versuchsanstalt, die mit dem Abschuß der Raketen beauftragt war, „muß die Hoffnung, die ursprünglichen Abschußrampen jemals operativ zu nutzen, aufgegeben werden." Seine Befürchtungen bewahrheiteten sich. Er mußte auf provisorische Abschußrampen zurückgreifen, die von den Bombern genauso verfolgt wurden wie die fest installierten Rampen. Aber es war unmöglich, sie alle zu zerstören.

Obwohl Angriffe auf Punktziele – wie die Operationen gegen die V-1-Basen, Peenemünde und die Talsperren – in vielerlei Hinsicht erfolgreich waren, nahmen sie einen wesentlich geringeren Stellenwert ein als die strategischen Bombardements, die darauf abzielten, die deutschen Kriegsanstrengungen zunichte zu machen. Zwischen März 1943 und April 1944 flog das britische Bomberkommando 74 900 Einsätze und lud mehr als 180 000 Tonnen Bomben über deutschen Städten ab. Seine Verluste beliefen sich auf mehr als 2800 Bomber.

Das Bomberkommando der R.A.F. und die amerikanische 8. Luftflotte, die inzwischen regelmäßige Tagangriffe auf Ziele in Deutschland flog, fügten der Rüstungsproduktion schwere Wunden zu. So schätzte beispielsweise Albert Speer, daß die Flugzeugfabriken wegen der alliierten Luftangriffe nur halb so viele Jäger bauten, wie sie sonst in der Lage gewesen wären. Wichtiger vielleicht aber war die Tatsache, daß die Offensiven dazu beigetragen hatten, den Druck der Deutschen auf die Sowjetunion zu mindern. Rund anderthalb Millionen Deutsche, darunter viele Männer, die sonst an der Ostfront hätten kämpfen können, wurden in der Flugabwehr und für die Beseitigung von Bombenschäden gebraucht. Außerdem mußte Göring aufgrund der strategischen Bombardements Jäger von der Ostfront, wo man auf ihre Unterstützung nur schwer verzichten konnte, nach Frankreich und Deutschland verlegen. Darüber hinaus wurden seine Verbände im Mittelmeerraum so geschwächt, daß die Luftwaffe dort keinen nennenswerten Einfluß mehr ausüben konnte. Vor allem aber zwangen Harris mit seinem Bomberkommando und der amerikanische

Die Helden der Royal Air Force

„Für Treue und Pflichterfüllung, die größer waren, als man mit Worten auszudrücken vermag" hieß es in der Verleihungsurkunde, die dem Bomberpiloten William Reid *(S. 151)* zusammen mit dem Viktoriakreuz überreicht wurde. Dieselbe Anerkennung schuldet Großbritannien im Grunde sämtlichen R.A.F.-Piloten, die auf dieser und den folgenden Seiten gewürdigt werden. Von ihnen zeichneten sich einige, wie beispielsweise „Cobber" Kain *(unten),* der Ende 1939 und im Frühjahr 1940 als Hurricane-Pilot in Frankreich eingesetzt war, gleich zu Anfang des Zweiten Weltkriegs aus, während sich andere, wie Guy Gibson und Leonard Cheshire *(S. 152),* erst später während des Luftkriegs über Deutschland einen Namen machten.

Nicht alle erhielten das Viktoriakreuz, die höchste britische Auszeichnung. Diese schien vorwiegend den Bomberbesatzungen vorbehalten, was insofern nicht überrascht, als sie nur allzu häufig in Situationen kamen, die Heldenmut verlangten, mußten sie doch Einsatz für Einsatz dem dichten Sperrfeuer der Flak und den allgegenwärtigen deutschen Nachtjägern trotzen. Ihre Chance, eine Einsatzfolge lebend zu überstehen, war gering. Doch auch die Jagdflieger riskierten bei jedem Einsatz ihr Leben, und auch sie bewiesen mehr Mut, Entschlossenheit und fliegerisches Können, als man mit Worten auszudrücken vermag, ja manchmal mehr sogar, als man sich vorstellen kann.

Bei den hier vorgestellten Männern wurde zum größten Teil auf die Angabe von Dienstgraden verzichtet. Überragende Piloten wie sie machten – unter der Voraussetzung, daß sie lange genug lebten – eine steile Karriere und wurden durchweg im Laufe des Krieges mehrere Male befördert.

EDGAR JAMES „COBBER" KAIN

Kain („Cobber" genannt, was in seiner neuseeländischen Heimat „Freund" bedeutet) war das erste Jagdflieger-As der R.A.F. Er war ein angriffsfreudiger Kämpfer, der sich, nachdem er im Herbst 1939 mit seiner Staffel nach Frankreich verlegt worden war, während des Blitzkriegs im Mai und Juni 1940 mit Verve auf die großen Pulks von Luftwaffenflugzeugen warf, die die Kämpfe am Boden unterstützten. Mit 17 Luftsiegen war er der erfolgreichste aller R.A.F.-Piloten der ersten Kriegsmonate. Kain kam ums Leben, als er im tollkühnen Tiefflug über den eigenen Flugplatz jagte, Bodenberührung bekam und zerschmetterte.

ADOLPH GYSBERT „SAILOR" MALAN

Viele seiner Kameraden hielten Malan – der die ersten beiden seiner insgesamt 32 Luftsiege gleich bei seinem ersten Einsatz über Dünkirchen im Mai 1940 errang – für den besten Luftkampftaktiker und großartigsten Verbandsführer der R.A.F.

Für die 74. Staffel, einen Eliteverband, den er während der Luftschlacht um England führte, formulierte er die „Zehn Gebote" des Luftkampfes, überzeugende Regeln (Beispiel: „Immer kurven und dem Angreifer entgegenfliegen"), die bald in jedem Jagdfliegerhorst auswendig gelernt wurden. Er war ein sicherer Schütze und hatte, wie es sein Staffelkamerad Mungo Park, ebenfalls ein Flieger-As, ausdrückte, „eiskalten Mut". Selbst in Gefechtssituationen kühl und überlegt handelnd, wechselte Malan einmal mitten im Luftkampf eine durchgebrannte Glühbirne im Reflexvisier seiner Spitfire aus.

Malan wurde von seinen Kameraden „Sailor" (Seemann) genannt, weil er fünf Jahre in der britischen Handelsmarine gefahren war, ehe er sich zur R.A.F. meldete. Während der Luftschlacht um England war er bereits 30 Jahre alt – eigentlich schon zu alt für einen Jagdflieger –, doch dank seiner Reife konnte er sich eindeutige Autorität als Vorgesetzter verschaffen. Er wurde zum Wing Commander befördert und führte seine Jäger 1943 und 1944 zu Angriffen über Frankreich. Nach dem Krieg ging er zurück in sein Heimatland Südafrika und wurde ein erfolgreicher Schafzüchter.

JAMES HARRY „GINGER" LACEY

Der rothaarige, sommersprossige Lacey erkämpfte sich in der Luftschlacht um England mit 15 Luftsiegen einen der vordersten Plätze der Jagdflieger im Unteroffiziersrang (er war Sergeant). In jenem kritischen Sommer 1940 war er unermüdlich im Einsatz. Für seine „immerwährende Einsatzbereitschaft und große Tapferkeit", wie es in einer Verleihungsurkunde heißt, wurde er zweimal mit der Distinguished Flying Medal ausgezeichnet und zum Offizier befördert.

Lacey flog später Jagdeinsätze über Frankreich und wurde schließlich als Staffelkapitän nach Burma versetzt. Er errang insgesamt 28 Luftsiege.

MARMADUKE THOMAS ST. JOHN „PAT" PATTLE

Der in Südafrika geborene Pat Pattle war vermutlich der erfolgreichste Jagdflieger der R.A.F.; er ist nur dadurch, daß er vorwiegend auf entlegenen Kriegsschauplätzen eingesetzt war, weniger bekannt geworden. In Nordafrika und Griechenland erzielte er 23 bestätigte Abschüsse. Seine Staffelkameraden hingegen behaupteten, Pattle, ein überragender Pilot und Schütze, habe in den letzten Kampftagen über Griechenland mindestens 20 weitere Flugzeuge vom Himmel geholt. Die genaue Zahl ist nicht bekannt, da die Aufzeichnungen über diese späteren Luftsiege beim Rückzug der Engländer aus Griechenland verlorengingen.

Zweifelsfrei aber steht fest, daß er der erfolgreichste Gladiator-Pilot war; mit dem veralteten Doppeldecker errang er alle seine bestätigten Luftsiege. Nachdem seine Staffel mit Hurricanes ausgerüstet worden war, soll er laut Aussage seiner Rottenkameraden einmal eine ganze Formation von drei Feindflugzeugen und ein andermal an einem einzigen Tag, an dem er fünf Einsätze flog, fünf Feindflugzeuge abgeschossen haben.

Trotz der Strapazen kannte Pattle keine Erschöpfung. Er fiel am 22. April 1941, als seine Hurricane, mit der er drei deutsche Jäger abgeschossen hatte, von zwei Me 110 durchlöchert wurde und in die Ägäis stürzte.

JAMES EDGAR „JOHNNY" JOHNSON

Der offiziell erfolgreichste Jagdflieger der R.A.F. war mit 38 bestätigten Luftsiegen der in England geborene Johnny Johnson. Bei seinen Abschüssen handelte es sich ausschließlich um Jagdflugzeuge, die weit schwieriger zu bezwingen waren als Bomber, und seine Spitfire wurde bei der Mammutzahl von 516 Einsätzen nur ein einziges Mal von Feindgeschossen durchlöchert.

Johnson flog ausschließlich offensive Jagdeinsätze oder Bomberbegleitschutzeinsätze über dem Festland. Er brachte es bis zum Kommandeur einer Jagdgruppe, überlebte den Krieg und blieb weiter in der R.A.F.

WILLIAM „BILL" REID

Der in Glasgow geborene Schotte Bill Reid erhielt das Viktoriakreuz für eine der heldenmütigsten Leistungen im Krieg. Am 3. November 1943 hatte er mit seiner Lancaster eben die niederländische Küste überflogen, als ein Geschoß aus den Bordwaffen eines deutschen Jägers die Windschutzscheibe seiner Maschine zertrümmerte. Reid zog sich zahlreiche Splitterwunden zu. Trotz seiner Verletzungen und des Fahrtwinds, der durch sein ungeschütztes Cockpit pfiff, flog er weiter in Richtung auf sein Ziel, Düsseldorf, wurde aber kurz darauf von einem weiteren Jäger angegriffen, der die Maschine mit Geschossen durchlöcherte. Obwohl schwer verletzt und durch den Blutverlust so geschwächt, daß er das Steuerrad mit beiden Armen umklammern mußte, flog Reid weiter, erreichte schließlich Düsseldorf, klinkte seine Bomben aus und schleppte sich mit seinem Flugzeug nach England zurück.

Nachdem er sich von seinen Verletzungen erholt hatte, flog er weitere Bombereinsätze, bis am 31. Juli 1944 eine Bombe aus dem Schacht einer höher fliegenden britischen Maschine sein Flugzeug fast in zwei Teile schlug. Reid rettete sich mit dem Fallschirm und verbrachte die restlichen zehn Monate des Krieges in einem deutschen Kriegsgefangenenlager.

ALAN CHRISTOPHER „AL" DEERE

Al Deere war nicht nur ein geborener Pilot, sondern mit neun Bruchlandungen beziehungsweise Fallschirmabsprüngen auch das Überlebenswunder der R.A.F. Die erste Bruchlandung machte er in Belgien, nachdem seine Spitfire über Dünkirchen beschädigt worden war. Deere schlug sich nach Dünkirchen durch und verließ das Festland mit einem Schiff der Evakuierungsflotte.

In der Luftschlacht um England rammte er eine Me 109, brachte es aber fertig, sein Flugzeug in einem Feld aufzusetzen und aus dem brennenden Wrack zu springen. Er überlebte den Krieg als Jagdflieger-As mit 21 bestätigten Abschüssen.

DOUGLAS ROBERT STEUART BADER

Der Engländer Bader hatte bei einem Flugunfall vor dem Krieg beide Beine verloren und trug Metallprothesen. Der mitreißende Führer und kühle Luftkampftaktiker errang 22 Luftsiege. In der Luftschlacht um England schoß seine Staffel 63 Feindflugzeuge ab, verlor selbst aber nur drei Piloten; dieses gute Verhältnis von 20 zu 1 hatte keine andere Staffel der R.A.F. aufzuweisen.

Ein Zusammenstoß in der Luft zwang Bader im August 1941, mit dem Fallschirm über feindlichem Gebiet auszusteigen. Er verbrachte den Rest des Krieges in deutschen Kriegsgefangenenlagern.

GEOFFREY LEONARD CHESHIRE

Geoffrey Cheshire, Sohn einer Professorenfamilie, ging wissenschaftlicher als andere Flieger an die Vernichtungsaufgabe des Bomberpiloten heran. Für Nachtangriffe erarbeitete er Verfahren zur präziseren Zielmarkierung im Tiefflug, die er zunächst mit schweren Lancaster-Bombern, dann mit schnellen, leicht gebauten Mosquitos erprobte. Mit der Mosquito überflog er das Ziel in nur 60 Meter Höhe, um sicherzugehen, daß seine Leuchtbomben auch genau an der Stelle niedergingen, die die nachfolgenden Bomberströme bombardieren sollten.

Zwischen 1940 und 1944 flog Cheshire gefährliche Bombereinsätze über Deutschland und den besetzten Gebieten des Festlands. Er überlebte mehr als drei reguläre Einsatzfolgen sowie 100 Einsatzflüge und wurde für die unvergleichliche Beständigkeit seiner Leistung, seine Tapferkeit und seine fliegerische Qualifikation, die er in vier vollen Jahren unter Beweis gestellt hatte, mit dem Viktoriakreuz ausgezeichnet.

GUY PENROSE GIBSON

Guy Gibson flog am ersten Tag des Krieges seinen ersten Kampfeinsatz und vollendete nach etwa einem Jahr die erste reguläre Einsatzfolge, die bei einem britischen Bomberpiloten 30 Einsatzflüge umfaßte.

Er wurde in eine Ausbildungseinheit versetzt, lehnte das ruhige Leben dort aber ab und flog 99 Einsätze als Nachtjäger. Auch die zweite Versetzung zu einer R.A.F.-Fliegerschule stieß bei Gibson auf Widerstand, so daß er erneut einen vollen Zyklus als Bomberpilot flog. Dann wurde er aufgefordert, an der Spitze der 617. Staffel drei deutsche Talsperren anzugreifen. Seine Männer zerstörten zwei Staumauern, und Gibson erhielt das Viktoriakreuz.

Zum drittenmal von der Front zurückversetzt, meldete sich Gibson zu seinem letzten Einsatz, einem Nachtangriff über Deutschland im September 1944. Nachdem er das Ziel markiert und die Einschläge der Bomben beobachtet hatte, rief er seine Männer über Funk: „Gute Arbeit, Jungs, nun aber ab nach Hause." Auf dem Rückflug wurde seine Maschine abgeschossen. „Er hat den Sieg nahen sehen", schrieb Air Marshal Harris, „und mehr dazu getan als irgendein anderer."

Major General Ira Eaker mit seiner 8. Luftflotte die Luftwaffe, anstelle von Bombern den Bau von Jägern zu forcieren. In diese defensive Rolle gedrängt, hatten die deutschen Luftstreitkräfte nur sehr wenig Möglichkeiten, die Vorbereitungen der Alliierten für eine Invasion des europäischen Festlandes wirkungsvoll zu behindern.

Wegen der geplanten Offensive, die den Decknamen *Overlord* trug, mußte das Bomberkommando seine Angriffe auf deutsche Städte vorübergehend einstellen. Harris erhielt den Befehl, statt dessen Rangierbahnhöfe in Frankreich zu bombardieren. Man ging davon aus, daß die Zerstörung dieser Eisenbahnknotenpunkte die Anstrengungen des deutschen Heeres, Truppen in der Normandie, dem geplanten Brückenkopf der Alliierten, zusammenzuziehen, entscheidend verzögern würde.

Der Plan, die Verkehrswege anzugreifen, stieß zumindest bei drei Instanzen auf starken Widerstand. Harris bezweifelte, daß seine Kräfte treffsicher genug waren, um Eisenbahnlinien zu unterbrechen. Seiner Ansicht nach konnten seine Bomber das Unternehmen *Overlord* durch verstärkte Angriffe auf deutsche Industriezentren am wirkungsvollsten unterstützen. Jedes Nachlassen in dieser Hinsicht mußte die Arbeit der vergangenen neun Monate zunichte machen und gab der deutschen Industrie nur die Möglichkeit, sich wieder zu erholen. Churchill befürchtete, daß die Luftangriffe auf Eisenbahnknotenpunkte mit zu hohen Opfern unter der französischen Zivilbevölkerung verbunden waren – in einer Schätzung war von über 40 000 Menschen die Rede. Der amerikanische Major General Carl A. Spaatz, Oberbefehlshaber der Strategischen US-Luftstreitkräfte in Europa, trat dafür ein, die Treibstoffproduktion in Deutschland zum Erliegen zu bringen. Im Endeffekt setzte sich der britische Field Marshal Bernard Montgomery durch, der mit dem Truppeneinsatz beim Unternehmen *Overlord* in der Normandie beauftragt war. Für ihn stand außer Frage, daß der Erfolg des Unternehmens maßgeblich davon abhing, ob es in den ersten drei Wochen nach der Landung in der Normandie gelang, die Bewegungsfreiheit des Feindes in Richtung auf den Landungskopf der Alliierten, der mit Sicherheit schwer zu halten sein würde, zu behindern. Also traten die schweren Bomber in Aktion.

Es waren bereits einige Angriffe geflogen worden, als Air Chief Marshal Tedder am 15. April eine vollständige Liste der Verkehrsknotenpunkte vorlegte, die zerstört werden sollten. Von den 79 Bahnhöfen, die auf der Liste standen, wurden 37 dem Bomberkommando und 42 amerikanischen und anderen britischen Fliegereinheiten zugeteilt. Zwischen Anfang April und Ende Juni flog das Bomberkommando über 13 000 Einsätze auf die ihm zugewiesenen Ziele. Zu Harris' Überraschung hatten die Pfadfinder bei der Zielmarkierung inzwischen solche Fortschritte gemacht, daß das Bomberkommando alle 37 Ziele gleich beim ersten Versuch zerstörte. 38 der restlichen 42 Rangierbahnhöfe konnten ebenfalls als ausgeschaltet betrachtet werden. „Das französische Eisenbahnnetz gleicht einem absoluten Chaos", gab Radio Paris, ein von Deutschen kontrollierter französischer Sender, am Morgen des 23. Mai in seiner Sendung zu, in der den Engländern gleichzeitig in scharfer Form die Zahl der durch die Luftangriffe verursachten Opfer unter der Zivilbevölkerung vorgeworfen wurde.

Das britische Bomberkommando und die 8. US-Luftflotte waren nur ein Teil der Luftmacht, die das Unternehmen *Overlord* mit Angriffen auf den Gegner vorbereitete. Für die Invasion waren alle taktischen Lufteinheiten der Alliierten in der Allied Expeditionary Air Force (AEAF) zusammengefaßt und dem Kommando von Air Marshal Sir Trafford Leigh-Mallory unterstellt worden. Zu ihr gehörte unter anderem die 2. Taktische Luftflotte, eine rein britische Einheit, die aus zwei Gruppen des Jägerkommandos bestand und von Air Marshal Sir Arthur Coningham geführt wurde (der Rest des Jägerkommandos blieb für die Luftverteidigung Großbritanniens verantwortlich). An britischen Einheiten kamen außerdem die 2. Gruppe (leichte Bomber) des Bomberkommandos und ein Aufklärungsgeschwader dazu. Die Vereinigten Staaten brachten ihre 9. Taktische Luftflotte in die AEAF ein. Das britische Küstenkommando blieb im wesentlichen unverändert. Sein Auftrag lautete, so viele deutsche Schiffe zu versenken wie möglich und die Landung der umfangreichen Invasionsflotte an der französischen Küste aus der Luft zu decken. Die Leitung aller Operationen der Luftstreitkräfte lag bei General Dwight D. Eisenhower, Oberster Befehlshaber der Alliierten Streitkräfte.

Typhoons und Spitfires der 2. Taktischen Luftflotte griffen das deutsche Küstenradarnetz, das die See nach Schiffen abtastete, mit Bordwaffen an und bombardierten deutsche Küstenbatterien, als der sogenannte D-Tag, der Tag der Invasion, näherrückte. In der Nacht vor dem D-Tag belegten 1130 Maschinen des Bomberkommandos zehn Geschützstellungen, die das Landungsgebiet deckten, mit Bomben; am nächsten Tag eröffnete nur eine von ihnen das Feuer. Darüber hinaus zerstörten alliierte Flugzeuge – Bomber, Jäger und Jagdbomber – strategisch wichtige Brücken und verwüsteten deutsche Flugplätze. Um den Gegner jedoch über den für die Landung geplanten Küstenabschnitt ostwärts der Halbinsel Cherbourg im Unklaren zu lassen, griffen die Alliierten für jedes Ziel, das dort oder in der Nähe lag, zwei Ziele in anderen Regionen an.

Wie von den alliierten Planern nicht anders erwartet, erwies sich die überwältigende Überlegenheit ihrer Luftmacht am D-Tag als der entscheidende Faktor. General Eisenhower standen mehr als 8000 Flugzeuge zur

In eine Kraterlandschaft haben R.A.F.-Flugzeuge, die die Invasion der Alliierten im Juni 1944 vorbereiteten, dieses Gebiet in der Normandie verwandelt. Indem sie die von Deutschen besetzten Gebiete mit Bombenteppichen belegten, gelang es britischen Bombern, den gegnerischen Widerstand gegen die anstürmenden Heeresverbände der Alliierten zu schwächen.

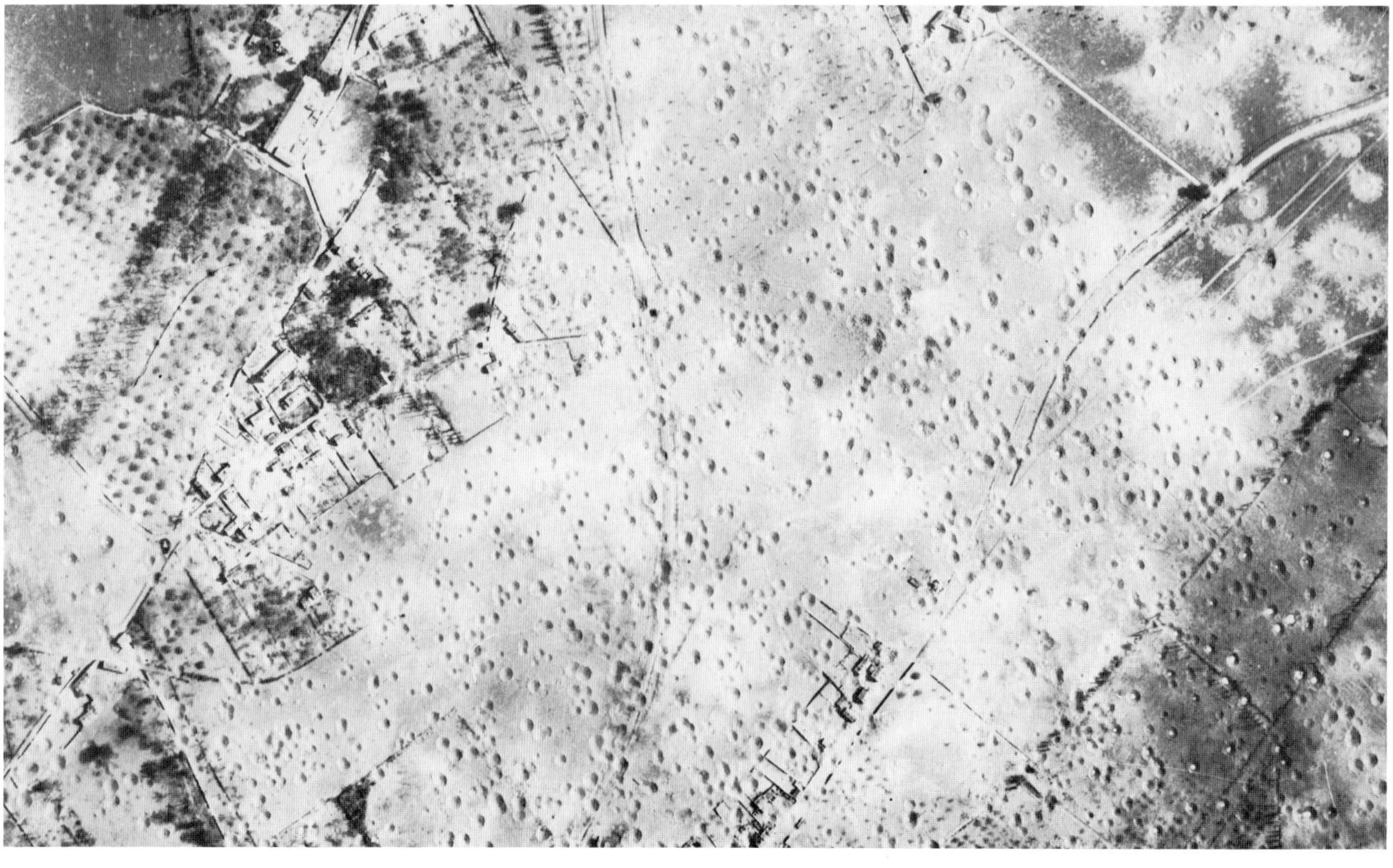

Verfügung, die in der Nacht vom 5. auf den 6. Juni und am D-Tag, dem 6. Juni, 14 700 Einsätze flogen. Bei Morgendämmerung hatten die Bomber die Verteidiger total gelähmt, und ein dichter Schutzschirm aus Jägern hing über der Küste. „Ohne eure strategischen Luftangriffe auf unsere Nachschublinien", klagte ein deutscher Offizier, „ohne eure gigantische Luftraumdeckung für die Landung wären eure Transportschiffe und Landungsboote versenkt oder auf See zurückgetrieben worden."

Kaum daß ein größerer Brückenkopf auf dem Festland errichtet war, begannen Jäger der 2. Taktischen Luftflotte von eiligst errichteten Feldflugplätzen in Frankreich aus zu operieren. An Flugzeugen bestand kein Mangel, so daß die Heereseinheiten beliebig Hilfe anfordern konnten. Air Marshal Coningham führte zur taktischen Unterstützung der Bodentruppen ein System ein, das er in Italien entwickelt hatte, die sogenannte „Taxischlange" *(cab rank):* Jagdbomber flogen zunächst in eine Warteposition, aus der sie von Leitoffizieren, die in Panzern und gepanzerten Fahrzeugen an der Front mitfuhren, abgerufen wurden, um feindliche Stellungen zu bombardieren, die den Vormarsch der alliierten Truppen aufhielten. Bewaffnete Aufklärer des Typs Mosquito und Mustang stießen während ihrer Einsätze, bei denen sie Tag und Nacht Eisenbahnzüge und Nachschubtransporte angriffen, kaum auf Gegenwehr.

Als besonders lähmend erwiesen sich die Tiefflugangriffe der Typhoons. „Sie kamen zu Hunderten herunter", sagte Generalleutnant von Lüttwitz, Kommandeur der 2. Panzerdivision, „und feuerten ihre Raketen in die dicht zusammenstehenden Panzer und Fahrzeuge. Wir konnten nichts gegen sie tun." Ein deutscher Panzervorstoß „scheiterte allein an den alliierten Luftstreitkräften", wie Generalleutnant Hans Speidel erklärte. Am 11. Juni

Das zeitgenössische Gemälde zeigt Typhoons der R.A.F., die nach einem vernichtenden Angriff auf eine deutsche Panzerkolonne abdrehen, um zu ihrem Einsatzflugplatz zurückzukehren. Die schwerbewaffneten Jagdbomber wurden während des Vorstoßes der alliierten Invasionstruppen in der Normandie häufig zur Erdkampfunterstützung eingesetzt. „Wir konnten nichts gegen sie tun", erklärte der Kommandeur einer deutschen Panzerdivision.

schickte Feldmarschall Rommel, der Monate zuvor zur Verteidigung Frankreichs aus Afrika abkommandiert worden war, einen Bericht an Feldmarschall Keitel in Berlin, in dem es hieß: „Der Feind beherrscht den Luftraum über der Front und bis zu 100 Kilometer dahinter."

Auf See war die Lage nicht weniger gespannt. Wo immer deutsche Schiffe im europäischen Küstengebiet aufkreuzten, mußten sie mit dem britischen Küstenkommando rechnen. Mitte Juni versuchten die Deutschen, zwei neue Schiffe – einen 8000-Tonnen-Frachter und ein 4000-Tonnen-Schnellbootmutterschiff – unter Geleitschutz aus den Docks in Rotterdam zur Ausrüstungswerft in der Ostsee durchzubringen. Der Geleitzug stellte ein einladendes, aber auch gefährliches Ziel dar: Die 19 Schiffe waren ausreichend mit Flugabwehrgeschützen bestückt, um sich im Falle eines Angriffs erfolgreich zu wehren.

Das Küstenkommando stellte die Schiffe vor der holländischen Insel Schiermonnikoog. Aus allen Rohren feuernd, stürzten sich 32 Beaufighters, Seite an Seite nebeneinander, auf den Geleitzug, um die Schützen von weiteren zehn Beaufighters abzulenken, die mit Torpedos ausgerüstet waren und im Tiefflug angriffen. Wenig später sanken die beiden neuen Schiffe über das Heck. Ein Begleitfahrzeug explodierte, fünf weitere wurden in Brand geschossen. Von den 42 Beaufighters, die an dem Angriff teilnahmen, wurden fünf von der Flak leicht beschädigt, aber keine abgeschossen. Alle Besatzungen blieben unverletzt.

Deutsche U-Boote lauerten den Konvois des Unternehmens *Overlord* in großer Zahl auf. In den ersten vier Tagen nach Beginn der Invasion sichteten Flugzeuge des Küstenkommandos 25 von ihnen vor der Küste Frankreichs; bei den Angriffen wurden sechs vernichtet. Nach diesem Schlag blieben die U-Boote unter der Wasseroberfläche und hielten durch ihre Sehrohre Ausschau nach Opfern. Die veränderte Taktik machte sie einerseits schwerer auffindbar, andererseits aber auch langsamer, so daß sie keine so große Gefahr mehr für die Versorgungsschiffe der Alliierten darstellten. Im Nordatlantik dagegen bewiesen die U-Boot-Besatzungen ungebrochenen Kampfgeist und blieben an der Oberfläche, bereit zum Schlagabtausch mit den Flugbooten des Küstenkommandos.

Am Abend des 17. Juli 1944 flogen der Pilot des Küstenkommandos Flight Lieutenant Cruickshank und seine Besatzung in einem in Amerika gebauten Flugboot des Typs Consolidated Catalina bewaffnete Aufklärung, als ihnen nach Einbruch der Dunkelheit – und rund 1100 Kilometer von ihrem Stützpunkt Sullom Voe auf den Shetland-Inseln entfernt – auf dem Radarschirm die Echos eines acht Kilometer vor ihnen fahrenden, unidentifizierten Schiffes auffielen. Cruickshank verließ die Höhe von 60 Metern, in der er sich bis dahin aufgehalten hatte, und stieg in die aufgelockerte Wolkendecke, um sich das Schiff genauer anzusehen. Kurz darauf entdeckte er es – ein deutsches U-Boot, das aus seinen 2- und 3,7-cm-Flakgeschützen sofort das Feuer eröffnete.

Cruickshank flog einen Vollkreis und griff das U-Boot an, aber seine Wasserbomben klinkten nicht aus. Beim zweiten Versuch explodierte ein Flakgeschoß im Innern des Flugbootes. Der Beobachter war auf der Stelle tot; Cruickshank und zwei seiner Kameraden wurden durch herumfliegende Splitter verletzt. Dessen ungeachtet griff Cruickshank noch einmal an, und er zielte genau. Die gewaltigen Druckwellen, die bei den Explosionen der Wasserbomben entstanden, drückten den Rumpf des Bootes ein, und *U 347* verschwand in den Wellen.

Die Catalina war über fünf Flugstunden von ihrem Stützpunkt entfernt und verlor Brennstoff, der aus den zerschossenen Leitungen rann. Außerdem klaffte ein großes Loch im Rumpf unter der Wasserlinie, so daß

Kurz nach der Landung der Alliierten in der Normandie im Juni 1944 greifen Mosquitos des R.A.F.-Küstenkommandos im Tiefflug deutsche Schiffe in der Biskaya an. Das Küstenkommando erreichte, daß die Deutschen Mitte August ihre U-Boote aus den Häfen entlang der Biskaya zurückzogen; viele von ihnen wurden dann auf dem Weg nach Norwegen versenkt.

die Männer damit rechnen mußten, daß ihr Flugboot, selbst wenn der Brennstoff reichte, bei der Landung sinken würde. Cruickshank hatte viel Blut verloren und war zu schwach, um zu fliegen. Er legte sich auf die Segeltuchliege, die der Besatzung auf Langstreckeneinsätzen zum Ausruhen diente, und sein Copilot, Flight Sergeant Jack Garnett, übernahm das Steuer. Cruickshank verzichtete auf Morphium zur Schmerzlinderung, um nicht Gefahr zu laufen, daß sein Bewußtsein getrübt wurde.

Als sie sich dem Seefliegerhorst Sullom Voe näherten, ließ sich Cruickshank trotz des Protestes seiner Kameraden in den Copilotensitz heben, um Garnett bei der Landung Anweisungen zu geben. Beim Aufsetzen drangen Wassermassen in die Maschine ein, und Cruickshank und Garnett wußten sich nicht anders zu helfen, als Gas zu geben und das Flugboot auf den Strand zu setzen. Das Manöver gelang.

Später zählten Sanitäter 72 Splitterwunden in Cruickshanks Brust und Beinen. Er erhielt das Viktoriakreuz für Tapferkeit vor dem Feind, eines von vieren, die während des Krieges an Piloten des Küstenkommandos vergeben wurden (die Empfänger der drei anderen verloren bei den jeweiligen Einsätzen das Leben und wurden postum ausgezeichnet). Garnett erhielt die Distinguished Flying Medal.

Unterdessen flog das Bomberkommando einen Einsatz nach dem anderen. Seine Ziele waren die deutschen Versorgungslager und Straßen- sowie Eisenbahnverbindungen, deren Unterbrechung die Bewegungsmöglichkeit der Feindverbände drastisch einschränkten. Harris' schwere Bomber erfüllten sogar taktische Aufgaben, indem sie feindliche Stellungen, die den Vormarsch der eigenen Heeresverbände zum Stehen brachten, mit

Bombenteppichen belegten. Daß die Bomber derart in die Kämpfe am Boden eingreifen konnten, war nur Wing Commander Leonard Cheshire, Nachfolger von Guy Gibson als Kommandeur der durch die Einsätze auf deutsche Talsperren bekannt gewordenen 617. Staffel, zu verdanken, der Verfahren entwickelt hatte, die Ziele im Tiefflug zu markieren. Sein Vorgehen galt als präzise genug, um die Gefahr, daß eigene Verbände versehentlich getroffen wurden, auf ein erträgliches Maß zu verringern.

Der größte taktische Einsatz der Bomber erfolgte im Juli 1944 über Caen, der Schlüsselstellung der deutschen Verteidigung in der Normandie. Nachdem Versuche der von Field Marshal Montgomery geführten englischen und kanadischen Divisionen, die Stadt einzunehmen, am erbitterten Widerstand der Deutschen gescheitert waren, griffen am 7. Juli 457 viermotorige Bomber der R.A.F. die Deutschen, die in befestigten Stellungen im Norden Caens lagen, mit fast 2500 Tonnen Bomben an. Der deutsche Widerstand geriet ins Wanken, und am Nachmittag des nächsten Tages stießen alliierte Verbände vor, allerdings ohne die Stadt erobern zu können, da sich die Deutschen inzwischen wieder festgesetzt hatten.

Zehn Tage lang tobten die Kämpfe, ohne daß eine Seite einen Vorteil erringen konnte. Dann griffen die Bomber am 17. Juli erneut und weit stärker als zuvor an. Ziel der gemeinsam von Engländern und Amerikanern durchgeführten Aktion war Colombelles, ein Vorort von Caen, in dem sich das Gros der Verteidiger verschanzt hatte. Aus 1919 mittleren und schweren Bombern gingen 7000 Tonnen Bomben auf die Deutschen nieder, die dennoch bemerkenswerten Kampfgeist bewiesen und Montgomerys anschließenden Durchbruchsversuch mit letzter Kraft verhinderten. Am 20. Juli fiel Caen schließlich in einer Schlacht, in der 5000 Soldaten den Tod fanden. Die Luftangriffe waren, auch wenn sie den deutschen Widerstand nicht hatten brechen können, so schwer, daß Generalfeldmarschall von Kluge, Befehlshaber der deutschen Heeresverbände in der Normandie, die Vergeblichkeit aller Versuche eingestehen mußte, angesichts der absoluten Luftherrschaft des Gegners den Kampf auf dem Gefechtsfeld zu gewinnen. Am 21. Juli schrieb er an Hitler, er sähe keinen anderen Weg, um der „vernichtenden Wirkung“ der alliierten Bomber zu begegnen, als „den Rückzug anzutreten“.

Paradoxerweise schufen sich die Alliierten selbst Schwierigkeiten, als sie ihre schweren Bomber derart massiv einsetzten und Städte in Ruinenfelder verwandelten, denn durch deren von Trümmern blockierte Straßen gab es zwar für Infanteristen, nicht aber für die beim Angriff entscheidenden Panzer ein Durchkommen. Darüber hinaus kam es vor, daß die Bombenteppiche trotz der hohen Treffsicherheit am falschen Ort niedergingen. Das war beispielsweise am 25. Juli rund 60 Kilometer westlich von Caen der Fall, als amerikanische Bomben ihr eigentliches Ziel, eine deutsche Panzerdivision, verfehlten und unter den amerikanischen Soldaten Hunderte von Toten und Verletzten forderten. Nach diesem Zwischenfall untersagte General Eisenhower den weiteren Einsatz schwerer Bomber zur taktischen Unterstützung der Heeresverbände.

Kurz nach Beginn der Invasion wurde für England eine alte Gefahr wieder akut. In der Nacht vom 12. auf den 13. Juni begannen die Deutschen mit dem Abschuß der V 1 auf England, nachdem sie eine ausreichende Zahl provisorischer Startrampen errichtet hatten. Anstelle der zerbombten festinstallierten Rampen benutzten sie nunmehr nur noch behelfsmäßige Anlagen, die sich schnell ersetzen ließen, wenn sie zerstört wurden. Bis September belegte das Bomberkommando die Abschußrampen mit mehr als 50 000 Tonnen Bomben, konnte aber nicht verhindern, daß die Deutschen Tausende der V-1-Raketen nach England auf den Weg schickten.

Sowie der unbemannte Flugkörper die englische Küste passierte, begann eine fieberhafte Jagd, an der sich Flakbatterien und Jagdflugzeuge der britischen Luftverteidigung beteiligten. Die Jäger hatten einen schweren Stand, da die V 1 in der Regel etwas schneller war als ihre Flugzeuge. Die erfolgversprechendste Taktik bestand darin, ihr in größerer Höhe aufzulauern und sie herankommen zu lassen, um sie dann im Sturzflug abzufangen. Aber die V 1 war klein und mit Bordwaffen schwer zu treffen – insbesondere da die Piloten einen Mindestabstand von 100 Metern einhalten mußten: Jeder Jäger, der sich näher an sie heranwagte, riskierte, bei der Explosion des Flugkörpers in der Luft zerrissen zu werden.

Zu den wenigen Flugzeugen, die die V 1 einholen konnten, gehörte die Spitfire Mark XIV, die eine Höchstgeschwindigkeit von fast 700 Stundenkilometern hatte. Wenn ihnen die Munition ausging, ließen sich die Piloten dieser schnellen Maschinen manchmal auf ein gewagtes Unterfangen ein, bei dem es darum ging, die kreiselgestützte Steuerung der V 1 zu destabilisieren und den unbemannten Flugkörper aus der Bahn zu werfen. „Ich manövrierte meine rechte Tragfläche unter den linken Flügel der Bombe", schrieb Paul Leva, ein Belgier, der in der R.A.F. flog, „hob sie langsam an, um ein hartes Aufeinandertreffen zu vermeiden, und riß dann den Steuerknüppel hart nach links hinten." Die Spitfire reagierte mit einer steilen Kehrtkurve, und Leva verlor die Bombe kurzfristig aus den Augen. Dann aber sah er sie auf die Erde zustürzen, „am Boden aufschlagen und mit einer grellen Stichflamme explodieren".

Das gleiche Manöver führte zu dem ersten Luftsieg des einzigen Düsenjägers, den die Alliierten im Krieg einsetzten – der Gloster Meteor der R.A.F. Am 4. August 1944 drückte Flying Officer T. D. Dean von der 616. Staffel auf den Waffenauslöseknopf, um über der englischen Küste eine V 1 abzuschießen, seine Geschütze aber hatten Ladehemmung. Kurz entschlossen jagte Dean der Bombe mit fast 700 Stundenkilometern hinterher. Es gelang ihm, sie mit dem Tragflächenende seiner Meteor aus der Bahn zu werfen und zum Absturz zu bringen.

Anfang August 1944 erwies sich auf dem Kriegsschauplatz in Frankreich, daß es den Deutschen an Kraft fehlte, die Alliierten wieder ans Meer zurückzudrängen. Das Unternehmen *Overlord* war gelungen, und zwar vor allem deshalb, weil die alliierten Luftstreitkräfte ihre Ziele erreicht hatten, den deutschen Verbänden durch großflächige Vernichtung von Straßen- und Eisenbahnverbindungen jegliche Beweglichkeit zu nehmen, die Luftwaffe am Eingreifen in die Bodenkämpfe zu hindern und die feindlichen Truppen ununterbrochen aus der Luft zu bombardieren. Mit ihrer Unterstützung der Heeresverbände, die dazu beitrug, die Deutschen aus Frankreich, Belgien und Holland zu vertreiben, hatten sich die alliierten Luftstreitkräfte darüber hinaus einen strategischen Vorteil verschafft. Bei den aufgegebenen Gebieten handelte es sich um die Zonen, in denen die Deutschen ihr Frühwarnsystem installiert hatten, das für den Verlust von Hunderten von R.A.F.-Flugzeugen verantwortlich war. Nach dessen Ausschaltung schien der Führungsspitze des Bomberkommandos, das inzwischen 1100 schwere Bomber besaß, die Zeit für eine mit den Amerikanern gemeinsam durchgeführte strategische Großoffensive gekommen.

Die alliierten Oberbefehlshaber waren sich über die vorrangigen Ziele einig. An erster Stelle stand die Vernichtung der Treibstoffproduktion, gefolgt von der Lähmung der Verkehrswege durch die Blockierung von Straßen, Eisenbahnen und Kanälen. Im Oktober 1944 war die Offensive im vollen Gange. Das Bomberkommando flog allein in diesem Monat fast 17 000 Einsätze in Deutschland, allerdings vorwiegend auf Städte. Obwohl

Hydrieranlagen nur in sechs Prozent der Einsätze das eigentliche Ziel bildeten, wurde die Treibstoffproduktion dennoch schwer beeinträchtigt. Sir Charles Portal, der inzwischen zum Marschall der Royal Air Force befördert worden war, kam der Verdacht, daß Harris den Krieg auf seine Weise zu führen beabsichtigte. Er richtete einen scharfen Brief an den Oberbefehlshaber des Bomberkommandos, dem im November eine Direktive folgte, in der er mit Nachdruck auf die vereinbarten Prioritäten verwies.

Harris erhöhte daraufhin den Anteil der Einsätze seines Kommandos auf die Treibstoffproduktion. Bis Februar 1945 gingen 56 533 Tonnen Bomben aus den Maschinen des Bomberkommandos auf die Hydrieranlagen nieder; die Angriffswellen verursachten – in Albert Speers Worten – „niederschmetternde Schäden“. Aus den Bombenschächten der 8. US-Luftflotte ging noch einmal etwa die gleiche Bombenlast auf Anlagen der Treibstoffproduktion nieder. Aus den Raffinerien in Deutschland kam Treibstoff nur noch tropfenweise.

Ausschlaggebender Einzelfaktor für den Rückgang der deutschen Industrieproduktion aber war der Zusammenbruch des Transportwesens.

Das Gemälde zeigt den Angriff auf die „Tirpitz“ im November 1944. Eine Lancaster der 617. Staffel hat gerade ihre Tallboy-Bombe ausgeklinkt.

Infolge der Angriffe auf Bahnverbindungen und Schiffahrtswege im Ruhrgebiet beispielsweise kam der Kohletransport fast zum Erliegen. Die deutschen Stahlwerke konnten daraufhin nicht einmal die Hälfte dessen produzieren, was die Industrie benötigte.

Harris meinte, den Sieg – obwohl so gut wie sicher – nicht dem Zufall überlassen zu dürfen, und forcierte die Angriffe seines Kommandos auf die deutsche Industrie. In den ersten vier Monaten des Jahres 1945 erfolgten noch 25 Großangriffe. Dabei waren seit Januar des Jahres bereits die Gas- und Wasserversorgung, der Eisenbahnverkehr und die Elektrizitätswerke in Deutschland praktisch lahmgelegt. Viele Großstädte waren so zerbombt, daß es keinen Sinn hatte, sie weiter anzugreifen, und die wenigen Städte, die verschont geblieben waren, hatten kaum militärische Bedeutung. Dennoch gingen die Bombardements weiter, getreu Harris' Devise, „daß es besser ist, irgend etwas in Deutschland zu bombardieren als gar nichts". In Anbetracht dessen überrascht es kaum, daß Harris nur schwachen Einspruch erhob, als er den Befehl erhielt, Dresden zu bombardieren. Seiner Meinung nach gehörte die Stadt zu den wenigen, die anzugreifen sich nicht lohnte.

Dresden, ein architektonisches Juwel, beherbergte einige der schönsten Barockbauten des 17. Jahrhunderts in Europa. Es spielte darüber hinaus als Eisenbahnknotenpunkt und Hauptvermittlungsstelle für den Telegraphen- und Fernsprechverkehr im Osten Deutschlands eine Rolle. In den Vororten hatten sich Betriebe der Leichtindustrie niedergelassen, die optische Geräte, Teile für Radargeräte und Zünder für Flakgeschosse der deutschen Marine herstellten. Doch das alles war unerheblich, da Deutschland Anfang 1945 bereits zu nahe am Rande der Niederlage stand, als daß sich daran noch etwas hätte ändern lassen können. Ein Angriff auf Dresden bedrohte darüber hinaus das Leben von etwa 26 000 alliierten Kriegsgefangenen, die in die Stadt verbracht worden waren und unter anderem bei der Post und auf den Rangiergleisen arbeiteten. Außerdem war Dresden überfüllt mit Flüchtlingen, die vor den seit dem 12. Januar 1945 vorstoßenden sowjetischen Truppen in großen Mengen nach Westen strömten.

Die alliierten Stabschefs kamen überein, den sowjetischen Vormarsch zu unterstützen, und dieser Beschluß besiegelte das Schicksal Dresdens. Die Stadt sollte in Trümmer gelegt werden, um, wie die Alliierten planten, die Moral der Deutschen zu schwächen und hinter der Front ein solches Chaos entstehen zu lassen, daß jeglicher geordnete Widerstand gegen die Russen zusammenbrach. Harris' Einwände wurden abgewiesen.

Der Angriff begann in der Nacht vom 13. auf den 14. Februar 1945 um 22.15 Uhr. Innerhalb von rund 14 Stunden warfen 773 Lancasters des R.A.F.-Bomberkommandos und 450 B-17-Fliegende-Festungen der 8. US-Luftflotte über 3000 Tonnen Spreng- und Brandbomben über der Dresdner Innenstadt ab. Die erste Welle britischer Bomber verwandelte die Stadt in ein Flammenmeer. Die zweite Angriffswelle, die drei Stunden später eintraf, fand ein absolutes Inferno vor. „Das unwirkliche Leuchten in 300 Kilometer Entfernung", schrieb ein Pilot, „wurde immer heller, je näher wir an das Ziel herankamen. Aus 6000 Meter Höhe konnten wir Einzelheiten in den schauerlichen Flammen erkennen, die sonst nie zu sehen gewesen waren; zum erstenmal bei meinen vielen Einsätzen hatte ich Mitleid mit der Bevölkerung da unten." Die dritte, kurz darauf eintreffende Bomberwelie – amerikanische B-17 – schien überflüssig.

Der Feuersturm, der in Dresden wütete, nahm ein weit verheerenderes Ausmaß an als das Flammenmeer, das 19 Monate zuvor Hamburg zerstört hatte. Über den Bränden, die aufloderten und um sich griffen, stieg erhitzte Luft auf. Umliegende Luftmassen, die nachströmten, erzeugten Winde von Orkanstärke, die durch die Stadt fegten, die Flammen weiterjagten und

Der Einsatz einer Superbombe

Das 1941 in Dienst gestellte, 42 900 Tonnen große Schlachtschiff *Tirpitz* der deutschen Marine stellte eine ernste Bedrohung für die Schiffe der Alliierten dar. Doch die britischen Piloten, die die *Tirpitz* wiederholt angriffen, waren machtlos gegen die doppelte Panzerung des Schlachtschiffs, bis der englische Erfinder Sir Barnes Wallis 1944 eine Bombe speziell für diesen Einsatz entwickelte.

Es war Tallboy, ein 5413 Kilogramm schweres Monstrum mit ausreichend Sprengkraft, um die Panzerung der *Tirpitz* zu durchbrechen. Die R.A.F. rüstete zwei Bomberstaffeln mit Tallboys aus und schickte sie in die Sowjetunion. Sie waren angewiesen, besetztes Gebiet im Tiefstflug zu überqueren, um nicht vom deutschen Radar erfaßt zu werden, und hatten den Auftrag, die *Tirpitz*, die sich im norwegischen Altefjord aufhielt, in einem Überraschungsangriff zu versenken. Am 15. September 1944 flogen 27 Lancaster-Bomber die *Tirpitz* von Südosten her an. Als sie zum Angriff einkurvten, legte sich eine künstliche Nebelwolke über das Schiff und nahm den Bomberpiloten die Sicht. Sie erzielten nur einen Volltreffer, aber eine Bombe vom Tallboy-Kaliber reichte, um die *Tirpitz* so zu beschädigen, daß sie nicht mehr einsatzfähig war. Im weiter südlich gelegene Tromsö wurde die *Tirpitz* am 12. November von 30 Lancaster-Bombern, die aus Schottland anflogen, angegriffen und versenkt.

Bomben der R.A.F. setzen am 7. Januar 1945 München in Brand. Der Feuerschein am Nachthimmel signalisiert die baldige Kapitulation Deutschlands.

Menschen in das brennende Inferno rissen. Der Feuersturm dauerte nur ein paar Stunden, aber die Flammen loderten noch sieben Tage und acht Nächte. Abertausende von Bewohnern waren in den Kellern ihrer brennenden Häuser gefangen. Flüchtlinge, die im Bahnhof Schutz gesucht hatten, erstickten. „Nie hätte ich gedacht", berichtete Hanns Voigt, ein Beamter, der mit der Identifizierung der Toten beauftragt war, „daß der Tod so viele Menschen auf so viele Arten ereilen kann. Nie hätte ich erwartet, Menschen einmal so begraben zu sehen: verbrannt, verkohlt, in Stücke gerissen und zu Tode gequetscht; es waren erbarmungswürdige Flüchtlinge aus dem Osten, die nur Lumpen auf dem Leibe trugen, und Besucher der Oper in all ihrer Eleganz. Durch die Stadt, durch die Straßen wehte der unverkennbare Gestank der Verwesung." Voigt schätzte die Zahl der Toten auf insgesamt 135 000 Menschen; Untersuchungen auf gesicherter Quellenlage nennen 35 000 Tote.

Die Luftangriffe auf Dresden waren Teil eines umfassenderen Plans, des Unternehmens *Thunderclap,* das auch die Verwüstung anderer deutscher Städte einschließlich Berlins, mit dem Ziel vorsah, den Feind zur schnelleren Kapitulation zu zwingen. Aber der volle Umfang der Zerstörung in Dresden bestürzte Churchill so sehr, daß er das Unternehmen absagte. „Sonst werden wir noch die Herrschaft über ein völlig zertrümmertes Land bekommen", sagte er. In der Tat gab es Anfang April 1945 keine strategischen Ziele in Deutschland mehr, die anzugreifen sich gelohnt hätte. Fast alle Großstädte – Berlin, Hamburg, München, Stuttgart und Frankfurt – sowie eine Unzahl kleinerer Städte waren von alliierten Bombern schwer zerstört worden. Harris' Streitmacht erhielt den Auftrag, Bomben nur noch zu Unterstützung taktischer Operationen am Boden und im übrigen Nahrungsmittel für die hungernde Bevölkerung der Niederlande abzuwerfen.

Harris' schwere Bomber flogen ihre letzten Einsätze des Krieges am 2. Mai 1945. Sechs Tage später kapitulierte das Deutsche Reich, und die Besatzungen und Maschinen des Bomberkommandos, kurz zuvor noch Boten des Grauens, übernahmen die dankbare Aufgabe, britische Kriegsgefangene in die Heimat zurückzubringen. „Der bewegendste Augenblick jedes Fluges", erinnerte sich einer der Beteiligten, „kam, wenn die weißen Kreidefelsen von Dover auftauchten. Dann waren die Cockpits der Beobachter und Bordingenieure immer rappelvoll mit Jungs, die wie gebannt nach draußen blickten."

Während für die R.A.F. in Europa tatsächlich der Friede eingetreten war, gingen die blutigen Gefechte auf der anderen Seite der Erdhalbkugel weiter *(S. 164–171).* Die Japaner konnten sich nicht durchringen, einen Krieg zu beenden, in dem es für sie keine Hoffnung auf Sieg mehr gab.

Doch nachdem der letzte Schuß gefallen und die letzte Bombe explodiert war, stand für die Kriegsanalytiker fest, daß die Royal Air Force eine unverzichtbare Rolle im Krieg gespielt hatte. Ob es sich um die Luftschlacht um England, die Schlacht im Atlantik, die Bomberoffensive gegen Deutschland, um überseeische Kriegsschauplätze oder die Invasion des europäischen Festlandes handelte, überall leisteten britische Piloten einen unschätzbaren Beitrag, indem sie halfen, den Krieg abzukürzen und damit zahllosen Menschen das Leben zu retten. Doch während an dieser großen Aufgabe und letztlich dem Sieg alle Kommandos der R.A.F. ihren Anteil hatten, waren die Verluste ungleich verteilt. Von den 70 253 Mann fliegendes Personal, die die R.A.F. im Krieg verlor, gehörten 55 573 dem Bomberkommando an. „Für ihren Mut und ihre Entschlossenheit im Angesicht der Gefahr über einen so langen Zeitraum", schrieb Harris, „gibt es in der Geschichte des Krieges keine Parallele."

Der Weg zurück nach Burma

Nach über fünf Jahren ging im Frühjahr 1945 in Europa ein Krieg zu Ende, der alle Seiten überwältigende Anstrengungen gekostet hatte. Doch während die Besatzungen der R.A.F. in England und auf dem europäischen Festland den Sieg über Deutschland feierten, dauerte der Kampf ihrer Kameraden im zähen Ringen mit den Japanern im Fernen Osten an.

Im März stieß die von Lieutenant General Sir William Slim geführte 14. Armee von Indien aus nach Süden vor und nahm Mandalay in Zentralburma. Der Fall der Stadt öffnete nicht nur den Weg nach Rangoon, sondern leitete letztlich auch die Befreiung ganz Südostasiens ein. In einem Tagesbefehl, in dem Slim seinen Soldaten dankte, sprach er den Männern der R.A.F. seine besondere Anerkennung aus: „Sie ließen uns nie im Stich, und es ist nicht weniger ihr Sieg als der unsrige."

In der Tat wäre die Rückeroberung Burmas ohne die vereinten Anstrengungen britischer und amerikanischer Luftstreitkräfte kaum möglich gewesen. Mit schweren, in Amerika gebauten Bombern vom Typ B-24 Liberator griff die R.A.F. das rund 8000 Kilometer lange Schienennetz an, das die Japaner kontrollierten, zerstörte Brücken und Züge und versenkte feindliche Transportschiffe, bis der Nachschub des Gegners ins Stocken und schließlich zum Erliegen kam.

Während das Heer nun den endgültigen Ansturm auf Rangoon vorbereitete, stiegen die schweren Maschinen auf, um die Hafenanlagen und Versorgungslager der Japaner in der Stadt mit Bomben zu belegen. Gleichzeitig griffen Jäger die Feldflugplätze des Gegners an, um den Transportmaschinen den Weg freizumachen, die Slims Marschkolonnen versorgen sollten. Es war geplant, Rangoon noch vor Einsetzen des Monsuns im Mai einzunehmen. Aus diesem Grund beschlossen die Alliierten, eine kombinierte See- und Luftlandeoperation durchzuführen.

Am 1. Mai setzten zwei C-47-Transportstaffeln vor den Toren Rangoons ein Gurkha-Fallschirmjägerbataillon ab, das aus Indien eingeflogen worden war. Zur gleichen Zeit näherten sich von See her sechs Transportkonvois mit Landungstruppen der burmesischen Hauptstadt, die von Jägern der R.A.F. und amerikanischen Marinefliegern begleitet wurden. Bevor sie jedoch am nächsten Tag ihr Ziel erreichten, schickte die R.A.F. einen Mosquito-Aufklärer im Tiefflug über die Stadt, der mit der Nachricht zurückkehrte, daß die Japaner abgezogen waren. So fiel Rangoon kampflos am 3. Mai 1945, über drei Jahre nachdem die Engländer Burma verlassen mußten.

Bei einem Angriff von Liberator-Bombern der Royal Air Force breitet sich im Februar 1945 eine dicke Rauchwolke über einem Nachschublager der japanischen Truppen in der zentralburmesischen Stadt Yenangyaung aus.

Während eines Angriffs der R.A.F. auf eine Eisenbahnbrücke an der Strecke Bangkok–Singapore steigt bei der Explosion einer Bombe eine riesige Wassersäule auf. Die Liberator-Bomber waren in der Nähe von Calcutta in Indien stationiert und mußten Anflugwege von bis zu 3000 Kilometern zurücklegen, um Ziele wie diese Brücke angreifen zu können.

Eine tieffliegende Liberator der R.A.F., die gerade vier Sprengbomben ausgeklinkt hat, wirft einen riesigen Schatten auf eine Holzbrücke in Niederburma, über die eine Straße führt. Der Angriff war Teil eines systematischen Feldzugs, mit dem der Nachschub der Japaner zum völligen Erliegen gebracht werden sollte.

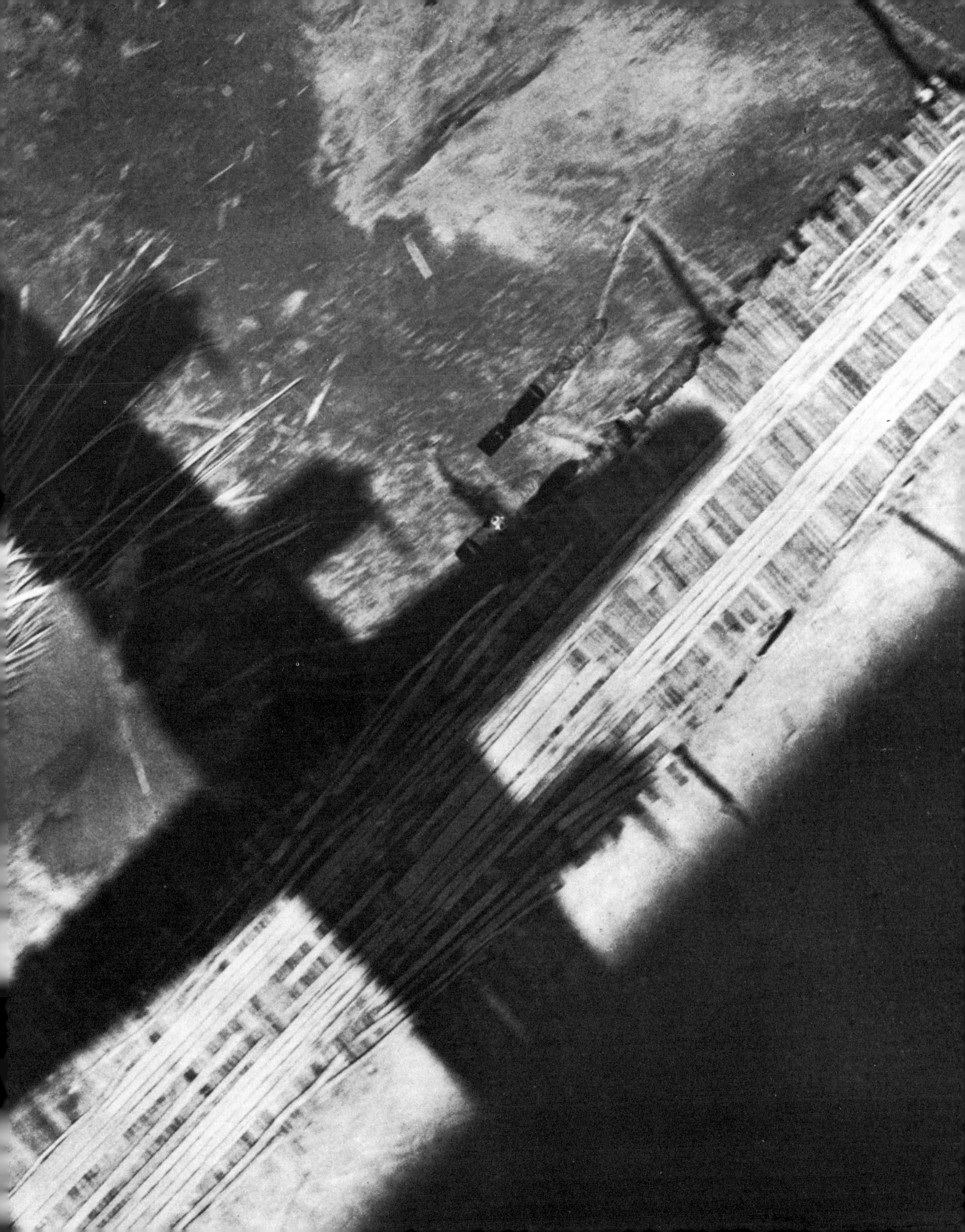

Mit dem Absprung von Fallschirmjägern über Elephant Point vor den Toren Rangoons beginnt der entscheidende Vorstoß der Alliierten auf die Stadt.

Luftangriffe der R.A.F., die der Einnahme Rangoons vorausgingen, haben das Hafengebiet der Stadt in ein Trümmerfeld verwandelt. In den Gebäuden und rund 1700 Lagern, die gut getarnt auf die Stadtgebiete und die nähere Umgebung verteilt waren, hatten die Japaner Vorräte für sechs Monate angelegt.

„British Here, Japs Gone" – übersetzt etwa „Keine Japaner hier, nur Briten" – lautet die Nachricht auf dem Dach eines Gefängnisses in Rangoon. Sie war von alliierten Kriegsgefangenen nach dem Abzug der Japaner angebracht worden, um zu verhindern, daß Flugzeuge der R.A.F. das Gebäude bombardierten. Nachdem der Kampf entschieden war, übernahm die R.A.F. ihren letzten Einsatz: Sie flog alliierte Kriegsgefangene in ihre Heimat zurück.

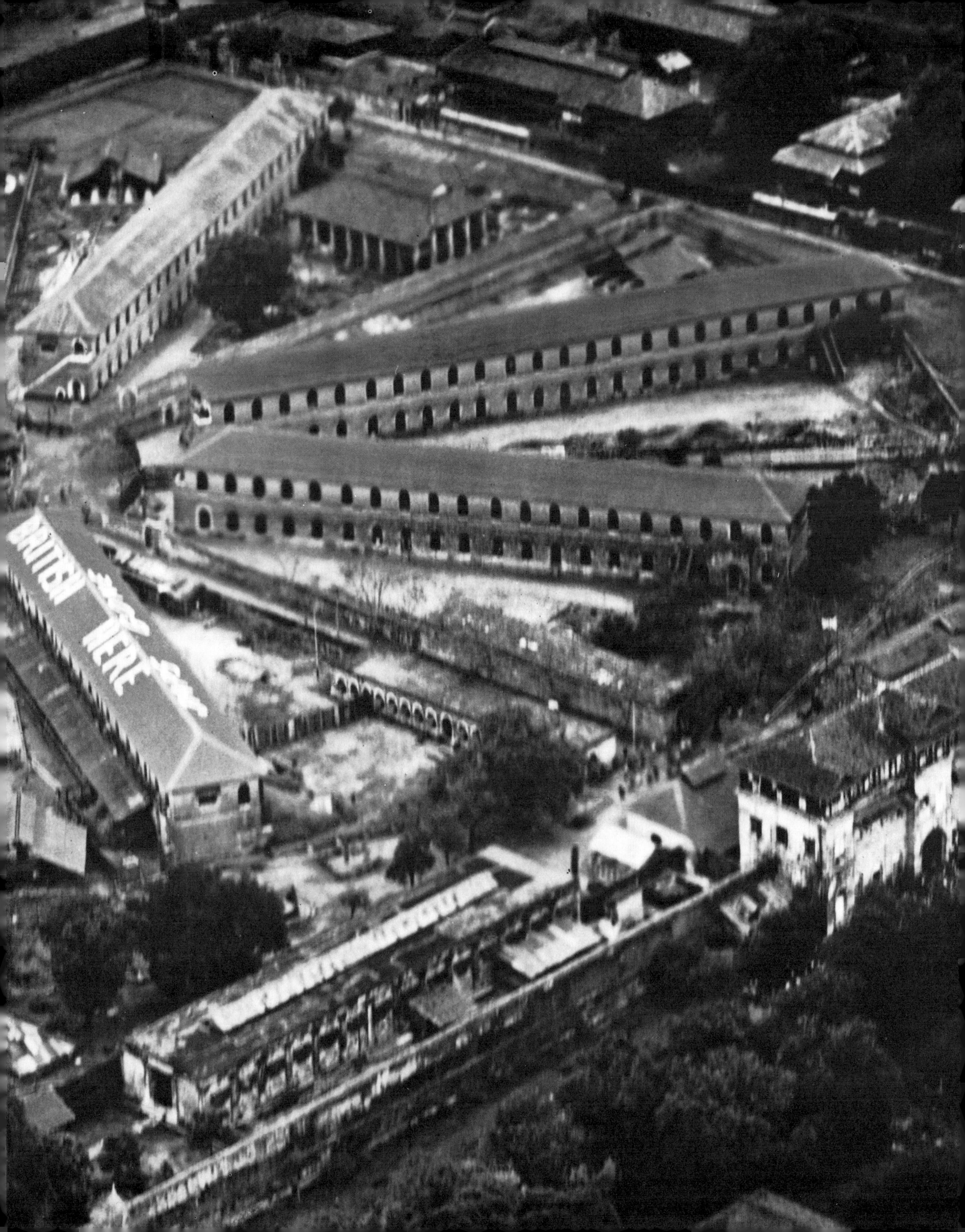
BRITISH
HERE

Danksagungen

Das Register des vorliegenden Buches wurde von Gale Linck Partoyan erstellt. Für ihre Hilfe bei der Vorbereitung dieses Buches sind die Herausgeber darüber hinaus zu Dank verpflichtet: **In Australien:** Canberra – Australian War Memorial, Pictorial Department; Marguret Price, Australian Military History Researcher. **In der Bundesrepublik Deutschland:** Berlin – Heidi Klein, Bildarchiv Preussischer Kulturbesitz; Koblenz – Marianne Loenartz, Meinrad Nilges, Bundesarchiv; München – Horst Amber, Leiter, Gemeinschaft der Jagdflieger, Hans Ring; Rösrath – Janusz Piekalkiewicz, Hoffnungsthal. **In Frankreich:** Paris – Cécile Coutin, Kurator, Musée des Deux Guerres Mondiales; André Bénard, Odile Benoist, Elisabeth Bonhomme, Alain Degardin, Georges Delaleau, Gilbert Deloizy, Yvan Kayser, Général Pierre Lissarague, Direktor, Jean-Yves Lorent, Stéphane Nicolaou, Général Roger de Ruffray, Stellvertretender Direktor, Colonel Pierre Willefert, Kurator, Musée de l'Air; Saint-Léger-En-Yvelines – Peter Townsend; Vincennes – Patrick Facon, S. H. A. A. **In Großbritannien:** Bracknell – Wing Commander D. Green, Royal Air Force Staff College; Cambridge – Constance Babington Smith; Cranwell – Jean M. King, Royal Air Force College; Hendon – A. C. Harold, R. W. Mack, P. Merton, M. Tag, Alison Uppard, Royal Air Force Museum; Leicester – Squadron Leader H. Lees (Ret.); London – T. Graves; G. Clout, E. C. Hine, J. O. Simmonds, A. Williams, M. Willis, Imperial War Museum; G. Musgrove; Valerie Redmond; B. Robertson; Majorie Willis, BBC Hulton Picture Library; Norwich – Chaz Bowyer; Uppingham – A. Price. **In Indien:** Neu-Delhi – Group Captain Situ Mullick, AVSM. **In Italien:** Rom – Countess Maria Fede Caproni, Museo Aeronautico Caproni di Talideo; Nino Arena. **In Neuseeland:** Auckland – Reg Coleman, Sekretär, New Zealand Federation of Brevet Clubs; Christchurch – Squadron Leader John K. Barry, Direktor, Royal New Zealand Air Force Museum. **In der Republik Südafrika:** Johannesburg – Colonel D. Torlage, Museum of Natural History; Cecil William St. John Pattle.
Besonders nützliche Informationen und Zitate, die in diesem Buch wiedergegeben wurden, stammen aus *Enemy Coast Ahead* von Guy Gibson, Michael Joseph, London 1946; *Battle Over Britain* von Francis K. Mason, Doubleday and Company, 1969; *The Nuremburg Raid 30–31 March 1944* von Martin Middlebrook, William Morrow and Company, 1974; *The Strategic Air Offensive Against Germany 1939–1945* von Charles Webster und Noble Frankland, Her Majesty's Stationery Office, London 1961.

Bibliographie

Bücher

Allen, H. R.: *Who Won the Battle of Britain?* Arthur Barker, London 1974
Anderson, William: *Pathfinders.* Jarrolds Publishers, London 1946
Andrews, Allen: *The Air Marshals: The Air War in Western Europe.* William Morrow, 1970
Baker, E. C. R.: *The Fighter Aces of the R.A.F.* Kimber Paperback Library, London 1962
Barclay, George: *Fighter Pilot: A Self-portrait.* William Kimber, London 1976
Barker, Ralph:
The Ship Busters: The Story of the R.A.F. Torpedo-Bombers. Chatto & Windus, London 1957
Strike Hard, Strike Sure: Epics of the Bombers. White Lion Publishers, London 1963
The Thousand Plane Raid. Ballantine Books, 1965
Bekker, Cajus: *Angriffshöhe 4000.* Gerhard Stalling Verlag, Oldenburg und Hamburg 1964
Bennett, D. C. T.: *Pathfinder: A War Autobiography.* Sphere Books, London 1972
Bowyer, Chaz:
For Valour: The Air VCs. William Kimber, London 1978
Guns in the Sky: The Air Gunners of World War Two. Charles Scribner's Sons, 1978
Bowyer, Michael J. F.: *2 Group R.A.F.: A Complete History, 1936–1945.* Faber and Faber, London 1979
Brickhill, Paul: *Zum Fliegen geboren. Das heroische Leben des Douglas Bader.* A. Müller, Rüschlikon 1973
Charlton, L. E. O.: *Britain at War: The Royal Air Force From April 1942 to June 1943.* Hutchinson, London o. J.
Churchill, Winston S.: *The Second World War: Their Finest Hour.* Houghton Mifflin, 1949
Collier, Basil:
The Battle of Britain. MacMillan, 1962
The Defence of the United Kingdom. Her Majesty's Stationery Office, London 1957
Leader of the Few: The Authorised Biography of Air Chief Marshal The Lord Dowding of Bentley Priory. Jarrolds, London 1957
Deere, Alan C.: *Nine Lives.* Hodder & Stoughton, London 1959
Deighton, Len:
Battle of Britain. George Rainbird, London 1980
Fighter: The True Story of the Battle of Britain. Alfred A. Knopf, 1978
Douglas, Sholto:
Combat and Command: The Story of an Airman in Two World Wars. Simon and Schuster, 1963
Years of Command: The Second Volume of the Autobiography of Sholto Douglas. Collins, London 1966
Gibson, Guy: *Enemy Coast Ahead.* Michael Joseph, London 1946
Green, William: *Famous Fighters of the Second World War.* Doubleday, 1957
Harris, Arthur: *Bomber Offensive.* Collins, London 1947
Hastings, Max: *Bomber Command.* Dial Press/James Wade, 1979
Higham, Robin: *Air Power: A Concise History.* St. Martin's Press, 1972
Information, Ministry of: *The Air Battle of Malta.* His Majesty's Stationery Office, London 1944
Irving, David: *Die Tragödie der deutschen Luftwaffe. Aus den Akten und Erinnerungen von Feldmarschall Milch.* Ullstein Verlag, Frankfurt/Main, Berlin 1970
Jackson, Robert:
Air War Over France May–June 1940. Ian Allan, London 1974
Before the Storm: The Story of Royal Air Force Bomber Command 1939–42. Arthur Barker, London 1972
Lawrence, W. J.: *No. 5 Bomber Group R.A.F. (1939–1945).* Faber and Faber, London 1951
Lewin, Ronald: *Churchill as Warlord.* Stein and Day, 1973
Lloyd, Hugh Pughe: *Briefed to Attack: Malta's Part in African Victory.* Hodder & Stoughton, London 1949
Mason, Francis K.: *Battle Over Britain.* Doubleday, 1969
Mason, Timothy: *Leads the Field: The History of No. 12 Squadron Royal Air Force.* Lincoln, 1960
Middlebrook, Martin: *Die Nacht, in der die Bomber starben. Der Angriff auf Nürnberg und seine Folgen für den Luftkrieg.* Ullstein, Berlin 1975
Partridge, Eric (Hrsg.): *A Dictionary of Forces' Slang 1939–1945.* Books for Libraries Press, 1948
Poolman, Kenneth: *Faith, Hope and Charity: Three Planes Against an Air Force.* Kimber, London 1954
Price, Alfred:
Battle of Britain: The Hardest Day 19 August 1940. MacDonald and Jane's, London 1979
Luftschlacht über Deutschland. Motorbuch-Verlag, Stuttgart 1974
Richards, Denis: *The Fight at Odds.* Her Majesty's Stationery Office, London 1974
Richards, Denis, und Saunders, Hilary St. George: *The Fight Avails.* Her Majesty's Stationery Office, London 1975
Rumpf, Hans: *The Bombing of Germany.* White Lion Publishers Limited, London 1963
Saundby, Robert: *Air Bombardment: The Story of its Development.* Chatto & Windus, London 1961
Saunders, Hilary St. George: *The Fight is Won.* Her Majesty's Stationery Office, London 1975
Tantum, W. H. IV, und Hoffschmidt, E. J. (Hrsg.): *The Rise and Fall of the German Air Force (1933 to 1945).* WE Inc., 1969
Tedder, Arthur William: *With Prejudice: The War Memoirs of Marshal of the Royal Air Force Lord Tedder G. C. B.* Little, Brown, 1966
Thetford, Owen: *Aircraft of the Royal Air Force Since 1918.* Putnam, London 1957
Thompson, H. L.: *New Zealanders with the Royal Air Force: Vol. 3, Mediterranean and Middle East, South-east Asia.* War History Branch, Department of Internal Affairs, Wellington 1959
Townsend, Peter: *Duell der Adler.* Heyne, 1975
Verrier, Anthony: *The Bomber Offensive.* Macmillan, 1968
Webster, Charles, und Frankland, Noble: *The Strategic Air Offensive Against Germany 1939–1945.* Her Majesty's Stationery Office, London 1961
Wood, Derek, und Dempster, Derek: *The Narrow Margin: The Battle of Britain and the Rise of Air Power 1930–40.* Greenwood Press, 1961
Wright, Robert: *Dowding and the Battle of Britain.* Macdonald, London 1969
Ziegler, Frank: *The Story of 609 Squadron: Under the White Rose.* Macdonald, London 1971

Quellennachweis der Abbildungen

Die Nachweise sind bei Abbildungen von links nach rechts durch Semikolons, von oben nach unten durch Gedankenstriche getrennt.
Einband und Vorsatzblatt: Gemälde von Frank Wootton, England. 6, 7: Wide World. 8, 9: Popperfoto, London; BBC Hulton Picture Library, London. 10, 11: Popperfoto, London. 12, 13: Fox Photos, Ltd., London; kleines Photo, Wide World. 14, 15: BBC Hulton Picture Library, London. 16, 17: über Musée de l'Air, Paris. 19: BBC Hulton Picture Library, London. 21: mit frdl. Genehmigung von Vickers, London – Flight International, Sutton, England. 22, 23: Vickers, mit frdl. Genehmigung von Chaz Bowyer, Norwich, England; BBC Hulton Picture Library, London (2). 24: Imperial War Museum, London. 26: Gemälde von Michael Turner, Harrow, Middlesex, England. 27: The Auckland Collection, St. Albans, England. 31–33: Imperial War Museum, London. 34, 35: UPI. 38, 39: Gemälde im Imperial War Museum, London, *Withdrawal From Dunkirk*, von Charles Cundall, Nr. LD305. 40–45: Zeichnungen von John Batchelor. 46: Imperial War Museum, London. 48: Gemälde im Imperial War Museum, London, *Air Chief Marshal Sir Hugh Dowding*, von Sir Walter Russell, Nr. LD1904. 49: Imperial War Museum, London. 50: Karte von Walter Roberts. 53: Imperial War Museum, London. 54, 55: Imperial War Museum, London; Royal Air Force Museum, Hendon, England – Gemälde im Imperial War Museum, London, *No. 11 Fighter Group's Operations Room, Uxbridge*, von Charles Cundall, Nr. LD4140. 56, 57: Aus *The Battle of Britain Then and Now*, hrsg. von Winston G. Ramsey, © *After The Battle* (Zeitschrift), 1980. 60, 61: Gemälde im Imperial War Museum, London, *Air Fight Over Portland*, von Richard Eurich, Nr. LD769. 62: Imperial War Museum, London. 66: Fox Photos, Ltd., London; John Topham Picture Library, Endenbridge, Kent, England – Fox Photos, Ltd., London. 68: Gemälde im Imperial War Museum, London, *A Good Landing is One You Can Walk Away From*, von Bill Hooper, Nr. LD6012. 70: Fox Photos, Ltd., London. 72, 73: National Archives Photo Nr. 306 NT 2743v. 74, 75: Imperial War Museum, London. 76, 77: mit frdl. Genehmigung von Chaz Bowyer, Norwich, England – mit frdl. Genehmigung von Gerhard Schöpfel, Bergisch Gladbach, Deutschland. 78, 79: Popperfoto, London – Imperial War Museum, London. 80, 81: Bundesarchiv, Koblenz. 82: Gemälde im Imperial War Museum, London, *Take Off*, von Laura Knight, Nr. LD3834. 84: Imperial War Museum, London. 87: Gemälde von Terence Cuneo, mit frdl. Genehmigung von Sir George Edwards, Guildford, England. 89: Imperial War Museum, London. 91: Australian War Memorial, Canberra, Nr. 128221. 92, 93: Imperial War Museum, London. 94, 95: Gemälde im Imperial War Museum, London, *Stirling Bomber Aircraft, Take-Off at Sunset*, von Charles Cundall, Nr. LD1849. 96: Imperial War Museum, London. 97: Karte von Walter Roberts. 98: Derek Bayes, mit frdl. Genehmigung des Royal Air Force Museum, Hendon, England. 102: Bundesarchiv, Koblenz. 104, 105: Zeichnung von John Batchelor – Fox Photos, Ltd., London; Australian War Memorial, Canberra, Nr. 3509. 106–110: Imperial War Museum, London. 111: Karte von Walter Roberts. 114–119: Imperial War Museum, London. 121–124: William Vandivert für *Life*. 126, 127: Squadron Leader E. Welch, mit frdl. Genehmigung von Chaz Bowyer, Norwich, England. 128, 129: Imperial War Museum, London. 130–135: Zeichnungen von John Batchelor. 136, 137: Popperfoto, London. 138: Imperial War Museum, London. 139: Frank Scherschel für *Life*. 140–141: Karte von Walter Roberts – Zeichnung von Frederic F. Bigio von B–C Graphics; Imperial War Museum, London (2). 142: Imperial War Museum, London. 143: Gemälde von Michael Turner, Harrow, Middlesex, England. 146: © Hans Schaller, mit frdl. Genehmigung von Ralph Barker, Caterham, England. 149: Imperial War Museum, London. 150: Central Press Photos, London – C. W. St. John Pattle, Johannesburg, Südafrika – Imperial War Museum, London. 151: mit frdl. Genehmigung von Chaz Bowyer, Norwich, England – Royal New Zealand Air Force, Wellington – Imperial War Museum, London. 152: British Official, mit frdl. Genehmigung von Chaz Bowyer, Norwich, England – Imperial War Museum, London. 154: Imperial War Museum, London. 155: Imperial War Museum, London, *Rocket-Firing Typhoons at the Falaise Gap, Normandy, 1944*, von Frank Wootton, Nr. LD4756. 157: Imperial War Museum, London. 160: Derek Bayes, Gemälde von Gerald Coulson, mit frdl. Gen. des Royal Air Force College, Cranwell, England. 162, 163: DPA, Frankfurt. 164, 165: Armed Forces Film and Photo Division, Ministry of Defense. 166, 167: Imperial War Museum, London. 168, 169: Armed Forces Film and Photo Division. 170, 171: Imperial War Museum, London.

Register

Kursiv gedruckte Seitenzahlen verweisen auf eine Abbildung zu dem betreffenden Stichwort

C

D

E

F

G

H

I

J

Reprosatz: Alfred Utesch GmbH, Hamburg
Druck: Novograph, S.A. Madrid, Spanien
Depósito Legal: M-14365-XXV